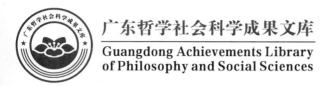

广东哲学社会科学成果文库

Guangdong Achievements Library of Philosophy and Social Sciences

中国竞技体育核心竞争力动态链管理体系研究

ZHONGGUO JINGJI TIYU HEXIN JINGZHENGLI DONGTAILIAN GUANLI TIXI YANJIU

邓万金 著

中山大学出版社

·广州·

版权所有　翻印必究

图书在版编目（CIP）数据

中国竞技体育核心竞争力动态链管理体系研究/邓万金著. —广州：中山大学出版社，2017.7

（广东哲学社会科学成果文库）

ISBN 978-7-306-06063-1

Ⅰ.①中… Ⅱ.①邓… Ⅲ.①竞技体育—管理体制—研究—中国 Ⅳ.①G812

中国版本图书馆 CIP 数据核字（2017）第 126725 号

出 版 人：	徐　劲
策划编辑：	金继伟
责任编辑：	廖丽玲
封面设计：	曾　斌
责任校对：	黄浩佳
责任技编：	何雅涛
出版发行：	中山大学出版社
电　　话：	编辑部 020-84110771，84113349，84111997，84110779
	发行部 020-84111998，84111981，84111160
地　　址：	广州市新港西路 135 号
邮　　编：	510275　　传　真：020-84036565
网　　址：	http://www.zsup.com.cn　E-mail：zdcbs@mail.sysu.edu.cn
印 刷 者：	佛山市浩文彩色印刷有限公司
规　　格：	787mm×1092mm　1/16　14 印张　274 千字
版次印次：	2017 年 7 月第 1 版　2017 年 7 月第 1 次印刷
定　　价：	78.00 元

如发现本书因印装质量影响阅读，请与出版社发行部联系调换

《广东哲学社会科学成果文库》
出版说明

　　《广东哲学社会科学成果文库》经广东省哲学社会科学规划领导小组批准设立，旨在集中推出反映当前我省哲学社会科学研究前沿水平的创新成果，鼓励广大学者打造更多的精品力作，推动我省哲学社会科学进一步繁荣发展。它经过学科专家组严格评审，从我省社会科学研究者承担的、结项等级"良好"或以上且尚未公开出版的国家哲学社会科学基金项目研究成果，以及广东省哲学社会科学规划项目研究成果中遴选产生。广东省哲学社会科学规划领导小组办公室按照"统一标识、统一封面、统一形式、统一标准"的总体要求组织出版。

广东省哲学社会科学规划领导小组办公室
2017年5月

中 文 摘 要

　　中国竞技体育核心竞争力动态链管理体系研究，是加强竞技体育管理的现实需要，是促进竞技体育整体水平的客观需求，更是实现我国竞技体育强国梦的必然选择。因此，加强中国竞技体育核心竞争力动态链管理体系研究，对于实现中国竞技体育水平的长足发展具有非常重要的现实意义。本课题研究主要采用了文献资料法、专家访谈法、问卷调查法、比较分析法、规范分析法、比较优势指数分析法、层次分析法、灰色统计分析法等研究方法，围绕三个主体内容进行了研究：什么是竞技体育核心竞争力；验证中国竞技体育核心竞争力的科学性与合理性；构建中国竞技体育核心竞争力动态链管理体系。按照竞争力—竞争优势—核心竞争力的理论逻辑，破解什么是竞技体育核心竞争力；从中国竞技体育核心竞争力的层次理论假设和中国竞技体育核心竞争力的灰色关联分析两个方面验证中国竞技体育核心竞争力的科学性与合理性；从中国竞技体育核心竞争力内部要素、中国竞技体育核心竞争力的内部管理链、中国竞技体育核心竞争力的外部管理链三个方面进行全面分析，以核心竞争力动态链管理理论为指导，最后构建中国竞技体育核心竞争力动态链管理体系。

　　本课题研究结论如下。

　　结论一：美国绝对优势项目游泳、田径、篮球、网球的整体表现非常稳定。大项夺金点比较稳定，其中游泳、田径、篮球、射击、足球、自行车6个大项连续4届奥运会获得金牌。奖牌项目分布相对比较广。游泳、田径、篮球项目表现稳定且具有强大的竞技实力，为美国竞技体育核心实力的构建提供了稳定且牢固的支撑。

　　结论二：俄罗斯夺金大项数量在逐渐减少。田径和摔跤的夺金实力最强。奖牌项目分布比较广。田径、摔跤、游泳部分项目整体实力比较稳定。田径、排球、花样游泳的整体竞技实力非常突出，其在俄罗斯竞技体育中的作用非常明显。

　　结论三：德国获金大项数量呈递增趋势。金牌数量比较稳定。皮划艇、马术、赛艇、自行车、曲棍球的整体竞技实力比较突出，尤其是皮划艇、马术和曲棍球。奖牌集中点比较明显，主要以皮划艇、自行车、马术、田径、赛艇为主。德国竞技体育的奖牌项目实力比较稳定。近年来，德国竞技体育整体实力处于下滑趋势；尽管优势项目群体结构发生了细微变化，但王牌项目和重点项目的地位仍然不可动摇。

结论四：我国代表团的夺金点项目逐渐扩大。传统优势项目基本保持不变，主要为跳水、羽毛球、乒乓球、举重、体操、射击。个别优势项目表现出不稳定性，起伏比较大，如体操、柔道、射击。我国代表团的大项和小项奖牌覆盖面逐渐扩大。近两届奥运会，游泳的竞争实力明显提高，已经占据竞技体育的优势集团位置；柔道的整体竞争实力出现下滑现象，在竞技舞台表现出竞争力不强；田径涌现出较强的后备梯队。近年来，我国竞技体育整体实力处于上升趋势，优势项目群体结构不断扩大，传统优势项目群体竞技实力不断增强，个别潜优势项目正在向优势项目转变，少数弱势项目在向潜优势项目转变。

结论五：美、俄、德、中四国的竞技体育核心竞争力的构成要素各不相同。美国竞技体育核心竞争力是由作为主体层的游泳、田径、篮球、垒球、网球、沙滩排球和作为支撑层的棒球、马术、水球、足球、排球在较长时间内的世界最高竞技舞台上所表现出来的一种综合实力。俄罗斯竞技体育核心竞争力是由作为主体层的田径、排球、体操、摔跤、拳击、花样游泳和作为支撑层的篮球、网球、蹦床、手球、现代五项、举重在较长时间内的世界最高竞技舞台上所表现出来的一种综合实力。德国竞技体育核心竞争力是由作为主体层的马术、皮划艇、自行车、赛艇、曲棍球和作为支撑层的足球、击剑、铁人三项、柔道在较长时间内的世界最高竞技舞台上所表现出来的一种综合实力。我国竞技体育核心竞争力是由作为主体层的体操、蹦床、举重、跳水、乒乓球、羽毛球和作为支撑层的游泳、花样游泳、射击、跆拳道、射箭在较长时间内的世界最高竞技舞台上所表现出来的一种综合实力。

结论六：美国竞技体育核心竞争力主体层和支撑层所占权重分别为0.700和0.300。美国在篮球、游泳、田径项目上的夺金实力非常强大。俄罗斯竞技体育核心竞争力主体层和支撑层所占权重分别为0.642和0.358。摔跤、拳击、举重、田径、体操是俄罗斯的主体优势项目。德国竞技体育核心竞争力主体层和支撑层所占权重分别为0.583和0.417。皮划艇、马术、自行车、赛艇、曲棍球是德国的绝对优势项目。中国竞技体育核心竞争力中间层次的权重排序为：主体层权重为0.87、支撑层权重为0.13。主体层是中国竞技体育核心竞争力的重要动力来源。跳水、乒乓球、羽毛球、举重、体操、蹦床是我国竞技体育核心竞争力主体层的构建主体。

结论七：近4届世界锦标赛和个别项目在年度世界杯总决赛上的成绩表明，中国竞技体育核心竞争力具有较强的科学性和合理性。

结论八：中国竞技体育核心竞争力动态链涉及外部管理链和内部管理链。其中外部管理链元素包括体坛格局演变、竞赛形势演变、其他强国技战术演变、设项与规则演变；内部管理链元素包括项目布局集群、人力资源集优、技战术创新、科研服务跟进。

结论九：中国竞技体育核心竞争力动态链管理体系中，内部管理链的作用强于外部管理链；中国竞技体育核心竞争力动态链管理体系前5位的因素内容分别为人力资源集优、项目布局集群、竞赛形势演变、体坛格局演变、其他强国技战术演变；中国竞技体育核心竞争力动态链管理体系中前12位的主要因素依次为人力资源管理战略、人力资源梯队建设、项目布局优化程度、项目集群协同能力、绝对优势项目竞赛形势演变、第一集团实力格局演变、人力资源优化水平、强竞争对手技战术演变、项目布局整合能力、优势项目竞赛形势演变、较强竞争对手技战术演变、第二集团实力格局演变。

最后提出了"以奥运会竞赛为导向的项目创新管理机制；以人力资源集优为导向的人才梯队建设培养机制；以主体层和支撑层为结构导向的双元动态管理机制；以科研服务与技战术创新交互为导向的支撑保障管理机制；以竞技体育核心竞争力为发展导向的可持续发展培育机制"和"围绕一个中心，突出两个层面；抓好三个主体，实现四个转变；强化五大优势，培育六个潜力；确保七大任务，做好八项工作"等建议。

关键词：核心竞争力　竞技体育　主体层　支撑层　内部管理链　外部管理链　中国

目 录

第一章 前言 ... 1
第一节 研究目的与意义 ... 2
第二节 研究的基本思路 ... 2
第三节 研究时间跨度 ... 4
第四节 研究创新点 ... 4

第二章 文献综述 ... 5
第一节 核心竞争力研究综述 ... 5
一、以战略管理为中心的竞争力理论阶段 ... 5
二、以市场结构为中心的竞争力理论阶段 ... 6
三、以企业素质为主要内容的竞争力理论阶段 ... 7
四、国外学者对核心竞争力的理解 ... 8
五、国内学者对核心竞争力的理解 ... 10
六、核心竞争力理论的评价与启示 ... 12
七、核心竞争力理论达成的共识与不足 ... 13

第二节 中国竞技体育核心竞争力研究综述 ... 14
一、中国竞技体育综合实力研究成果 ... 14
二、中国竞技体育核心竞争力研究成果 ... 16
三、中国竞技体育核心竞争力培育研究成果 ... 18
四、中国竞技体育核心竞争力评述 ... 19

第三节 动态链管理体系研究综述 ... 20
一、动态链管理体系构建研究综述 ... 20
二、竞技体育动态链管理体系构建研究综述 ... 22
三、竞技体育动态链管理体系的评价与启示 ... 23

第四节 本研究涉及的重要概念 ... 24
一、竞争 ... 24
二、竞争力 ... 24

三、竞争优势 …………………………………………………… 25
　　四、核心竞争力 ………………………………………………… 25
　　五、管理体系 …………………………………………………… 26
　　六、动态链管理体系 …………………………………………… 26

第三章　研究对象与方法 ……………………………………………… 27
　第一节　研究对象 …………………………………………………… 27
　第二节　研究方法 …………………………………………………… 27
　　一、从方法论的角度拟采用的方法 …………………………… 27
　　二、具体研究方法 ……………………………………………… 28

第四章　研究结果与分析 ……………………………………………… 30
　第一节　中国竞技体育核心竞争力分析 …………………………… 30
　　一、美国竞技体育竞争力分析 ………………………………… 30
　　二、俄罗斯竞技体育竞争力分析 ……………………………… 41
　　三、德国竞技体育竞争力分析 ………………………………… 50
　　四、中国竞技体育竞争力分析 ………………………………… 58
　　五、美、俄、德、中四国竞技体育核心实力对比分析 ……… 67
　第二节　中、美、俄、德竞技体育核心竞争力层次分析 ………… 71
　　一、层次分析法的要旨及步骤 ………………………………… 71
　　二、中国竞技体育核心竞争力层次分析 ……………………… 74
　　三、中国竞技体育核心竞争力总排序权重结果分析 ………… 80
　　四、美国竞技体育核心竞争力层次分析 ……………………… 81
　　五、俄罗斯竞技体育核心竞争力层次分析 …………………… 87
　　六、德国竞技体育核心竞争力层次分析 ……………………… 92
　第三节　中国竞技体育核心竞争力的验证与评价 ………………… 97
　　一、中国竞技体育核心竞争力的实证检验思路与方法 ……… 97
　　二、中国竞技体育核心竞争力的实证检验分析 ……………… 99
　第四节　中国竞技体育核心竞争力动态链管理体系构建 ………… 103
　　一、中国竞技体育核心竞争力内部要素分析 ………………… 103
　　二、中国竞技体育核心竞争力动态链分析 …………………… 107
　　三、中国竞技体育核心竞争力动态链管理体系构建 ………… 115
　　四、中国竞技体育核心竞争力动态链管理启示 ……………… 119

第五节　研究展望·· 121
　　　一、立足运动成绩、基于竞技体育项目反映中国竞技体育核心
　　　　　竞争力的实践性有待深入······································ 121
　　　二、中国竞技体育核心竞争力是动态的、发展的集群体，加强
　　　　　中国竞技体育核心竞争力的动态性研究有待跟进············ 121

第五章　结论与建议·· 122
　　第一节　结论·· 122
　　第二节　建议·· 124
　　　一、围绕一个中心，突出两个层面······························· 124
　　　二、抓好三个主体，实现四个转变······························· 124
　　　三、强化五大优势，培育六个潜力······························· 124
　　　四、确保七大任务，做好八项工作······························· 125

第六章　结束语··· 126

参考文献··· 127

附录··· 133
　　附件1：美国第27届至第30届奥运会奖牌细目表················· 133
　　附件2：俄罗斯第27届至第30届奥运会奖牌细目表············· 149
　　附件3：德国第27届至第30届奥运会奖牌细目表················· 162
　　附件4：中国第27届至第30届奥运会奖牌细目表················· 170
　　附件5：第27届至第30届奥运会具体设项情况····················· 182
　　附件6：关于中国竞技体育核心竞争力动态链管理体系的问卷····· 184
　　附件7：中国2007年世界锦标赛奖牌细目表······················· 192
　　附件8：中国2009年世界锦标赛奖牌细目表······················· 196
　　附件9：中国2011年世界锦标赛奖牌细目表······················· 201
　　附件10：中国2013年世界锦标赛奖牌细目表····················· 206

第一章　前　言

近几届奥运会，我国竞技体育在世界体坛的地位发生了重要变化。第27届奥运会，我国代表团取得优异成绩，分别夺得金牌28枚、银牌16枚、铜牌15枚，奖牌总数59枚，金牌数和奖牌总数均名列世界第3位，首次跻身金牌榜前三位。第28届奥运会，我国代表团参加26个大项和203个小项的比赛，分别夺得金牌32枚、银牌17枚、铜牌14枚，奖牌总数63枚，首次超越俄罗斯跻身金牌榜世界第2位。第29届奥运会，我国代表团分别夺得金牌51枚、银牌21枚、铜牌28枚，奖牌总数达100枚，以金牌总数第一和奖牌总数第二的成绩超越美国，首次位居金牌榜第一。第30届奥运会上，我国代表团分别夺得金牌38枚、银牌27枚、铜牌23枚，奖牌总数88枚，以金牌数和奖牌总数均第二的成绩位居世界第2名。综观第27届至第30届奥运会的成绩表现，我们发现我国竞技体育取得了可喜的成绩和重大突破。

尽管我国竞技体育在近几届奥运会上取得了较大进步，但同时也要看到，我国竞技体育在未来的发展道路上面临着一些问题和困难：第一，目前竞技体育的市场经济化程度与多元化发展格局仍处于不成熟阶段。第二，市场经济条件下的项目管理体制有待完善。第三，"体教结合"层次较低，后备人才基地建设有待加强。第四，竞技体育人才队伍综合素质和整体水平有待进一步提高。第五，科技与训练结合不紧密、训练竞赛中的科技含量较低。第六，区域间竞技体育发展不平衡的矛盾愈来愈突出等。此外，我国竞技体育的整体实力与世界竞技体育强国相比，核心竞争力有待进一步加强，现有优势项目夺金空间已经饱和或基本饱和，一些优势项目面临着越来越明显的挑战，田径、游泳等基础大项与世界先进水平仍然有较大差距。

中国竞技体育核心竞争力，是中国竞技体育独具的、整体的、持续的竞争能力，是竞技体育取得竞争优势，持续、健康、和谐发展的力量源泉，但并不是所有的竞争优势都是中国竞技体育的核心竞争力。本课题研究立足第27—30届奥运会中国所取得成绩，遵行竞争力—竞技优势—核心竞争力的理论推导逻辑，通过与美国、俄罗斯、德国的横纵向比较，运用比较优势理论，研究中国竞技体育核心竞争力是什么。以中国2007—2013年的单项世界锦标赛成绩和单项世界杯年度总决赛所获得的奖牌和金牌为检验标尺，检验中国竞技体育核心竞争力的科学性与合理性。最后结合影响我国竞技体育核心竞争力的内外部因素，立足内外部管理链两条主线，初步构建中国竞技体育核心竞争力动态链管理体系。在当前世界体坛格局不断演变和竞技体育发展形势愈加严峻的背景下，只有准确把握和努力培育中国竞技体育核心竞争力，才能够确保我国竞技体育发展得更好，才能使我国位居体育强国之列。

第一节　研究目的与意义

中国竞技体育核心竞争力动态链管理体系研究，是加强竞技体育管理的现实需要，是促进竞技体育整体水平的客观需求，更是实现我国竞技体育强国梦的必然选择。它有效反映了中国竞技体育可持续性、良性发展的现实利益和要求，以避免造成人才、精力、资金浪费，最终实现竞技体育的科学化发展。所以，加强中国竞技体育核心竞争力动态链管理体系研究，对于实现中国竞技体育水平的长足发展具有非常重要的现实意义。

本课题的研究目的主要有三个方面：其一，科学界定竞技体育核心竞争力和准确描述中国竞技体育核心竞争力，准确分析中国竞技体育核心竞争力的内部要素和构成成分；其二，运用灰色关联理论，以世界锦标赛和年度世界杯总决赛的成绩为依据，检验中国竞技体育核心竞争力与整体竞技实力之间的内在联系，验证中国竞技体育核心竞争力的科学性与合理性；其三，以影响竞技体育核心竞争力发展的内外部因素为研究方向，立足内外部两条主线，运用相关管理知识，初步构建中国竞技体育核心竞争力动态链管理体系。

第二节　研究的基本思路

本课题的研究思路分为三步，具体如下。

第一步：解决什么是竞技体育核心竞争力的问题。围绕这个问题，作者按照竞争力—竞争优势—核心竞争力的理论逻辑，破解什么是竞技体育核心竞争力。第一，什么是竞技体育竞争力？本研究以第27—30届奥运会的金牌数和奖牌数为统计依据，通过纵向分析美国、俄罗斯、德国、中国有实力的竞技体育项目，研究解决什么是竞技体育竞争力的问题。第二，什么是竞技体育竞争优势？由于单届有实力的项目并不能代表其是构成竞技体育核心竞争力的内容，因此，本研究在对单届奥运会数据分析的基础上，依据比较优势理论，对第27—30届奥运会美国、俄罗斯、德国、中国有实力的竞技体育项目进行系统性分析，选取连续4届或在3届奥运会上比较优势指数均超过1的项目作为分析对象，探究各国竞技体育竞争优势的差异，研究解决什么是竞技体育竞争优势的问题。第三，什么是竞技体育核心竞争力？在前面研究的基础上，将各国竞技体育具有竞争优势的项目置于一个研究整体，通过美国、俄罗斯、德国、中国具有竞争优势的项目的横纵向立体性比较分析，并结合专家的调研结果，解决美国、俄罗斯、德国、中国竞技体育核心竞争力是什么的问题。

第二步：验证中国竞技体育核心竞争力的科学性和合理性。此步骤主要分为中国竞技体育核心竞争力的层次理论假设和中国竞技体育核心竞争力的灰色关联理论验证。第一，立足中国竞技体育核心竞争力的定义，围绕反映中国竞技体育核心竞争力的主体层和支撑层之间的内在关系，明晰中国竞技体育核心竞争力最底层项目之间的权重程度，在专家调研的基础上，对中国竞技体育核心竞争力的整体进行层次假设。第二，以2007—2013年单项锦标赛或个别项目在年度世界杯总决赛上所取得的成绩为检验标尺，以反映主体层的项目和反映支撑层的项目对中国竞技体育核心竞争力中间层次和最底层次的重要程度进行灰色关联分析，将其权重向量与中国竞技体育核心竞争力的层次假设分析结果进行对比，验证中国竞技体育核心竞争力的科学性和合理性。

第三步：中国竞技体育核心竞争力动态链管理体系建立。此步骤涉及三部分主要内容。其一，以反映主体层的项目和反映支撑层的项目为研究方向，对中国竞技体育核心竞争力内部要素和影响中国竞技体育核心竞争力的内部因素进行分析，探讨中国竞技体育核心竞争力的内部管理链。其二，立足当今国际体坛格局演变趋势和竞技体育发展的最新动态，对中国竞技体育核心竞争力外部要素进行分析，探讨影响中国竞技体育核心竞争力的外部管理链。其三，以核心竞争力动态链管理理论为指导，以影响中国竞技体育核心竞争力的相关因素为重要依据，严格遵循中国竞技体育核心竞争力结构体系的识别性，构建中国竞技体育核心竞争力动态链管理体系。

第三节　研究时间跨度

　　奥运会、世界竞技体育各单项锦标赛是备受大众关注的体育盛会，也是最能体现各国竞技体育实力的竞技大舞台。为了能科学反映我国竞技体育竞争力的现实性和中国竞技体育核心竞争力的时间连续性，本课题研究主要选取 2000—2012 年中国竞技体育在奥运会上的竞技成绩表现，分析中国竞技体育竞技实力和其核心竞争力。为了更加准确客观地反映中国竞技体育核心竞争力的科学性和合理性，本研究选取 2007—2013 年的单项世界锦标赛成绩和单项世界杯年度总决赛（针对没有连续几届锦标赛的某些项目）的成绩为统计依据。鉴于影响中国竞技体育核心竞争力相关要素的时效性因素，本研究立足外部管理链和内部管理链这两条主线，构建中国竞技体育核心竞争力动态链管理体系。

第四节　研究创新点

　　第一，基于中国竞技体育在近几届奥运会的表现，通过对比分析美国、俄罗斯、德国、中国竞争力，准确把握中国竞技体育优势项目，以核心竞争力理论为指导，以影响中国竞技体育核心竞争力的相关因素为重要依据，准确描述中国竞技体育核心竞争力定义。

　　第二，在结合调研专家的具体意见和数据分析的基础上，对美国、俄罗斯、德国、中国竞技体育核心竞争力进行数据矩阵分析，运用层次分析法说明其内在特征，以准确地说明中国竞技体育核心竞争力与美国、俄罗斯、德国之间的区别。通过灰色关联分析探讨中国竞技体育核心竞争力与其整体竞技之间的关系，以验证中国竞技体育核心竞争力的科学性和合理性。

　　第三，中国竞技体育核心竞争力是动态的，本课题研究基于中国竞技体育核心竞争力动态链、中国竞技体育核心竞争力内外部管理因素分析，运用核心竞争力理论和相关管理理论知识，初步构建中国竞技体育核心竞争力动态链管理体系。

第二章 文献综述

第一节 核心竞争力研究综述

一、以战略管理为中心的竞争力理论阶段

战略管理来源于企业产品对环境、市场的适应性研究,这期间的研究成果为以后的战略管理理论研究奠定了概念和研究框架的基础。战略管理理论建立在对企业外部环境、市场分析的基础之上,其代表人物有钱德勒、安索夫和安德鲁斯。[1]

钱德勒1962年在《战略与结构》中首次分析了企业环境、企业战略与企业组织结构的相互关系。企业在一定的客观环境下生存和发展,企业的经营战略必须适应环境,必须在对环境分析的基础上制订相应的发展战略和目标,而组织结构又必须服从于战略目标的实现,应适应企业战略,随战略的变化而调整,即结构追随战略。根据这一思路他提出了"战略决定结构思想"的竞争力理论,从而奠定了企业战略管理理论研究的基石。[2]

安索夫在《公司战略》中对企业发展的基本原理、理论和程序进行了研究,并认为战略构建是一个有控制、有意识的正式计划过程,因而企业高层的主要任务是制订和实施战略计划。安索夫的观点被称为"战略计划理论"。

安德鲁斯的"战略设计理论"有两个重要贡献:一是提出了战略制订与战略实施的两阶段基本战略管理模式;二是提出战略制订的SWTO分析模型。

---

[1] 倪义芳《论企业的战略管理思想的演变》,载《经济管理》2001年第6期,第26~29页。
[2] 曾学庆、龚敏:《试论企业战略理论的演变与新发展》,载《商业研究》2000年第8期,第16~19页。

综合上述战略管理竞争力理论代表人物的观点可以看出,他们的共同特点就是通过对企业所处内外环境的综合分析来为企业制订战略提供依据,不同点是他们对企业所处的内外部环境和管理策略思路的研究侧重点不同。

二、以市场结构为中心的竞争力理论阶段

以市场结构为中心的竞争力理论强调企业应基于对所处产业结构、竞争对手的分析,制订出相对于竞争对手具有优势地位的全局性和长远性的计划,该理论的代表人物为迈克尔·波特,其代表著作有《竞争战略》和《竞争优势》。

从20世纪70年代末、80年代初起,企业所处的外部环境发生了剧烈变化:宏观经济不稳定性增加,石油危机给全球经济发展带来巨大震动,滞胀危机的加深和蔓延导致西方企业经济增长陷入困境,特别是随着西德、日本等国家企业竞争力的迅速提高,以及新兴工业化国家的蓬勃发展,大量商品流入欧美国家,市场竞争开始国际化和全球化,西方企业原有的竞争优势受到极大挑战。面对巨大的竞争压力和新竞争对手的威胁,企业必须关注现实及潜在竞争对手甚至替代者等行业竞争因素的研究。基于这样的现实背景和行业的竞争环境,迈克尔·波特提出了五种竞争力量模型,即:现有竞争的激烈程度、潜在竞争者的进入威胁、替代产品的威胁、客户和供应商的谈判能力。

迈克尔·波特通过对行业五种竞争力量的分析,提出了三种基本竞争战略选择模式:一是成本领先战略,就是通过一系列针对成本战略的具体政策在产业中赢得成本领先;二是标新立异战略,就是将公司提供的产品或服务差异化,形成一些在全产业范围中独特的东西;三是目标聚集战略,即主攻某个特定的顾客群、某个产品链的一个细分区段或某一个地区市场。此外,迈克尔·波特还提出了价值链分析模型,将企业的经营管理活动分解为战略性相关的基本活动和辅助活动,他认为企业正是通过比竞争对手更廉价或更出色地完成某些重要的战略活动来赢得竞争优势。[1][2]

迈克尔·波特以市场结构为中心的竞争力理论实质上是将以结构—行为—绩效为主要内容的产业组织理论融入企业战略管理领域中,即产业结构决定了产业内的竞争势态,并决定了企业的行为及其战略,进而决定了企业绩效,其重点在企业的外部环境上,他认为行业的吸引力是企业盈利水平的

---

[1] 迈克尔·波特:《竞争优势》,陈小悦译,华夏出版社1997年版,第26～30页。
[2] 迈克尔·波特:《竞争论》,高登第、李明轩译,中信出版社2003年版,第48～52页。

决定性因素，市场结构分析是企业制订竞争战略的主要依据。[1][2] 这一理论的不足之处在于没有关注企业内部结构与竞争优势的关系，以及内部结构的影响因素。尽管其解释了企业间竞争优势的差异，但却不能全面地解释其内在深层次的因素。

三、以企业素质为主要内容的竞争力理论阶段

同行业的不同企业之间利润率的差异程度往往比不同行业之间的企业利润率水平的差异程度高得多，这一论题成为当时学者之间的争论焦点，从而使以市场结构为中心的竞争力理论受到挑战。把竞争战略制订的立足点过分地偏向外部分析，可能会导致决策的波动性和战略的非连续性，因为环境波动只会愈来愈大，而企业的任何战略定位都会被竞争者迅速模仿，这为以企业核心竞争力为重点、以企业素质为主要内容的竞争力理论的出现创造了一个背景条件。

20世纪90年代，世界市场变化迅速，竞争更趋激烈，最先倒闭的是那些盲目多元化、靠收购兼并简单堆积成的大企业，而竞争力强的中小企业茁壮成长，以市场结构为中心的竞争力理论无法有效解释这些现象。欧美学者普拉哈拉德和哈默尔把对企业的短期性资源优化配置能力的研究视角转移到对企业的长期性资源优化配置能力的研究上。大量的实证研究表明，企业获得与保持世界级领先地位的关键不是企业规模的大小，而是企业是否拥有出众的核心竞争力，有没有核心竞争力是企业是否具有实力的一个重要标志。

普拉哈拉德和哈默尔1990年在《哈佛商业评论》上发表的 *The core competence of the corporation* 首次提出核心竞争力理论，这标志着企业战略管理理论进入了一个新纪元——以企业核心竞争力为重点、以企业素质为主要内容的竞争力理论阶段。核心竞争力理论的提出弥补了迈克尔·波特竞争优势理论的不足，解释了形成企业间竞争优势、经营绩效差异的根本原因在于企业所拥有核心竞争力的差异。[3]

---

〔1〕 黄继刚：《核心竞争力动态管理研究》，中国社会科学院博士学位论文，2002年，第8～9页。

〔2〕 童利忠、丁胜利、马继征：《企业核心竞争力新论——理论与案例》，人民邮电出版社2006年版，第5～10页。

〔3〕 Jeffrey, S. Harrison. *strategic Management of organization and stakeholders*: concepts and cases, 1994: 22-25.

四、国外学者对核心竞争力的理解

国外学者对核心竞争力概念的理解众多,归纳起来主要有六种观点,资源观、整合观、知识观、文化观、组织观和技术观。

(一) 基于资源观的核心竞争力

杰伊·巴尼强调资源是保证企业持续获得超额利润的最基本条件,那些具有潜在租金价值的资源是企业成功的基础。奥利维尔认为,不同企业在获取战略性资源时,在决策和过程上的差异构成了企业的核心竞争力,企业只有获得战略性资源,才能拥有和保持竞争优势。[1]

(二) 基于整合观的核心竞争力

普拉哈拉德和哈默尔认为核心竞争力是指组织内部经过了整合的知识和技能,尤其是关于怎样协调多种生产技能和整合不同技术的知识和技能。他们认为企业核心竞争力又称作核心能力,包括三个层次的内涵:第一层,组织中的积累性学识或学说;第二层,关于工作的组织和价值的传递;第三层,交流、介入和跨越组织边界的深入工作。[2] 他们还认为核心竞争力代表着多种单个技能的整合,正是这种整合才形成核心竞争力的突出特性。这种核心竞争力有三种表现形式,即与市场进入相关的竞争力、与整合相关的竞争力、与功能相关的竞争力。

(三) 基于知识观的核心竞争力

巴顿认为知识是核心竞争力的基础,学习是提高核心竞争力的重要途径。核心竞争力是使企业独具特色并为企业带来竞争优势的知识体系。格兰特指出,知识的获取比知识的使用需要更强的专业化。里恩斯和莫尔指出,核心竞争力是相当的实践经验、知识和训练的积累。核心竞争力作为知识体系,包括四个维度:一是组织成员所掌握的技能和知识集;二是组织的技术系统,即组织成员知识的系统合成;三是组织的管理;四是组织的价值观系

---

[1] 阿尔伯特·哈伯德:《把信送给加西亚》,企业管理出版社2002年版,第18～22页。
[2] C. K. Prahalad, Gray Hamel. *The core competence of the corporation*. Harvard Business Review, 1990 (3): 12-15.

统，组织成员共有的价值观和行为规范。[1]

（四）基于文化观的核心竞争力

拉法等认为，企业核心竞争力不仅存在于操作系统中，而且存在于企业的文化系统中，根植于复杂的人与人以及人与环境的关系中，核心竞争力的积累蕴藏在企业的文化中，渗透到整个组织。巴尼指出，企业中难以完全仿效的有价值的组织文化是其最为重要的核心竞争力，强调核心竞争力蕴含在企业的文化中，表现于企业的诸多方面。[2]

（五）基于组织观的核心竞争力

鲍·埃里克森和杰斯珀·米尔克森强调，企业的核心竞争力既是组织资本又是社会资本。组织资本反映了协调和组织生产的技术方面，而社会资本显示了社会环境的重要性。他们通过将组织资本引入核心竞争力理论，高度评价了核心竞争力的"协调"和"有机结构"特性；通过将社会资本引入核心竞争力理论，强调了企业文化等因素的重要作用。[3]

（六）基于技术观的核心竞争力

帕特尔和帕维特认为，企业的创新能力和技术水平的差异是企业异质性存在的根本原因。梅耶和厄特巴克提出，核心竞争力是企业在研究开发、生产制造和市场营销等方面的能力，它的强弱直接影响企业的绩效。[4]

综合国外学者核心竞争力的观点，笔者发现，把握核心竞争力不能忽略以下几方面：第一，核心竞争力是通过组织学习和信息共享缓慢积累的。第二，核心竞争力不能以加倍投入的形式迅速开发。第三，核心竞争力不易被模仿或转移。第四，核心竞争力是顾客心目中竞争优势的源泉。第五，核心竞争力与其他能力组合可发挥耦合作用，它不是单一的能力或技能，而是由不同层次、主辅相助的能力体系组成的。核心竞争力的存在及作用发挥不排斥其他能力的作用发挥，甚至核心竞争力本身需要有相应的低层次能力做补充，才能发挥更大的辐射效应。第六，核心竞争力的投资具有不可还原性，

---

[1] 范徵：《核心竞争力——基于知识资本的核心能力》，上海交通大学出版社2002年版，第36～38页。

[2] 埃里克森：《企业竞争优势与核心竞争力理论》，东北财经大学出版社1998年版，第20～23页。

[3] 安德鲁、坎贝尔等：《核心能力战略：以核心竞争力为基础的战略》，东北财经大学出版社1999年版，第25～28页。

[4] 罗伯特、巴克沃：《绩效管理》，中国标准出版社2000年版，第32～35页。

即不能变现。

国内学者陈劲、王毅和徐庆瑞在分析概括的基础上将国外有关核心竞争力的主要观点归结为整合观、网络观、协调观、组合观、知识载体观、元件构架观、平台观和技术观八大类。

五、国内学者对核心竞争力的理解

企业核心竞争力理论被引入中国后,引起了理论界、企业界的广泛关注和高度重视。国内学者基于国外学者所提出的核心竞争力概念提出各自的理解。黄继刚博士认为核心竞争力是企业通过管理整合形成的,相对于竞争对手能够更显著地实现顾客看重价值需求的不易被竞争对手所模仿的动态能力,核心竞争力通常表现为企业的技术能力和管理能力或者两者的有机结合;[1] 童利忠等学者认为核心竞争力体现在三个方面,即外在竞争优势、内在核心(关键性)要素、支撑"外在竞争优势"和"内在核心要素"实现的要素,指出核心竞争力就是企业相对于对手实现客户价值和企业价值而形成的持续竞争优势;[2] 赵国浩等学者认为核心竞争力是在企业知识和技能的基础上形成的与企业组织结构和外部环境相适应的一种竞争合力,它不是简单的某个分散的技能或知识,而是企业在其生产经营的价值链活动中形成的一种适应于市场变化且不易被对手模仿的能力;[3] 陈清泰学者认为核心竞争力是指一个企业不断地创造新产品和提供新服务以适应市场的能力,不断创新管理的能力,不断创新营销手段的能力;[4] 陈佳贵研究员认为核心竞争力主要是指企业在生产经营过程中的积累性知识和能力,尤其是关于如何协调不同生产技能和整合多种技术的知识和能力,并据此创造出超越其他竞争对手的独特的经营理念、技术、产品和服务;[5] 刘世锦等学者把企业竞争力中最为基本的使整个企业具有长期稳定的竞争优势、使企业可以获

---

[1] 黄继刚:《核心竞争力动态管理研究》,中国社会科学院博士学位论文,2002年,第12～13页。

[2] 童利忠、丁胜利、马继征:《企业核心竞争力新论——理论与案例》,人民邮电出版社2006年版,第26～27页。

[3] 赵国浩等:《企业核心竞争力理论与实务》,机械工业出版社2005年版,第5～7页。

[4]《企业管理现代化、科学化问题研究》课题组:《企业管理现代化、科学化问题研究》,经济管理出版社1999年版,第10～13页。

[5] 陈佳贵:《培育和发展具有核心竞争力的大公司和大企业集团》,载《中国工业经济》2002年第2期,第18～21页。

得长期稳定的高于平均利润水平的收益的竞争力称为企业的核心竞争力;[1]战略学家管益忻认为核心竞争力是以企业核心价值观为主导的,旨在为顾客提供更大"消费者剩余"的整个企业核心能力的体系;[2] 芮明杰教授提出核心能力是企业独具的,使企业的一系列产品和服务取得领先地位所必须依赖的关键性能力,这种能力是一组技术与技能的综合体,而并非是一项技术或一项技能;[3] 黄津孚教授则把核心竞争力理解为决定竞争力的主要因素、深层次因素,即企业赖以生存发展的核心资源和核心能力。[4]

我国企业界人士对核心竞争力也有独到的理解。格兰仕集团杨仕经提出"要么不做,要做就要专业化、规模化、集约化,在这个领域做到绝对的比较优势";[5] 联想创始人柳传志指出联想的核心竞争力就是有好的管理基础,而好的管理基础包括三个要素,即建班子、定战略、带队伍;海尔集团张瑞敏认为海尔的核心竞争力就是创新能力,因为其不易或无法被竞争对手模仿;[6] 中国国际海运集装箱(集团)股份有限公司坚持"物美价廉";娃哈哈集团有限公司认为培养品牌就是培养核心竞争力;[7] 贵州万达客车股份有限公司高级工程师张新岭理解的核心竞争力是一个以技术创新能力和管理层领导能力为核心的复杂系统;[8] 山东宏信化工股份有限公司则认为核心竞争力是以知识、技术为基础的综合能力,是企业赖以生存和稳定发展的根基。[9] 这些认识虽然没有上升到理论高度,但也反映了企业家对核心竞争力更朴素和直观的理解。

从整体上看,对于核心竞争力概念的理解,我国大部分学者基本沿用的是普拉哈拉德和哈默尔的观点,但是对于它的内容和构成要素,不同的学者持有不同意见。纵观上述学者对核心竞争力内容和构成要素的研究和认识,可将其划分为"窄"、"中"、"宽"三种视角。第一种,持"窄"视角的观点认为核心竞争力是企业内部一系列互补的技能和知识的组合;第二种,持"宽"视角的观点认为核心竞争力是由多种要素或多种能力复合而成的综合

---

[1] 刘世锦、杨建龙、李建军:《企业重组中的多元化战略问题》,载《管理世界》1999年第2期,第15～18页。

[2] 管益忻:《论企业核心竞争力》,中国经济出版社2000年版,第18～22页。

[3] 芮明杰:《中国企业发展的战略选择》,复旦大学出版社2000年版,第24～27页。

[4] 黄津孚等:《企业发展潜力》,经济管理出版社2001年版,第48～52页。

[5] 杨仕经:《企业的核心竞争力是什么》,载《经济日报》2002年2月25日。

[6] Stephen Chen:《基于核心竞争力的变革》,载《世界经理人文摘》2000年第9期,第15～17页。

[7] 黄平:《培养品牌也是培养核心竞争力》,载《经济日报》2001年12月3日。

[8] 吕行健:《企业核心竞争力 = 核心业务 + 核心人物》,载《经济日报》2000年4月5日。

[9] 王胜颜等:《核心竞争力:企业强大的原动力》,载《经济日报》2000年8月9日。

体系；第三种，介于"窄"视角和"宽"视角之间，这种观点认为核心竞争力是企业拥有的关键技能、隐性知识和智力资本，是无形资产和智力资本、组织资本和社会资本的技能组合。

六、核心竞争力理论的评价与启示

核心竞争力理论是最新的企业理论，也是当今企业战略管理最有价值的成果之一，它在经济学和管理学上都具有十分重要的意义。

（一）核心竞争力理论的经济学意义

第一，它把经济学上的"范围经济"理论向纵深推进了一步。核心竞争力概念的提出最重要的意义是使竞争能力这种无形资产的范围经济得以实现。当企业具有这种"过人之处"的核心竞争力时，就可以借此进行相关多元化经营。第二，它构成了对古典经济学自由竞争和一般均衡理论的新挑战，因为核心竞争力的存在，自由竞争导致均衡利润的古典经济学原理失效。第三，它是经济学企业理论的补充与深化，核心竞争力理论揭示了企业效率的一种真实来源，以及企业价值增长、可持续发展的战略保证所在。

（二）核心竞争力理论的管理学意义

第一，核心竞争力理论是产业结构分析理论的超越。核心竞争力理论把注意力从企业外在的产业机会和市场吸引力，转向了企业内在的自身资源、能力和知识上。第二，核心竞争力理论为企业多元化提供了新解释。核心竞争力为企业多元化的方向、模式、结构和产业市场进入提供了指引，使得企业不相关的业务有机地统一，从而为理解企业多元化的相关性提供了新视角，也为企业进行多元化选择指明了新途径。第三，核心竞争力理论对传统的企业组织结构提出了挑战。核心竞争力理论强调的能力集成和系统协同主张打破资源的部门分割和管理的业务单元重心，对传统组织体制和权责体系提出了全新的变革要求。第四，核心竞争力理论提供了对企业概念的新认识。在核心竞争力理论下，企业更多地被理解成是建立在核心能力基础上的能力集成和系统协同，而不再是生产各种各样产品的多元业务的集合。

七、核心竞争力理论达成的共识与不足

尽管国内外学者对核心竞争力理论的理解众说纷纭,目前尚未有统一而严密的理论体系,但在许多方面已经达成了共识。

(一)核心竞争力理论达成的共识

第一,企业本质上是一个能力集合体,能力是对企业进行分析的基本单元。

第二,企业的核心竞争力决定了企业经营范围的广度和深度。

第三,企业拥有的核心竞争力是企业长期竞争优势的源泉。

第四,培育和不断发展核心竞争力是企业长期的根本性战略。

(二)国内外核心竞争力理论研究的不足

核心竞争力理论正处于发展的初级阶段,缺乏作为一个完整体系所具有的内敛性和包容性。综合地看,国内外核心竞争力理论研究存在以下不足。

第一是理论基础薄弱。核心竞争力理论用基于管理学的方法来分析本质是经济学的问题,本意是想弥补经济学的宏观和管理学的微观之间的薄弱环节,但是由于理论基础的相对薄弱,给人以意犹未尽的感觉。[1]

第二是方法和实践的匮乏。核心竞争力的识别是在企业成功后总结得到的,而且总结得到的核心竞争力比较模糊、笼统,是一种"事后理性"。这是由于核心竞争力理论研究和发展过程中缺乏足够的分析工具和手段。针对这一问题,范徵博士在《核心竞争力:基于知识资本的核心能力》中提出了协同学"轮轴"和神经网络"罗盘"两个形象模型,为寻找连接定性和定量研究之间的契合点提出了独特的观点。[2]

第三是核心竞争力理论存在局限性。核心竞争力理论是西方企业管理实践中的研究成果。我国的社会制度、经济体制、产业结构和管理思想不同于西方国家,市场机制完全发挥作用需要假以时日,中国企业的核心竞争力与西方企业的核心竞争力有着不尽相同的表现形式和特征。目前,国内学者提出的核心竞争力理论存在三种局限性:一是企业规模的局限;二是市场背景

---

[1] 范宪:《企业"核"心竞争力:动态球论模型剖析》,上海交通大学出版社2006年版,第9~12页。

[2] 范徵:《核心竞争力:基于知识资本的核心能力》,上海外国语大学博士学位论文,2002年,第16~18页。

的局限；三是行业的局限。

第四，核心竞争力理论过于强调企业内在成长，强调企业内部研究，强调内在能力的积累和运用以创造竞争优势，而对适应外部环境的关注以及与SWTO[1]等分析方法的结合相对薄弱。因而，作为一种应用型的企业理论，它还不够完善，应注意与其他理论分析方法的结合。

最后，核心竞争力理论的许多分析和研究还只停留在理论分析的层面上，与企业战略管理和经营实践的结合性方面较差，即在方法论上指导企业进行核心竞争力的确定、培育、应用和评价等有效管理方面缺乏具体可操作性的意见。为了达到理论指导实践的理想效果，核心竞争力理论还需在与应用的结合上进一步深入，对核心竞争力的可管理性及管理过程进行深入研究。

总之，核心竞争力理论无疑给企业战略管理的研究和实践注入了新的生机活力，并成为接替统治20世纪整个80年代战略管理分析模式的产业结构分析的新战略管理分析模式。无论是理论界还是企业界，对核心竞争力管理的重要性认识都在日益提高，核心竞争力已成为企业战略管理的基础和主线，被列为现在及未来构成竞争优势的首要因素。

第二节　中国竞技体育核心竞争力研究综述

一、中国竞技体育综合实力研究成果

竞技体育综合实力是指影响竞技体育活动的多种因素共同作用而形成的竞技体育发展水平和发展潜力以及在社会中的影响力，是生存力、发展力和协同力三者的有机综合，因此实际上是一种开放系统的整合力量形态。[2]

中国竞技体育实力在各个省（自治区、直辖市）之间存在明显的差异，

---

[1] SWOT分析法又称为态势分析法，它是由旧金山大学的管理学教授于20世纪80年代初提出来的，SWOT四个英文字母分别代表优势（Strength）、劣势（Weakness）、机会（Opportunity）、威胁（Threat）。所谓SWOT分析，即态势分析，就是将与研究对象密切相关的各种主要内部优势、劣势、机会和威胁通过调查列举出来，并依照矩阵形式排列，然后用系统分析的思想，把各种因素相互匹配起来加以分析，从中得出一系列相应的结论，而结论通常带有一定的决策性。

[2] 李卫：《中国竞技体育区域发展的理论与实证研究》，北京体育大学博士学位论文，2001年，第92～93页。

与我国经济发展水平在各个省（自治区、直辖市）之间的分布差异具有极大的相似性。在我国，经济发展水平对竞技体育实力具有一定的决定性。缩小各个省（自治区、直辖市）之间竞技体育实力的差距，最根本的方法是缩小省（自治区、直辖市）之间经济发展水平的差距。[1]

孙德朝学者认为：宏观层面的"中国体育强国"、"动态发展符号体"综合实力指标体系涵涉大众体育实力、竞技体育实力、体育科教实力、体育产业实力四大体育硬实力，以及体育文化实力和组织执行实力两大软实力，可分为资源性实力与操作性实力两种类型。[2]

黄莉学者认为：体育强国主要在数量质量、等级层次、参照标准上与体育大国有区别，其内涵主要涉及大众体育、竞技体育、体育科教、体育产业、体育文化5个领域。体育强国综合实力是由大众体育实力、竞技体育实力、体育科教实力、体育产业实力、体育文化实力、组织执行实力6个要素构成，可分为资源性实力与操作性实力两种类型。国家的体育综合实力是由体育硬实力与体育软实力相互作用形成的，它既可用绝对实力评估，也可依相对实力衡量。[3]

谢慧松等学者认为：在实力表现上，四川和陕西处于西部领先地位，但与上海相比还有较大差距。西部地区竞技体育后备人才、优秀运动员、教练员、竞技体育投入等指标的情况与其实力表现指标的情况具有相似的特征比例。地区经济水平落后、体育普及程度低是制约西部竞技体育综合实力提升的重要原因。[4]

陈丹学者认为：世界竞技体育的快速发展使得其实力区域格局始终处于动态演变之中，现阶段北美和欧洲国家（地区）对奥运会的垄断地位被打破，竞技实力区域格局逐渐被改变，未来将朝着区域实力渐进均衡化方向发展。准确把握竞技体育实力区域格局演变的致因，是国家（地区）制定竞技体育政策和完善竞技体育制度的主要考虑因素之一。竞技体育实力区域格局演变的致因主要涉及自然环境、社会基础、政治制度、经济条件和体育五个方面。五个方面的因素及其各要素相互影响和相互制约，促进竞技体育实

---

[1] 李真：《中国竞技体育实力的地区格局分布与对比分析》，载《北京体育大学学报》2006年第8期，第1137～1139页。

[2] 孙德朝：《体育强国视域下体育综合实力要素构成及其量化分析》，载《南京体育学院学报》2012年第2期，第31～36页。

[3] 黄莉：《从体育强国内涵探究体育综合实力构成》，载《上海体育学院学报》2010年第4期，第15～20页。

[4] 谢慧松、唐炎、王宇航：《中国西部竞技体育综合实力研究》，载《中国体育科技》2009年第4期，第8～16页。

力国际区域格局的形成,引领着未来实力区域格局的演变态势。[1]

二、中国竞技体育核心竞争力研究成果

刘成学者认为：竞技体育核心竞争力是一种客观的、物质性的绝对存在。它蕴含在各运动项目核心竞争力之中,由各运动项目的单项核心竞争力整合而成。我国竞技体育优势项目应该分为绝对优势项目和相对优势项目两类,其中,绝对优势等同于核心竞争力,是指优势项目中成绩最好、最稳定的项目。跳水、乒乓球、举重、体操、羽毛球、射击6个项目在最近5个奥运周期里是我国的绝对优势项目,并且已经具备了各自的核心竞争力。相对优势则并不等于具备了核心竞争力。与上述6个绝对优势项目相比,女子柔道应该只能归于我国竞技体育相对优势项目,女子柔道的核心竞争力也有待于进一步形成。绝对优势项目是我国竞技体育核心竞争力的构建主体。竞技体育优势项目核心竞争力是能给竞争主体带来持续竞争优势的诸多要素系统的有机融合。它不是与生俱来的,也不是一成不变的,而是具有生命周期的。要想获得长期的、可持续的竞争优势,关键在于竞争主体及时将自身现有的竞争力和竞争优势转化为核心竞争力,并不断保持与维护。举重、体操、羽毛球等部分优势项目核心竞争力的关键构成要素是由竞技体育制度、竞技体育精神、优秀教练员及运动员成长机制、竞技体育科技保障4个一级指标,以及从国家到地方的竞技体育财政支持体系、后勤保障服务机制、竞技体育制度文化、从国家到地方的"一条龙"运动训练体制、优秀的教练员团队、优秀的科技服务团队、高效的体育竞争情报采集传递系统等8个二级指标组成。[2]

梁建平等学者认为：竞技体育事业的核心竞争力是在竞技体育的运行系统中,作为竞技主体的运动员和教练员通过运用各种方法和手段进行有机的协调和配合,在运动员选材、运动训练、运动竞赛和竞技体育管理这四个竞技体育的有机组成部分中,获得最大竞技效益所独具的、持续的、整体的竞技能力。它是在特定的国内和国际政治、经济、文化、教育等因素的影响下,在国内、国际的竞技体育的竞争环境中产生的,表现为高效运用与整合自身所拥有的资源要素,对外能最大限度地满足竞技体育"消费者"（竞技

---

[1] 陈丹:《竞技体育实力国际区域格局演变的致因研究》,载《北京体育大学学报》2012年第7期,第118～124页。

[2] 刘成:《体育竞争情报及其对我国竞技体育核心竞争力的影响研究》,上海体育学院博士学位论文,2010年,第124～125页。

体育观众）多样化的消费需求，不断创造新的消费需求点，对内不断提高自身的综合实力，增强自我发展能力。其深深地扎根于竞技体育事业的机体之中，融入它的运行管理机制之中，不易被其竞争对手占有、模仿或代替，是竞技团体独具的、持续的、整体的竞争能力。[1]

鲁飞学者认为竞技体育核心竞争力应具备5个条件：一是集合性，这种竞争力是竞技体育竞争力体系在战略层面和战役层面的优势集合；二是可持续性，这种竞争力能够推动竞技体育持续发展；三是独特性，这种竞争力是独一无二、与众不同的；四是难以模仿，这种竞争力竞争对手可以观摩表象，但难以掌握真谛与精髓；五是服务性，这种竞争力既可以为整个竞技体育服务，也可以为某一些项目或项目群服务。具备了这5个条件，就可以认为其是竞技体育核心竞争力。其价值体现在3个方面：一是通过竞技体育实现运动员的最大价值；二是通过竞技体育实现其组织的最大价值；三是通过竞技体育实现推动社会进步的最大价值。竞技体育核心竞争力持续支撑着这三大价值的实现并通过这三大价值反映其核心竞争力水平。[2]

刘寒青等学者认为：我国竞技体育核心竞争力是一种相对于竞争对手的整体竞争优势与竞争合力，它蕴含在各运动项目核心竞争力之中，由各运动项目的单项核心竞争力整合而成。这种整体优势反映在举重、体操和羽毛球3个具体运动项目上时，则表现出这3个绝对优势项目核心竞争力关键构成要素的4个一级指标、8个二级指标之间的优化整合和不可拆分性。由于各个运动项目所处的内外部竞争环境、战略规划、发展历程、资源配置等各个方面都具有一定的差异性，各运动项目的制胜规律也不尽相同，因此，判断与识别其核心竞争力构成要素的指导思想、评价体系和最终结果也就不同。我国举重、体操和羽毛球3个绝对优势项目核心竞争力的构成要素中的一些环节可能并不都优于竞争对手，但是通过管理整合、优化配置，最终形成的核心竞争力关键构成要素所集成的综合效应必然明显优于竞争对手，从而构建出自己的核心竞争力，形成1+1>2的整体性效应。[3]

邓万金等学者认为：中国竞技体育核心竞争力是指在竞争过程中，竞技体育竞争主体在自身要素的优化组合上、客体要素的支撑上及与外部环境的

---

[1] 梁建平、常金栋、董德龙：《竞技体育事业核心竞争力的研究》，载《山东体育学院学报》2006年第1期，第25～27页。

[2] 鲁飞：《试论竞技体育的核心竞争力》，载《中国体育科技》2007年第3期，第63～66页。

[3] 刘寒青、刘成、司虎克：《我国竞技体育部分优势项目核心竞争力的构成要素分析》，载《天津体育学院学报》2011年第5期，第453～456页。

交互作用上所体现出来的相对于对手实现最佳成绩和社会价值而形成的持续竞争优势。其是其自身内部因素与外部因素共同作用的结果。支撑层竞争力和环境层竞争力就是作用于中国竞技体育核心竞争力形成的外部因素，其具有诱导、推动中国竞技体育核心竞争力形成的功能。只有在外部因素的作用下发挥内部因素的整合协调作用，才能实现中国竞技体育核心竞争力的形成效能。因此，竞技体育只有借助于外部因素的诱导和推动，才能驱使我国竞技体育核心竞争力的构建、培育和优化。中国竞技体育核心竞争力的指标体系包括3个一级指标，即动力层竞争力、支撑层竞争力和环境层竞争力；12个二级指标，即竞技体育教练员资源竞争力、竞技体育运动员资源竞争力、科研与训练结合程度、参赛能力、政府政策力度、竞技体育裁判员资源竞争力、竞技体育后备力量竞争力、后勤保障竞争力、媒体宣传力度、竞技体育赛制竞争力、管理竞争力和开放竞争力。动力层竞争力是中国竞技体育核心竞争力的原动力。[1]

吴劲松等学者认为：中国竞技体育核心竞争力表现出多元延展性、价值超越性、效应持久性、路径依赖性、无可替代性、动力性、集合性、动态调整性等特征。[2]

三、中国竞技体育核心竞争力培育研究成果

祁明德等学者认为：竞技体育核心竞争力的提升是一项系统工程，核心竞争力各要素间存在着相互依存、相互制约的复杂关系，并处于不断的动态变化之中。在寻求提升竞技体育核心竞争力的对策时，我们必须根据竞技体育发展的一般规律，仔细研究影响竞技体育发展的各影响因素，正确把握竞技体育核心竞争力的来源和形成机制。他指出提升竞技体育核心竞争力的策略：有效整合各方力量，形成有效的区域竞技体育创新网络；创新竞技体育管理体制，积极探索市场化的体育发展体制和模式；加强科研和技术攻关力度，提高科研与训练的结合度；重视优秀人才引进，同时加强本土人才的培养；重视参加各类竞赛，通过实战竞赛强化竞技能力；积极争办各种赛事，把广东打造成世界重要的体育竞赛举办地之一；加强竞技体育法制建设，实现竞技体育法制化管理。其中创新能力培育、管理体制创新是核心竞争力的

---

〔1〕 邓万金、刘永东：《中国竞技体育核心竞争力与竞技体育成绩的关联分析》，载《北京体育大学学报》2011年第2期，第117～120页。

〔2〕 吴劲松、邓万金、张雪芹：《中国竞技体育核心竞争力的定义、构成及特征》，载《体育学刊》2012年第3期，第50～54页。

基础来源，所有的措施都应该围绕这两个方面开展，只有实现了有效的制度创新和技术创新才能达到某个区域提升竞技体育核心竞争力的目的。[1]

刘颖学者提出了我国竞技体育优势项目核心竞争力培育的策略：加强项目布局研究，建立资金投入多元化和现代化的竞技体育优势项目训练基地；培养核心技战术能力，构建适应核心竞争力成长的管理模式；积极围绕"奥运争光"计划，加强优势项目的科技研发能力；充分发挥政府的作用，争取政策扶持；重视创新，完善知识管理机制。[2]

邓万金等学者认为中国竞技体育核心竞争力的培育实现途径包括：发挥高层领导的核心作用，实现管理整合；确立多点优势单项发展战略；积极打造人力资本，培育高水平的竞技体育主体；积极开展先进的竞技科研，努力将科研成果转化为训练生产力；围绕实战，构建多元化竞赛实战保障体系；发挥宏观协调作用，在竞技体育项目结构布局中引导中国竞技体育核心竞争力；树立核心竞争力意识，强化基于中国竞技体育核心竞争力战略的观念。他们还提出了中国竞技体育核心竞争力培育措施：进一步完善竞技体育运动训练与竞赛机制，使之更加体现竞技化和法制化；找准突破口，积极打造竞技体育优势项目和核心人物，努力扩大奖牌增长点；积极贯彻"科技兴体"方针，为提升中国竞技体育核心竞争力增添动力源；因势利导，积极发挥举国体制优势；以提高中国竞技体育核心竞争力为目标，形成奥运优势项目集团优势。[3]

四、中国竞技体育核心竞争力评述

纵观目前国内学者对中国竞技体育核心竞争力的研究文献，笔者认为他们主要从四个层面对中国竞技体育核心竞争力进行研究。第一，从资源观层面进行研究，立足人才资源、政策资源分析中国竞技体育核心竞争力。第二，从优势项目层面进行研究，结合中国传统的优势项目分析中国竞技体育核心竞争力。第三，从中国竞技体育特有的要素整合层面进行研究，结合中国长期形成的内在固有的要素分析中国竞技体育核心竞争力。第四，从影响

---

[1] 祁明德、许晓音：《区域竞技体育核心竞争力培育研究》，载《广州体育学院学报》2012年第2期，第9～13页。

[2] 刘颖：《我国竞技体育优势项目核心竞争力的培育及研究》，载《沈阳体育学院学报》2006年第3期，第1～3页。

[3] 邓万金、张雪芹、简文森：《中国竞技体育核心竞争力培育途径与措施研究》，载《南京体育学院学报》2011年第3期，第69～71页。

中国竞技体育发展的内外部因素层面进行分析中国竞技体育核心竞争力。

笔者认为，竞技体育的本质是竞争，竞争主要通过运动成绩来表现，而核心竞争力是在竞争力和竞争优势的基础上形成和发展的。因此，立足运动成绩，只有准确分析中国竞技体育的竞争力和竞争优势，才能很好地把握中国竞技体育核心竞争力。

第三节 动态链管理体系研究综述

一、动态链管理体系构建研究综述

李晓英、李蔚、张继焦等学者认为：传统的营销管理中，营销的执行依靠的是条块分割的部门组织结构，营销体系不是信息运动路线，需求信息的运动轨迹与企业组织体系不一致，信息流被人为阻断，信息发生扭曲与衰减，无法实现与顾客的有效沟通，顾客被"虚化"，营销效率低下。传统的营销管理模式中，价值链和供应链的出发点都是"生产者"。价值链认为企业的价值链和产品决定了买方需要，顾客处于价值链的末端；供应链中虽然包含了用户，但重点在"供应"，是通过供应链集成更好地实现"供应"。这些管理模式都是局部的、以生产者为核心的企业设计，过剩经济时代呼吁一种以顾客为核心、以利润为目的的企业设计。营销链是一种动态流程式结构，作为一种对传统营销管理体系的创新与改进，将营销理念融入营销链上的每一环节，并运用指标体系对其优化控制，消费者被分解整合到每一环节，使营销策略切实得以执行与体现。营销链增强了营销的执行力，使营销管理由理念变为技术，从模糊走向精准。[1][2][3]

徐建中、荆玲玲、孙德忠学者认为：当前不少企业把核心竞争力割裂成具体的一种或几种能力的表现形式，只关注企业的生产能力、研发能力等，强调逐一去加强和改进。然而在现实的企业战略管理具体操作中可以发现，企业的核心竞争力并不能简单地归结为一种或几种能力，这一种或几种能力

---

[1] 李晓英：《营销链管理体系：模型与构建》，载《生产力研究》2004年第11期，第194～196页。

[2] 李蔚：《论企业核心营销流程线的再造》，载《商业经济与管理》2000年第4期，第76～79页。

[3] 张继焦：《价值链管理》，中国物价出版社2001年版，第106～114页。

的增强也并不能使企业保持持续的竞争优势。因此，可以说企业的核心竞争力是一种推动企业发展的独有的经营模式，是一个动态的有机系统。所以对于企业核心竞争力的研究必须从整体角度把握，从微观角度加强。即从企业管理的整体角度搞好企业的制度创新、技术创新、管理创新和文化创新，从企业业务的微观角度推动成本优势和差异化优势的形成，协同作用、循环推进从而使企业核心竞争力得到发展和提升。[1]

周汉麒学者认为：从广义角度来看，核心竞争力的动态管理是指在复杂多变的市场环境中发现和采纳恰当的生产技术，进行合理的内部组织与管理，从而提升企业核心竞争力的一系列活动过程。企业对外部的管理包括对供应商、经销商、顾客、股东等利益相关者的管理。企业对内部的管理包括对企业的生产经营、技术创新、组织架构、人力资源等的管理。从狭义角度来看，核心竞争力的动态管理是指企业为了保持自身核心竞争力的环境适应性，对其实施系统的确定、培育、应用和评价等全方位循环管理的过程，从而获取持续竞争优势。一个完整的核心竞争力管理过程应包括四个阶段，即核心竞争力的确定、核心竞争力的培育、核心竞争力的应用、核心竞争力的评价。核心竞争力的动态管理绝不是在评价完成之后便告结束，而是要根据评价的结果再返回到确定、培育或应用阶段，即在原有核心竞争力的基础上演化和加强，通过每一次循环，核心竞争力的内涵和价值都将得到提升，从而形成一个动态的阶梯式上升的循环管理过程。在当前复杂多变的竞争环境中，企业要想获取持续竞争优势，就必须对其核心竞争力实施系统的动态管理。核心竞争力的动态管理是一个阶梯式上升的循环管理过程，通过不断地循环，企业核心竞争力得到不断的提升。从经济学的角度来看，内部管理能力和外部管理能力是企业核心竞争力动态管理过程中的关键因素。企业生产经营除了要获得一般的投入品之外，在市场上它是否具有核心竞争力还取决于企业内外部协调管理能力。企业应该根据经营环境变化的情况，合理处理内部管理能力和外部管理能力在企业发展中的作用，通过增强企业的内部和外部协调管理能力来提升企业的核心竞争力。只有这样，企业才能更好地参与国际竞争，才能在动态的环境中培育企业所需的动态核心竞争力。[2]

---

[1] 徐建中、荆玲玲、孙德忠：《企业核心竞争力动态有机系统运行模式研究》，载《科技管理研究》2008年第12期，第295～297页。

[2] 周汉麒：《企业核心竞争力动态管理的经济学分析》，载《当代经济》2010年第24期，第62～63页。

二、竞技体育动态链管理体系构建研究综述

刘寒青、刘成、司虎克学者认为：我国竞技体育核心竞争力是一种客观的、物质性的绝对存在。其中，跳水、乒乓球、举重、体操、羽毛球、射击已经具备了各自的核心竞争力，它们是我国竞技体育核心竞争力的构建主体。与企业、大学等组织的核心竞争力一样，竞技体育核心竞争力的构成要素同样众多，并且各要素之间大都相互关联，其概念具有很大的抽象模糊性、包容性和多元复杂性。我国竞技体育核心竞争力是一种相对于竞争对手的整体竞争优势与竞争合力，它蕴含在各运动项目核心竞争力之中，由各运动项目的单项核心竞争力整合而成。由于各个运动项目所处的内外部竞争环境、战略规划、发展历程、资源配置等各个方面都具有一定的差异性，各运动项目的制胜规律也不尽相同。通过管理整合、优化配置，最终形成的核心竞争力关键构成要素所集成的综合效应，必然能明显优于竞争对手，从而构建出自己的核心竞争力。[1][2]

鲁飞学者认为：竞技体育是竞技各方竞争力体系的较量，支撑其持续竞争优势的是竞技体育的核心竞争力，由内部核心层、中间支持层、外在表现层构成。竞技体育核心竞争力追求的三大价值，即通过竞技体育实现运动员的最大价值，通过竞技体育实现其组织的最大价值，通过竞技体育实现推动社会进步的最大价值。要构建我国竞技体育的核心竞争力，就必须正确处理"奥运战略"和"全民健身战略"的关系；必须建立和完善与社会主义市场经济相适应的新型的举国体制，建立新型的举国体制，以改变我国竞技体育的增长方式和管理模式，给我国竞技体育的持续发展赋予新的生机与活力；必须构筑竞技体育的核心价值观，政府主导的价值取向、运动员的价值取向、社会参与的价值取向构成了竞技体育价值观的多元体系；必须坚持以人为本，以人为本体现在竞技体育中，就是以运动员为本，通过帮助和引导运动员实现最大价值来推动我国竞技体育的持续健康发展；必须合理配置竞技体育资源，对运动项目进行合理布局。[3]

---

〔1〕 刘成、司虎克：《我国竞技体育优势项目与核心竞争力关系研究》，载《北京体育大学学报》2010年第6期，第104～109页。

〔2〕 刘寒青、刘成、司虎克：《我国竞技体育部分优势项目核心竞争力的构成要素分析》，载《天津体育学院学报》2011年第5期，第453～456页。

〔3〕 鲁飞：《试论竞技体育的核心竞争力》，载《中国体育科技》2007年第3期，第63～66页。

祁明德、许晓音等学者认为：区域竞技体育核心竞争力是以特定的区域环境条件为基础，某地区在相关竞技项目的技术创新、竞技比赛能力等方面形成的特有的优势竞争能力，可以使该区域的相关竞技项目持续地在一国乃至国际体育竞赛中具备竞争优势。区域竞技体育核心竞争力是一个区域通过竞技体育发展环境的营造，不断培育和整合关键因素组合的过程。区域竞技体育核心竞争力构成因素包括六个基本方面，即资源禀赋、区域发展水平、竞技体育需求状况、竞技体育文化、管理体制、技术创新能力。而这六个方面的因素又需要通过区域体育活动的聚集和区域竞技体育创新体系来进行有效整合，通过有效整合和利用各区域环境要素，形成独特的区域竞技体育核心竞争力，从而不断提升竞技体育比赛能力，获得持续竞争优势。[1]

张加生、李思民学者认为：竞技体育优势项目核心竞争力是使运动项目在较长时期内保持竞争优势的能力，是运动和变化的，具有异质性、融合性、动态性。竞技体育项目核心竞争力的构成要素主要包括核心价值观、战略决策能力、组织管理能力、新理论与新经验的学习率和传递率、教练员训练能力、后备人才资源及竞技体育人力资源等。[2]

三、竞技体育动态链管理体系的评价与启示

纵观目前有关竞技体育动态链管理体系的文献，笔者认为他们主要从三个方面进行研究。第一方面，立足竞技体育发展的相关要素，从要素角度解读和分析竞技体育动态链管理问题。第二方面，从影响竞技体育发展的相关因素角度分析竞技体育动态链管理问题。第三方面，结合竞技体育发展形势和竞技体育的本质属性探讨竞技体育动态链管理问题。目前，立足系统观层面，结合竞技体育发展的实质性要素，从内外部管理角度研究竞技体育动态链管理问题的文献并不多见。

---

[1] 祁明德、许晓音：《区域竞技体育核心竞争力培育研究》，载《广州体育学院学报》2012年第2期，第9～13页。

[2] 张加生、李思民：《竞技优势项目核心竞争力研究》，载《体育文化导刊》2009年第7期，第46～49页。

第四节 本研究涉及的重要概念

一、竞争

竞争广泛地存在于社会、经济、体育的各个方面。从哲学角度看,"竞争"实质上是一种社会关系,它是为满足某种需求的人们之间既冲突又相互合作的关系。"物竞天择,适者生存"是竞争的本质和普遍规律,资源的稀缺性是竞争的根本动因,只要具有资源的稀缺性就会形成竞争。《辞海》中"竞争"是指商品生产者为争取有利的产销条件而进行的角逐,分为资本主义竞争和社会主义竞争;《现代汉语大词典》中"竞争"是指为了自己方面的利益而跟他人争胜;胡大立在《企业竞争论》中指出竞争是在市场组织方面的相互独立的市场生产者为了获得有利的产销条件或投资领域而相互争夺、各竞其能的过程;张金昌在《国际竞争力评价的理论和方法》中指出竞争是两个或两个以上主体为了某一目标或利益而进行的争夺或较量;郎诵真在《竞争情报与企业竞争力》中提出,竞争是两个或两个以上的个人或集团在一定范围内为夺取他们所共同需要的对象而展开较量的过程。[1]

综合上述概念,结合竞技体育的本质特征,笔者认为竞争是指两个或两个以上的竞争主体通过自身努力为追求最佳竞技成绩表现的角逐过程。

二、竞争力

竞争力与竞争是一对密切相关的概念,有竞争才有竞争力,没有竞争就没有竞争力,竞争力是竞争的基础和源泉。判别竞争主体在竞争中是否具有竞争力或竞争力的强弱,主要有三个标志:一是在竞争目的上,竞争主体是否有效实现了竞争目的;二是竞争主体是否拥有相对于竞争对手更高的优势能力;三是竞争主体是否采用了有别于竞争对手的战略、策略、手段和方法。[2][3]

---

[1] 姜爱林:《竞争力与国际竞争力的几个基本问题》,载《经济纵横(理论探讨)》2003年第11期,第48～53页。

[2] 马金书:《西部地区产业竞争力研究》,云南人民出版社2004年版,第28～31页。

[3] 张金昌:《国际竞争力评价的理论与方法》,经济科学出版社2002年版,第34～35页。

从竞技体育竞争的概念出发，综合上述论点，笔者认为竞技体育竞争力是指竞争主体在与其他竞争对手的竞争过程中，为追求最佳竞技成绩所表现出来的优势能力，是为保持自身的持续发展而获取更多社会价值的能力。这一定义反映竞技体育竞争力的三层含义：第一，竞争力是一个相对的概念，是与竞争对手相比较而具有的优于或独特于对手的能力，只有优于或独特于竞争对手，才有竞争力；第二，竞争力是在竞技舞台上所表现出来的竞争能力，是竞争主体获得社会认同的能力；第三，从竞争的结果来看，竞争力是竞争主体取得优异成绩或某种利益的能力。

三、竞争优势

竞争优势的思想最早来源于20世纪30年代的产业组织理论。霍弗和辛德尔认为竞争优势是指一个组织通过其资源的调配而获得的相对于其竞争对手的独特性市场位势；巴思认为当一个企业能够实施某种价值创造性战略而其他任何现有和潜在的竞争者不能同时实施时，就可以说企业拥有竞争优势；价值链理论的观点是，企业的竞争优势来自企业某些特定环节的竞争优势，抓住了这些关键环节，也就抓住了整个价值链。因此，价值链活动是竞争优势的来源。

根据竞技体育的本质属性，基于决定中国竞技体育竞技水平的要素，综合上述学者的观点，笔者认为竞争优势是指在竞争过程中，通过自身要素的优化及与外部环境的交互作用，在有限的资源中获得的相对于竞争对手的独特性赛场位势。

四、核心竞争力

竞争力是竞争优势的基础与源泉，而竞争优势是核心竞争力的动力与根本。我们也可以这样认为：竞争力是竞争优势的必要条件，但并非充分乃至充要条件；竞争优势是核心竞争力的必要条件，但也非充分乃至充要条件。竞技体育没有具备竞争力，必然无法形成竞技体育竞争优势，没有形成竞技体育竞争优势，则根本不可能构建竞技体育核心竞争力。在竞技体育舞台，某个项目不是只要具备了竞争力，就能形成竞争优势，不是只要形成了竞争优势，就能构建核心竞争力，而是具备了竞争力，才有可能形成竞争优势，形成了竞争优势，才有可能构建核心竞争力。[1]

---

〔1〕 刘成、司虎克：《我国竞技体育优势项目与核心竞争力关系研究》，载《北京体育大学学报》2010年第6期，第104～109页。

基于上述理论逻辑，本研究界定竞技体育核心竞争力的定义分为三步：第一步是对竞技体育竞争力的分析。以奥运会为研究平台，选取体育强国在奥运会上的金牌项目和奖牌项目（实力的代表）作为研究对象，通过纵向分析初步筛选出各国比较优势指数超过1的竞技体育项目。第二步是对竞技体育竞争优势的分析。在第一步分析的基础上，选取连续4届或在3届奥运会上比较优势指数均超过1的项目作为分析对象，通过与其他体育强国的横向对比分析，确定各国竞技体育核心实力项目。第三步是对竞技体育核心竞争力的分析。在第二步分析的基础上，将各国竞技体育核心实力项目置于一个研究整体，通过各国竞技体育核心实力项目的横纵向立体性分析，界定各国竞技体育核心竞争力的组成要素。因此，笔者认为竞技体育核心竞争力是指作为主体层的比较优势指数强的项目和作为支撑层的比较优势指数较强的项目在较长时间内的世界最高竞技舞台上所表现出来的一种竞争实力。

五、管理体系

就竞技体育而言，管理体系是竞技体育为充分发挥自身整体效能，遵循奥运会比赛规则和体育法律法规，履行相应的社会使命，为实现竞赛目标，以竞技体育为整体，将其所有资源和活动按照过程方法重新整合成一体的交互管理模式。从竞技体育发展全局角度和系统目标出发，将全部活动和相关资源作为过程进行控制，将相互关联的要素作为体系来管理；通过科学布局、优化组合、丰富扩展而形成以过程为基础的、以竞技体育为整体的管理体系，用以规定和指导竞技体育发展过程的实施、保持和可持续发展。竞技体育管理体系做到"横向到边、纵向到底"，既能满足竞技体育的发展要求，又能促进各项管理职能有机融合，形成集合协同优势，充分利用有限资源，建立自我完善的运行机制，有利于提高竞技体育整体管理的效率，实现竞技体育整体实力的提升。

六、动态链管理体系

根据竞技体育发展的相关要素和影响竞技体育发展的相关因素，依据竞技体育核心竞争力的构建内容，笔者认为动态链管理体系是以奥运会竞赛为导向的项目创新管理机制、以人力资源集优为导向的人才梯队建设培养机制、以主体层和支撑层为结构导向的双元动态管理机制、以科研服务与技战术创新交互为导向的支撑保障管理机制、以竞技体育核心竞争力为发展导向的可持续发展培育机制等相互交融的内外部管理链的统一。

第三章 研究对象与方法

第一节 研究对象

根据课题研究需要，本研究以美国、俄罗斯、德国和中国在近几届奥运会上的成绩为分析对象。

综合前面的研究目的和研究思路，本研究以中国竞技体育核心竞争力、中国竞技体育核心竞争力动态链管理体系为研究对象。

第二节 研究方法

一、从方法论的角度拟采用的方法

（一）历史与现实结合分析法

以历史唯物辩证法的观点，对中国竞技体育在近几届奥运会上的实力水平进行统计和分析，力求全面、系统、准确地掌握第一手资料，对掌握的资料进行科学客观的分析，在此基础上，构建中国竞技体育核心竞争力动态链管理体系。

（二）实证与理论结合分析法

本研究通过对中国竞技体育在近几届奥运会上的表现进行分析，提出了什么是竞技体育核心竞争力，也就是从实证分析的角度提出了竞技体育核心竞争力的本质是什么。同时，在实证分析的基础上，通过核心竞争力理论、运动训练学理论、体育社会学理论等方面的充分评述，并结合专家所提供的参考建议，对所提出的问题给予回答，提出中国竞技体育核心竞争力动态链管理体系构建的基本思路与基本理论。

（三）比较分析法

比较分析法是指将两个或多个同类或相近的事物按照同一法则进行对比分析，寻找它们的共同点和差异点，并根据对比分析的结果来推测未知事物具有同样或近似的性质或特征。本研究在界定中国竞技体育核心竞争力时，就是通过对我国与世界竞技体育强国在近几届奥运会上的实力比较分析，最终找出中国竞技体育核心竞争力的构成要素。

（四）规范分析法

规范分析法是指带有价值判断的分析方法，即用某种标准去衡量研究对象，从理论上对"应该是什么"进行规定和陈述，其中包含着对某一事物是"好"或"坏"的价值判断，以实现调整或改变现实的目的。本研究从中国竞技体育在近几届奥运会上的整体实力出发，对中国竞技体育核心竞争力动态链管理体系提出"应该如何构建"、"应该怎样修正"，给出科学的价值判断。

二、具体研究方法

（一）文献资料法

为了全面、系统地了解核心竞争力理论，深入把握影响中国竞技体育核心竞争力的相关要素，本研究通过大量收集的期刊、著作中的相关文字和数据资料，经过科学分析与梳理，即从他人研究的资料中寻找与本研究有关联的重要内容，最后发现企业界核心竞争力理论、影响中国竞技体育实力的因素、中国竞技体育整体实力、中国竞技体育核心竞争力等文献资料对本研究有重要的参考价值。

（二）专家访谈法

在研究过程中，笔者多次与体育院校及从事体育研究的专家，国家体育总局个别项目管理中心的主要官员，体育管理学、运动训练学和体育社会学等领域的专家进行访谈，在优势项目确定的理论依据、中国竞技体育核心竞争力概念的界定、世界竞技体育强国核心竞争力的内在一致性对比分析问题、中国竞技体育核心竞争力动态链管理体系问题等方面获取了许多有价值的参考意见。

（三）问卷调查法

在查阅大量国内外有关文献资料的基础上，经过对近几届奥运会我国竞技体育综合表现的科学分析，结合世界竞技体育强国的奥运会成绩对比分析，初步确定我国竞技体育的优势项目和提出竞技体育核心竞争力的概念，设计关于中国竞技体育核心竞争力的调查问卷，发放给体育管理学、体育社会学和运动训练学等方面专家，结合其修改建议和认定结果，最后准确提出中国竞技体育核心竞争力的概念。

在准确分析世界竞技体育强国在近几届奥运会上所获成绩的基础上，通过世界竞技体育强国的实力对比分析，以问卷形式请专家对其优势项目进行两轮筛选和认定；然后请专家对最终确定的优势项目进行排序和权重认定。结合问卷统计处理结果，最后科学验证世界竞技体育强国核心竞争力的内在一致性问题。

在上述基础上，以问卷形式征求相关专家的修改建议，结合专家对中国竞技体育发展的影响因素、当前世界竞技体育的发展形势、世界竞技体育强国竞争力的准确判断，初步提出中国竞技体育核心竞争力动态链管理体系。

（四）数理统计法

1. 比较优势指数分析法

为了准确把握美国、俄罗斯、德国、中国竞技体育核心实力，本研究运用比较优势理论中的比较优势指数对美国、俄罗斯、德国、中国在近4届奥运会上获得金牌和奖牌的项目进行比较分析，以确定美国、俄罗斯、德国、中国竞技体育核心竞争力的构成要素。

2. 层次分析法

为了科学确定我国竞技体育核心竞争力构成要素的权重，本研究对我国及世界竞技体育强国优势项目构造了层次分析判断矩阵，判断矩阵通过一致性检验，将判断矩阵权重分量的均值作为其构成要素的相应权重。

3. 灰色统计分析法

本研究运用灰色系统理论，对竞技体育运动成绩、绝对优势项目、优势项目、潜优势项目实力与竞技体育核心竞争力的关系进行了分析，以验证中国竞技体育核心竞争力的科学性和合理性。

第四章 研究结果与分析

第一节 中国竞技体育核心竞争力分析

一、美国竞技体育竞争力分析

（一）第27届至第30届奥运会的金牌分布分析

如表4.1.1所示，第27届奥运会，美国代表团在游泳、田径、篮球、射击、网球、足球、沙滩排球、自行车、排球、垒球、帆船帆板、跆拳道、跳水、马术、举重15个项目共获得39枚金牌，其中游泳、田径各获13枚、10枚，分别占美国当届金牌总数的33.33%和25.64%，篮球囊括男女金牌。第28届奥运会，美国代表团在游泳、田径、篮球、射击、体操、足球、摔跤、自行车、排球、垒球、帆船帆板、赛艇、跆拳道、击剑、拳击15个项目上共获得35枚金牌，其中游泳、田径各获12枚、10枚，分别占美国当届金牌总数的34.29%和28.57%，个别项目实现了突破，如垒球、跆拳道。第29届奥运会，美国代表团在游泳、田径、篮球、射击、体操、网球、足球、沙滩排球、摔跤、自行车、排球、帆船帆板、赛艇、击剑、马术15个项目上获得36枚金牌，其中游泳、田径各获12枚、7枚，分别占美国当届金牌总数的33.33%和19.44%，其中篮球、沙滩排球分别囊括男女金牌。第30届奥运会，美国代表团在游泳、田径、篮球、射击、体操、网球、足球、沙滩排球、摔跤、自行车、赛艇、拳击、跳水、水球、柔道15个项目上共获得46枚金牌，其中游泳、田径各获16枚、9枚，分别占美国当届金牌总数的34.78%和19.57%，其中篮球、网球分别获得2枚、3枚，基本上包揽了该项目所有金牌，柔道实现了零的历史性突破。

表 4.1.1 第 27 届至第 30 届奥运会美国代表团的金牌分布统计表

金牌项目	第 27 届 (39 枚)		第 28 届 (35 枚)		第 29 届 (36 枚)		第 30 届 (46 枚)		历届总数	历届总百分比
	总数	占金牌总数比	总数	占金牌总数比	总数	占金牌总数比	总数	占金牌总数比		
游泳	13	33.33	12	34.29	12	33.33	16	34.78	53	33.97
田径	10	25.64	10	28.57	7	19.44	9	19.57	36	23.08
篮球	2	5.13	1	2.86	2	5.56	2	4.35	7	4.49
射击	1	2.56	1	2.86	2	5.56	3	6.52	7	4.49
体操			1	2.86	2	5.56	3	6.52	6	3.85
网球	2	5.13			1	2.78	3	6.52	6	3.85
足球	1	2.56	1	2.86	1	2.78	1	2.17	4	2.56
沙滩排球	1	2.56			2	5.56	1	2.17	4	2.56
摔跤			1	2.86	1	2.78	2	4.35	4	2.56
自行车	1	2.56	1	2.86	1	2.78	1	2.17	4	2.56
排球	1	2.56	1	2.86	1	2.78			3	1.92
垒球	2	5.13	1	2.86					3	1.92
帆船帆板	1	2.56	1	2.86	1	2.78			3	1.92
赛艇			1	2.86	1	2.78	1	2.17	3	1.92
跆拳道	1	2.56	1	2.86					2	1.28
击剑			1	2.86	1	2.78			2	1.28
拳击			1	2.86			1	2.17	2	1.28
跳水	1	2.56					1	2.17	2	1.28
马术	1	2.56			1	2.78			2	1.28
水球							1	2.17	1	0.64
柔道							1	2.17	1	0.64
举重	1	2.56							1	0.64

美国代表团在第 27 届至第 30 届奥运会上的夺金项目情况主要呈现以下几个特点:第一,绝对优势项目非常稳定,主要是游泳、田径、篮球、网球。美国夺金点项目相对比较集中而稳定,其中主要以游泳、田径、篮球、足球、沙滩排球、排球为主,而前两者在这 4 届奥运会上分别总共获得 53

枚金牌和36枚金牌，分别占4届金牌总数的33.97%和23.08%。第二，由第27届奥运会的13个大项夺金点，到第28届奥运会的15个大项夺金点，再到第29届的14个夺金点，最后到第30届的13个夺金点，大项夺金点比较稳定，其中游泳、田径、篮球、射击、足球、自行车6个大项连续4届奥运会获得金牌。个别大项偶尔发生变化，如马术、击剑、举重。

为了更加科学准确地反映美国夺金项目集中优势程度，本研究采用可靠性系数R来反映每个夺金项目的获取可能性程度，R是以某个项目的总金牌数除以该项目获得金牌数均值的比值。R值越高，说明其获得金牌的把握性越大，竞技整体实力越高。从表4.1.2中可以看出，美国的篮球、足球、沙滩排球、排球、游泳、垒球、田径的整体竞技实力比较稳定，其夺金概率比其他项目要大得多。

表4.1.2　美国夺金项目可靠性程度系数统计表

夺金项目	游泳	田径	篮球	射击	体操	网球	足球	沙滩排球	摔跤	自行车	排球
历届总数	54	36	7	7	6	5	4	4	4	4	3
平均数	13.5	9	1.75	1.75	1.5	1.25	1	1	1	1	0.75
总设项数	46	47	2	15	18	5	2	2	18	18	2
R	0.29	0.19	0.88	0.12	0.08	0.25	0.50	0.50	0.06	0.06	0.38
夺金项目	垒球	帆船帆板	赛艇	跆拳道	击剑	拳击	跳水	马术	水球	柔道	举重
历届总数	3	3	3	2	2	2	2	2	1	1	1
平均数	0.75	0.75	0.75	0.5	0.5	0.5	0.5	0.5	0.25	0.25	0.25
总设项数	2	10	14	8	10	13	8	6	2	14	15
R	0.38	0.08	0.05	0.06	0.05	0.04	0.06	0.08	0.13	0.02	0.02

注：鉴于每届奥运会的大小项设置有细微变化，为了准确反映当前奥运会设项最新动态，本研究以2012年奥运会的大小项设置为统计依据。

（二）第27届至第30届奥运会的奖牌分布分析

如表4.1.3所示，美国代表团在第27届至第30届奥运会上分别获得97枚、103枚、110枚、104枚奖牌，总体上趋势稳定，反映出其竞技体育夺牌点实力相对较稳。游泳项目所获奖牌数分别在近4届奥运会中占了35.05%、30.10%、28.18%、29.81%的比例，共获得了127枚奖牌，占历届奖牌总数的30.68%；田径项目所获奖牌数分别在近4届奥运会中占了

21.65%、24.27%、20.91%、27.88%的比例，共获得了 98 枚奖牌，占历届奖牌总数的 23.67%。

从表 4.1.3 中可以看出游泳和田径在美国竞技体育中的重要地位和所起作用。体操、摔跤、射击、自行车在 4 届奥运会上分别共获得 25 枚、19 枚、18 枚、15 枚奖牌，占历届奖牌总数的 6.04%、4.59%、4.35%、3.62%。游泳、田径、摔跤、射击、自行车、赛艇、拳击、篮球、网球、跆拳道、沙滩排球、水球、足球 13 个项目在近 4 届奥运会上连续获得奖牌。

表 4.1.3　第 27 届至第 30 届奥运会美国代表团的奖牌分布统计表

奖牌项目	第 27 届 (97 枚)		第 28 届 (103 枚)		第 29 届 (110 枚)		第 30 届 (104 枚)		历届总数	历届总百分比
	总数	占奖牌总数比	总数	占奖牌总数比	总数	占奖牌总数比	总数	占奖牌总数比		
游泳	34	35.05	31	30.10	31	28.18	31	29.81	127	30.68
田径	21	21.65	25	24.27	23	20.91	29	27.88	98	23.67
体操			9	8.74	10	9.09	6	5.77	25	6.04
摔跤	6	6.19	6	5.83	3	2.73	4	3.85	19	4.59
射击	5	5.15	2	1.94	6	5.45	5	4.81	18	4.35
自行车	3	3.09	4	3.88	5	4.55	3	2.88	15	3.62
赛艇	3	3.09	2	1.94	3	2.73	3	2.88	11	2.66
马术	3	3.09	5	4.85	3	2.73			11	2.66
拳击	5	5.15	2	1.94	1	0.91	2	1.92	10	2.42
击剑			2	1.94	6	5.45	2	1.92	10	2.42
篮球	2	2.06	2	1.94	2	1.82	2	1.92	8	1.93
网球	1	1.03	1	0.97	2	1.82	4	3.85	8	1.93
跆拳道	1	1.03	2	1.94	3	2.73	2	1.92	8	1.93
帆船帆板	3	3.09	2	1.94	2	1.82			7	1.69
沙滩排球	1	1.03	1	0.97	2	1.82	2	1.92	6	1.45
水球	1	1.03	1	0.97	2	1.82	1	0.96	5	1.21
足球	2	2.06	1	0.97	1	0.91	1	0.96	5	1.21
棒垒球	2	2.06	1	0.97	2	1.82			5	1.21
跳水	1	1.03					4	3.85	5	1.21

续表 4.1.3

奖牌项目	第 27 届 (97 枚) 总数	第 27 届 (97 枚) 占奖牌总数比	第 28 届 (103 枚) 总数	第 28 届 (103 枚) 占奖牌总数比	第 29 届 (110 枚) 总数	第 29 届 (110 枚) 占奖牌总数比	第 30 届 (104 枚) 总数	第 30 届 (104 枚) 占奖牌总数比	历届总数	历届总百分比
排球	1	1.03			2	1.82	1	0.96	4	0.97
柔道			1	0.97	1	0.91	2	1.92	4	0.97
花样游泳			2	1.94					2	0.48
举重	2	2.06							2	0.48
铁人三项			1	0.97					1	0.24

美国代表团在第 27 届至第 30 届奥运会的奖牌项目情况主要呈现以下几个特点：第一，奖牌项目分布相对比较广，占奥运会上 26 个大项中的 19 项。其中游泳、田径、摔跤、射击、自行车、篮球、网球、排球的实力比较突出。第二，大部分项目实力比较稳定，如游泳、田径、摔跤、射击、自行车、赛艇、拳击、篮球、网球、跆拳道、沙滩排球、水球、足球，其中游泳、田径尤为突出。第三，极少数项目偶尔有出色的表现，如花样游泳、举重、铁人三项。

（三）第 27 届至第 30 届奥运会的优势与潜优势项目分析

奥运会竞技体育以国家或地区为参赛单位，以组委会设定的比赛项目为载体，以最终成绩为依据衡量各代表团竞技水平。为了准确量化分析成绩和科学区分不同奖牌的分值差异，本研究采用奥运会官方奖牌赋分的标准：单项、双人项目或者多人项目金牌、银牌、铜牌分别赋分 13 分、11 分、10 分，球类集体性项目分值加倍（即金牌、银牌、铜牌分别赋分 26 分、22 分、20 分）。反映国家竞技体育实力的不同评价指标含有不同的定向信息：金牌数量反映参赛国家或地区顶级选手的数量，前 3 名及前 8 名的获奖次数反映其总体竞技能力，其中前 3 名获奖次数及总分更集中地反映国家或地区冲击金牌的竞技实力。[1] 为了科学界定美、俄、德、中四国的优势与潜优势项目，本研究以奥运会奖牌和奖牌团体总分代表各国家或地区竞技核心实力。

---

[1] 罗智：《俄罗斯奥运各项目群体竞争格局研究》，载《天津体育学院学报》2008 年第 6 期，第 474～477 页。

为了准确分析各国家或地区竞技体育核心实力，本研究依据罗智博士的竞技体育比较优势理论中的比较优势指数来进行论述。比较优势指数是反映各项目相对优势的一个定量指标。根据比较优势指数可进行可行且简明的等级分类，既克服定性分类的不足，又克服根据单一项目得分划分优势类型的不全面性，较传统方法更具科学性。它是指某一竞技单位某项目所获得的奖牌总分占该单位在该次比赛中所获得的奖牌总分份额，与该项目所设奖牌总分占该单位所获得所有奖牌项目总分份额的比值。比较优势指数（RCA_{ij}）= $\frac{X_{ij}/X_{it}}{X_{tj}/X_{wt}}$，其中 RCA_{ij} 表示 i 竞技单位 j 项目的比较优势指数；X_{ij} 表示 i 竞技单位 j 项目在 t 比赛中的奖牌总分；X_{it} 表示 i 竞技单位所有项目在 t 比赛中所获得的奖牌总分；X_{tj} 表示 j 项目在 t 比赛中的所设奖牌总分；X_{wt} 表示 i 竞技单位在 t 比赛中所获得奖牌项目的奖牌总分。如果 $RCA_{ij} \geq 1$，说明 i 竞技单位的 j 项目具有比较优势，j 项目即可定义为优势项目；如果 $0.5 < RCA_{ij} < 1$，说明 i 竞技单位的 j 项目具有潜力，j 项目即可定义为潜优势项目；如果 $0 < RCA_{ij} \leq 0.5$，说明 i 竞技单位的 j 项目整体实力较弱，j 项目即可界定为劣势项目。[1][2]

奥运会上各项目所取得的竞技成绩各不相同，各项目在反映该国或地区竞技体育整体实力时所体现的重要性程度也不相同。为了科学准确地反映出美、俄、德、中四个国家的优势项目，本研究以近4届奥运会为时间主线，根据四个国家各项目在历届奥运会上的竞技表现，依据比较优势理论给不同项目赋予不同比较优势指数，以准确量化各项目在各个国家竞技体育中的位置和作用。

1. 各届奥运会的比较优势指数分析

由于不同项目有着不同的奖牌容量，奖牌数量不同，不同项目的大小也各不相同，在奥运会中游泳和田径所包含的金牌数量最多，体操、自行车、射击、摔跤、皮划艇、赛艇、举重的金牌数量比较多，球类集体性项目的金牌数量最少。[3] 鉴于各项目的比较优势指数与其奖牌数量存在着一定的关系，本研究在分析每届奥运会各项目比较优势指数的时候，也将连续性地参考各项目近4届奥运会的比较优势指数，并结合四个国家各项目比较优势指

---

[1] 罗智：《比较优势理论在竞技体育中的应用研究》，载《天津体育学院学报》2008年第1期，第21～25页。

[2] 张元文：《我国备战第30届伦敦奥运会项目布局研究》，载《中国体育科技》2010年第4期，第90～98页。

[3] 罗智：《奥运会区域竞技格局的动态演变研究》，载《体育与科学》2005年第3期，第68～72页。

数的对比分析和人们对各国各项目在奥运会中作用的共同认识标准，准确分析该国各项目的比较优势指数，以更加全面、科学、准确地分析各项目比较优势，从而准确定位各国竞技体育核心实力。如表4.1.4所示，在第27届奥运会上，美国游泳、田径项目奖牌总得分分别为357分、234分，奖牌项目总得分为1201分。篮球、垒球、棒球、游泳、水球、网球、沙滩排球、现代五项、马术、射箭、田径、摔跤的比较优势指数分别为2.77、2.77、2.77、2.38、2.34、1.92、1.39、1.17、1.17、1.12、1.08、1.01，这些项目均位列第27届奥运会美国竞技体育优势项目集体中。

如表4.1.5所示，在第28届奥运会上，美国游泳、田径、体操项目奖牌总得分分别为355分、286分、102分，奖牌项目总得分为1246分。游泳、田径、体操、篮球、足球、排球、垒球、马术、铁人三项的比较优势指数分别为2.25、1.26、1.48、2.34、1.32、2.34、2.64、1.76、1.02，这些项目均为美国第28届奥运会竞技体育优势项目。

表4.1.4　第27届奥运会美国比较优势指数（RCA_{ij}）表

奖牌项目	$X_{ij}{}_S^{GB}$	X_{ij}/X_{it}	$X_{tj}{}_M^N$	X_{tj}/X_{wt}	RCA_{ij}
游泳	$357_8^{13\,10}$	0.30	1088_{34}^{32}	0.13	2.38
田径	$234_4^{10\,6}$	0.19	1564_{34}^{46}	0.18	1.08
篮球	$52_0^{2\,0}$	0.04	136_{68}^{2}	0.02	2.77
垒球	$52_0^{2\,0}$	0.04	136_{68}^{2}	0.02	2.77
网球	$36_0^{2\,1}$	0.03	136_{34}^{4}	0.02	1.92
棒球	$26_0^{1\,0}$	0.02	68_{68}^{1}	0.01	2.77
自行车	$24_1^{1\,0}$	0.02	612_{34}^{18}	0.07	0.28
马术	$33_1^{1\,2}$	0.03	204_{34}^{6}	0.02	1.17
射击	$33_0^{1\,2}$	0.03	578_{34}^{17}	0.07	0.41
跳水	$13_0^{1\,0}$	0.01	272_{34}^{8}	0.03	0.35
跆拳道	$13_0^{1\,0}$	0.01	272_{34}^{8}	0.03	0.35
沙滩排球	$26_0^{1\,0}$	0.02	136_{68}^{2}	0.02	1.39
举重	$23_1^{1\,1}$	0.02	510_{34}^{15}	0.06	0.33
摔跤	$76_3^{1\,3}$	0.06	544_{34}^{16}	0.06	1.01
帆船	$45_2^{1\,1}$	0.04	340_{34}^{10}	0.04	0.96
拳击	$52_2^{0\,3}$	0.04	408_{34}^{12}	0.05	0.92
射箭	$21_1^{0\,1}$	0.02	136_{34}^{4}	0.02	1.12

续表 4.1.4

奖牌项目	Xij_S^{GB}	Xij/Xit	Xtj_M^N	Xtj/Xwt	$RCAij$
击剑	11_1^{00}	0.01	340_{34}^{10}	0.04	0.23
现代五项	11_1^{00}	0.01	68_{34}^{2}	0.01	1.17
赛艇	31_1^{02}	0.03	476_{34}^{14}	0.05	0.47
水球	22_1^{00}	0.02	68_{68}^{1}	0.01	2.34
自行车	10_0^{01}	0.01	612_{34}^{18}	0.07	0.12
Xit	1201	Xwt	8704		

注：1) Xij 右侧的 G、S、B 分别代表金、银、铜牌数；2) Xtj 右侧的 N、M 分别代表各奖牌项目设项数、获得奖牌项目赋分总值。下同。

表 4.1.5　第 28 届奥运会美国比较优势指数（$RCAij$）表

奖牌项目	Xij_S^{GB}	Xij/Xit	Xtj_M^N	Xtj/Xwt	$RCAij$
游泳	$355_9^{12\,10}$	0.28	1088_{34}^{32}	0.13	2.25
田径	$286_{12}^{8\,5}$	0.23	1564_{34}^{46}	0.18	1.26
射击	37_1^{20}	0.03	578_{34}^{17}	0.07	0.44
体操	102_6^{21}	0.08	476_{34}^{14}	0.06	1.48
篮球	46_0^{11}	0.04	136_{68}^{2}	0.02	2.34
足球	26_0^{10}	0.02	136_{68}^{2}	0.02	1.32
排球	46_0^{11}	0.04	136_{68}^{2}	0.02	2.34
垒球	26_0^{10}	0.02	68_{68}^{1}	0.01	2.64
赛艇	24_1^{10}	0.02	476_{34}^{14}	0.06	0.35
帆船帆板	24_1^{10}	0.02	340_{34}^{10}	0.04	0.49
自行车	44_1^{12}	0.04	612_{34}^{18}	0.07	0.50
击剑	23_0^{11}	0.02	340_{34}^{10}	0.04	0.47
拳击	23_0^{11}	0.02	408_{34}^{12}	0.05	0.39
摔跤	66_3^{12}	0.05	544_{34}^{16}	0.06	0.84
跆拳道	24_1^{10}	0.02	272_{34}^{8}	0.03	0.61
马术	52_2^{03}	0.04	204_{34}^{6}	0.02	1.76
皮划艇	11_1^{00}	0.01	544_{34}^{16}	0.06	0.14
网球	11_1^{00}	0.01	136_{34}^{4}	0.02	0.56
柔道	10_0^{01}	0.01	476_{34}^{14}	0.06	0.15
铁人三项	10_0^{01}	0.01	68_{34}^{2}	0.01	1.02
Xit	1246	Xwt	8602		

如表 4.1.6 所示，在第 29 届奥运会上，美国游泳、田径、体操项目奖牌总得分分别为 355 分、260 分、112 分，奖牌项目总得分为 1378 分。沙滩排球、篮球、足球的比较优势指数均为 2.34，排球的比较优势指数为 2.16，水球和垒球的比较优势指数都为 1.98，游泳、田径、体操、网球、马术、击剑的比较优势指数分别为 1.88、1.00、1.44、1.03、1.02、1.19。依据比较优势理论，这些项目均列为第 29 届奥运会美国竞技体育优势项目。

表 4.1.6 第 29 届奥运会美国比较优势指数（$RCAij$）表

奖牌项目	Xij_S^{GB}	Xij/Xit	Xtj_M^N	Xtj/Xwt	$RCAij$
游泳	$355_9^{12\,10}$	0.26	1156_{34}^{34}	0.14	1.88
田径	$260_9^{7\,7}$	0.19	1598_{34}^{47}	0.19	1.00
沙滩排球	$52_0^{2\,0}$	0.04	136_{68}^{2}	0.02	2.34
篮球	$52_0^{2\,0}$	0.04	136_{68}^{2}	0.02	2.34
体操	$112_6^{2\,2}$	0.08	$476_{3\,4}^{14}$	0.06	1.44
射击	$42_2^{0\,2}$	0.03	510_{34}^{15}	0.06	0.50
足球	$52_0^{2\,0}$	0.04	136_{68}^{2}	0.02	2.34
排球	$48_1^{1\,0}$	0.04	136_{68}^{2}	0.02	2.16
网球	$23_0^{1\,1}$	0.02	136_{34}^{4}	0.02	1.03
马术	$34_1^{1\,1}$	0.02	204_{34}^{6}	0.02	1.02
帆船	$24_1^{1\,0}$	0.02	374_{34}^{11}	0.04	0.39
摔跤	$33_0^{1\,2}$	0.02	612_{34}^{18}	0.07	0.33
击剑	$66_3^{1\,2}$	0.05	340_{34}^{10}	0.04	1.19
赛艇	$34_1^{1\,1}$	0.02	476_{34}^{14}	0.06	0.44
自行车	$54_1^{1\,3}$	0.04	612_{34}^{18}	0.07	0.54
水球	$44_2^{0\,0}$	0.03	136_{68}^{2}	0.02	1.98
跆拳道	$31_1^{0\,2}$	0.02	272_{34}^{8}	0.03	0.70
垒球	$22_1^{0\,0}$	0.02	68_{68}^{1}	0.01	1.98
棒球	$20_1^{0\,1}$	0.01	68_{68}^{1}	0.01	1.80
拳击	$10_0^{0\,1}$	0.01	374_{34}^{11}	0.04	0.16
柔道	$10_0^{0\,1}$	0.01	476_{34}^{14}	0.06	0.13
Xit	1378	Xwt	8432		

如表 4.1.7 所示，在第 30 届奥运会上，美国游泳、田径项目奖牌总得

分分别为 367 分、330 分，奖牌项目总得分为 1294 分。游泳、田径、网球、篮球、跳水、水球、足球、沙滩排球、排球的比较优势指数均超过 1，这些项目列为第 30 届奥运会美国竞技体育优势项目。

表 4.1.7　第 30 届奥运会美国比较优势指数（RCA_{ij}）表

奖牌项目	$X_{ij}\ {}^{G\ B}_{\ S}$	X_{ij}/X_{it}	$X_{tj}\ {}^{N}_{M}$	X_{tj}/X_{wt}	RCA_{ij}
游泳	$367^{16\ 6}_{9}$	0.28	1156^{34}_{34}	0.14	2.04
田径	$330^{9\ 7}_{13}$	0.26	1598^{47}_{34}	0.19	1.32
体操	$70^{3\ 2}_{1}$	0.05	476^{14}_{34}	0.06	0.94
射击	$49^{3\ 1}_{0}$	0.04	510^{15}_{34}	0.06	0.62
网球	$49^{3\ 1}_{0}$	0.04	170^{5}_{34}	0.02	1.85
摔跤	$46^{2\ 2}_{0}$	0.04	612^{18}_{34}	0.07	0.48
篮球	$52^{2\ 0}_{0}$	0.04	136^{2}_{68}	0.02	2.45
跳水	$44^{1\ 2}_{1}$	0.03	272^{8}_{34}	0.03	1.04
水球	$26^{1\ 0}_{0}$	0.02	136^{2}_{68}	0.02	1.23
足球	$26^{1\ 0}_{0}$	0.02	136^{2}_{68}	0.02	1.23
沙滩排球	$48^{1\ 0}_{1}$	0.04	136^{2}_{68}	0.02	2.26
排球	$22^{0\ 0}_{1}$	0.02	136^{2}_{68}	0.02	1.04
拳击	$23^{1\ 1}_{0}$	0.02	442^{13}_{34}	0.05	0.33
赛艇	$33^{1\ 2}_{0}$	0.03	476^{14}_{34}	0.06	0.44
柔道	$23^{1\ 1}_{0}$	0.02	476^{14}_{34}	0.06	0.31
自行车	$45^{1\ 1}_{2}$	0.03	612^{18}_{34}	0.07	0.47
射箭	$11^{0\ 0}_{1}$	0.01	136^{4}_{34}	0.02	0.52
跆拳道	$20^{0\ 2}_{0}$	0.02	340^{10}_{34}	0.04	0.38
击剑	$10^{0\ 1}_{0}$	0.01	340^{10}_{34}	0.04	0.19
X_{it}	1294	X_{wt}	8296		

2. 各届奥运会的比较优势指数系统性分析

如表 4.1.8 所示，第 27 届至第 30 届奥运会，美国优势项目群体总在不断地发生变化。在奥运会名次随时间而变化的前提下，在一定程度上，连续几届奥运会各项目的比较优势指数大小可以反映各项目竞技实力发挥的稳定性。连续性强且比较优势指数不易随时间的变化而产生同步变化，其表现则相对稳定；连续性弱且比较优势指数容易随时间的变化而产生同步变化，其表现则不稳定。[1] 因此，在界定各国竞技体育优势项目的时候，一方面必须考虑其比较优势指数的连续性，另一方面，对于间断性地出现或者非自始至终连续性地出现的比较优势指数数值，我们必须将其与其他国家或地区进行对比分析，以准确定位其是否是该国竞技体育优势项目。

表 4.1.8　第 27 届至第 30 届奥运会美国优势项目比较优势指数（RCA_{ij}）表

优势项目	第 27 届 RCA_{ij}	第 28 届 RCA_{ij}	第 29 届 RCA_{ij}	第 30 届 RCA_{ij}
游泳	2.38	2.25	1.88	2.04
田径	1.08	1.26	1.00	1.32
篮球	2.77	2.34	2.34	2.45
垒球	2.77	2.64	1.98	
网球	1.92		1.03	1.85
棒球	2.77		1.80	
马术	1.17	1.76	1.02	
沙滩排球	1.39		2.34	2.26
摔跤	1.01			
射箭	1.12			
现代五项	1.17			
水球	2.34		1.98	1.23
体操		1.48	1.44	
足球		1.32	2.34	1.23
排球		2.34	2.16	1.04
铁人三项		1.02		
击剑			1.19	
跳水				1.04
X_{it}	1201	1246	1378	1294

通过表 4.1.8 我们可以确定，游泳、田径、篮球在近 4 届奥运会上的表现足以看出这些项目的整体竞技实力。它们具有稳定且强大的竞技实力，为美国竞技体育核心实力的构建提供了稳定且牢固的支撑。另外，垒球、网

---

[1] 罗智：《广东省竞技势力研究》，载《体育学刊》2003 年第 3 期，第 134～137 页。

球、排球、沙滩排球、足球、马术项目表现出各自竞技优势的非连续性，其优势处于一种动态漂移状态。这些项目能否被列为美国的优势项目，必须与其他国家对比分析后才能最终确定。摔跤、射箭、现代五项、铁人三项、击剑、跳水只在1届奥运会上有所表现，由于这些项目竞技实力格局的变化，导致竞争抗衡程度随之发生变化，最终上述项目成为某届奥运会的敏感项目，不能界定为美国竞技体育优势项目。如表4.1.8所示，美国近4届奥运会的奖牌总得分分别为1201分、1246分、1378分和1294分，这足以反映出美国竞技体育整体实力的稳定性和霸主地位。

二、俄罗斯竞技体育竞争力分析

（一）第27届至第30届奥运会的金牌分布分析

如表4.1.9所示，第27届奥运会，俄罗斯代表团在田径、摔跤、体操、拳击、艺术体操、游泳、击剑、射击、现代五项、跳水、排球、射箭、手球13个大项获得32枚金牌，其中体操、摔跤、田径、击剑各获7枚、6枚、3枚、3枚，分别占俄罗斯当届金牌总数的21.88%、18.75%、9.38%、9.38%。第28届奥运会，俄罗斯代表团在田径、摔跤、体操、拳击、游泳、击剑、射击、现代五项、自行车、赛艇、举重11个大项上获得27枚金牌，其中田径、摔跤各获6枚、5枚，分别占俄罗斯当届金牌总数的22.22%和18.52%。第29届奥运会，俄罗斯代表团在田径、摔跤、拳击、艺术体操、游泳、击剑、花样游泳、现代五项、皮划艇、网球10个大项上获得23枚金牌，其中田径、摔跤各获6枚，分别占俄罗斯当届金牌总数的26.09%。第30届奥运会，俄罗斯代表团在田径、摔跤、体操、拳击、艺术体操、花样游泳、柔道、跳水、排球、皮划艇10个大项上共获得24枚金牌，其中田径、摔跤各获得8枚、4枚，分别占俄罗斯当届金牌总数的33.33%和16.67%。在第27届至第30届奥运会上，田径、摔跤、体操、拳击、艺术体操分别总共获得23枚、21枚、10枚、7枚、6枚金牌，分别占历届奥运会俄罗斯所获金牌总数的21.70%、19.81%、9.43%、6.60%、5.66%。

俄罗斯代表团在第27届至第30届奥运会上的夺金项目情况主要呈现以下几个特点：第一，夺金大项数量在逐渐减少，由第27届的13个大项、第28届的11个大项减至第29届和第30届的10个大项。第二，连续在4届奥运会上夺金的大项只有田径、摔跤、拳击，其中田径和摔跤的夺金实力最强。第三，射击、柔道、射箭、自行车、赛艇、举重、网球、手球8个大项的夺金实力不稳定。

表 4.1.9　第 27 届至第 30 届奥运会俄罗斯代表团的金牌分布统计表

金牌项目	第 27 届 (32 枚)		第 28 届 (27 枚)		第 29 届 (23 枚)		第 30 届 (24 枚)		历届总数	历届总百分比
	总数	占金牌总数比	总数	占金牌总数比	总数	占金牌总数比	总数	占金牌总数比		
田径	3	9.38	6	22.22	6	26.09	8	33.33	23	21.70
摔跤	6	18.75	5	18.52	6	26.09	4	16.67	21	19.81
体操	7	21.88	2	7.41			1	4.17	10	9.43
拳击	1	3.13	3	11.11	2	8.70	1	4.17	7	6.60
艺术体操	2	6.25			2	8.70	2	8.33	6	5.66
游泳	2	6.25	2	7.41	1	4.35			5	4.72
击剑	3	9.38	1	3.70	1	4.35			5	4.72
花样游泳					2	8.70	2	8.33	4	3.77
射击	1	3.13	3	11.11					4	3.77
现代五项	1	3.13	1	3.70	1	4.35			3	2.83
柔道							3	12.50	3	2.83
跳水	2	6.25					1	4.17	3	2.83
排球	1	3.13					1	4.17	2	1.89
皮划艇					1	4.35	1	4.17	2	1.89
射箭	2	6.25							2	1.89
自行车			2	7.41					2	1.89
赛艇			1	3.70					1	0.94
举重			1	3.70					1	0.94
网球					1	4.35			1	0.94
手球	1	3.13							1	0.94

（二）第 27 届至第 30 届奥运会的奖牌分布分析

如表 4.1.10 所示，俄罗斯代表团在第 27 届至第 30 届奥运会上分别获得 88 枚、92 枚、73 枚、82 枚奖牌，除第 29 届外，其他 3 届的夺牌点实力比较稳定。田径项目所获奖牌数分别在近 4 届奥运会中占俄罗斯所获奖牌总数的 15.91%、21.74%、24.66%、21.95%，共获得了 70 枚奖牌，占 4 届奖牌总数的 20.90%；摔跤项目所获奖牌数分别在近 4 届奥运会中占了 10.23%、10.87%、15.07%、13.41%的比例，共获得了 41 枚奖牌，占历届奖牌总数的 12.24%；体操项目所获奖牌数分别在近 4 届奥运会中占了 19.32%、7.61%、2.74%、9.76%的比例，共获得了 34 枚奖牌，占历届奖牌总数的 10.15%。在第 29 届奥运会上，俄罗斯体操成绩出现了大幅度下滑。另外，举重、拳击、射击、游泳在历届奥运会中分别总共获得 23 枚、22 枚、22 枚、20 枚奖牌，分别占了历届奥运会俄罗斯所获奖牌总数的 6.87%、6.57%、6.57%、5.97%。由此可见，田径、摔跤、体操、举重、拳击、射击、游泳在俄罗斯竞技体育中具有重要作用。田径、摔跤、体操、举重、拳击、射击、游泳、自行车、击剑、排球 10 个大项在近 4 届奥运会上连续获得奖牌。

表 4.1.10 第 27 届至第 30 届奥运会的俄罗斯代表团奖牌分布统计表

奖牌项目	第 27 届（88 枚）		第 28 届（92 枚）		第 29 届（73 枚）		第 30 届（82 枚）		历届总数	历届总百分比
	总数	占奖牌总数比	总数	占奖牌总数比	总数	占奖牌总数比	总数	占奖牌总数比		
田径	14	15.91	20	21.74	18	24.66	18	21.95	70	20.90
摔跤	9	10.23	10	10.87	11	15.07	11	13.41	41	12.24
体操	17	19.32	7	7.61	2	2.74	8	9.76	34	10.15
举重	2	2.27	8	8.70	7	9.59	6	7.32	23	6.87
拳击	7	7.95	6	6.52	3	4.11	6	7.32	22	6.57
射击	7	7.95	10	10.87	4	5.48	1	1.22	22	6.57
游泳	4	4.55	8	8.70	4	5.48	4	4.88	20	5.97
自行车	3	3.41	5	5.43	3	4.11	2	2.44	13	3.88
柔道	3	3.41	5	5.43			5	6.10	13	3.88
击剑	4	4.55	4	4.35	1	1.37	3	3.66	12	3.58
跳水	5	5.68			5	6.85	2	2.44	12	3.58
皮划艇			3	3.26	3	4.11	3	3.66	9	2.69
艺术体操	3	3.41			2	2.74	3	3.66	8	2.39
排球	3	3.41	2	2.17	1	1.37	1	1.22	7	2.09
网球	1	1.14			3	4.11	2	2.44	6	1.79

续表 4.1.10

奖牌项目	第27届(88枚) 总数	第27届(88枚) 占奖牌总数比	第28届(92枚) 总数	第28届(92枚) 占奖牌总数比	第29届(73枚) 总数	第29届(73枚) 占奖牌总数比	第30届(82枚) 总数	第30届(82枚) 占奖牌总数比	历届总数	历届总百分比
花样游泳					2	2.74	2	2.44	4	1.19
现代五项	1	1.14	1	1.09	1	1.37			3	0.90
篮球			1	1.09	1	1.37	1	1.22	3	0.90
赛艇	2	2.27	1	1.09					3	0.90
跆拳道	1	1.14					2	2.44	3	0.90
水球	2	2.27							2	0.60
手球			1	1.09	1	1.37			2	0.60
射箭					1	1.37			1	0.30
羽毛球							1	1.22	1	0.30
蹦床							1	1.22	1	0.30

俄罗斯代表团在第 27 届至第 30 届奥运会上的奖牌项目情况主要呈现以下几个特点：第一，奖牌项目分布比较广，占奥运会 26 个大项中的 21 项。其中田径、摔跤、体操、举重、拳击、射击、游泳的综合实力比较突出。第二，部分项目整体实力比较稳定，如田径、摔跤、游泳；个别项目在某届奥运会上发挥失常，如体操、射击。第三，极少数项目偶尔有出色的表现，如手球、射箭、羽毛球、蹦床。

（三）第 27 届至第 30 届奥运会的优势与潜优势项目分析

1. 各届奥运会的比较优势指数分析

如表 4.1.11 所示，在第 27 届奥运会上，体操、田径、摔跤奖牌项目总得分分别为 206 分、133 分、110 分，位列俄罗斯所有项目前三位。体操（3.61）、摔跤（1.69）、击剑（1.20）、拳击（1.61）、排球（2.70）、花样游泳（3.19）、跳水（1.75）、蹦床（3.19）、手球（1.59）、现代五项（1.59）、网球（1.47）、水球（5.15）的比较优势指数均超过 1，这些项目成为俄罗斯竞技体育在第 27 届奥运会上的优势项目。

表 4.1.11 第 27 届奥运会俄罗斯比较优势指数（$RCAij$）表

奖牌项目	Xij^{GB}_{S}	Xij/Xit	Xtj^{N}_{M}	Xtj/Xwt	$RCAij$
体操	206^{76}_{5}	0.19	476^{14}_{34}	0.05	3.61
摔跤	110^{61}_{2}	0.10	544^{16}_{34}	0.06	1.69
击剑	49^{31}_{0}	0.05	340^{10}_{34}	0.04	1.20
田径	133^{35}_{4}	0.13	1564^{46}_{34}	0.18	0.71
拳击	79^{22}_{3}	0.07	408^{12}_{34}	0.05	1.61
排球	44^{00}_{2}	0.04	136^{2}_{68}	0.02	2.70
花样游泳	26^{20}_{0}	0.02	68^{2}_{34}	0.01	3.19
跳水	57^{22}_{1}	0.05	272^{8}_{34}	0.03	1.75
蹦床	26^{20}_{0}	0.02	68^{2}_{34}	0.01	3.19
射击	66^{12}_{3}	0.06	578^{17}_{34}	0.07	0.95
手球	26^{10}_{0}	0.02	136^{2}_{68}	0.02	1.59
现代五项	13^{10}_{0}	0.01	68^{2}_{34}	0.01	1.59
网球	24^{10}_{1}	0.02	136^{4}_{34}	0.02	1.47
自行车	44^{12}_{1}	0.04	612^{18}_{34}	0.07	0.60
举重	31^{02}_{1}	0.03	510^{15}_{34}	0.06	0.51
水球	42^{01}_{1}	0.04	68^{1}_{68}	0.01	5.15
游泳	21^{01}_{1}	0.02	1088^{32}_{34}	0.12	0.16
皮划艇	11^{00}_{1}	0.01	544^{16}_{34}	0.06	0.17
跆拳道	11^{00}_{1}	0.01	272^{8}_{34}	0.03	0.34
柔道	31^{02}_{1}	0.03	476^{14}_{34}	0.05	0.54
赛艇	10^{01}_{0}	0.01	476^{14}_{34}	0.05	0.18
Xit	1060	Xwt	8840		

如表 4.1.12 所示，在第 28 届奥运会上，田径、摔跤、射击奖牌总得分分别为 225 分、117 分、113 分，位列俄罗斯竞技体育前三位。俄罗斯竞技体育的优势项目群体结构发生了细微变化，比较优势指数超过 1 的项目有田径（1.09）、摔跤（1.63）、射击（1.48）、拳击（1.28）、体操（1.26）、现代五项（1.45）、举重（1.26）、排球（2.34）、手球（1.11）、篮球（1.11）。

表4.1.12　第28届奥运会俄罗斯比较优势指数（$RCAij$）表

奖牌项目	Xij^{GB}_{S}	Xij/Xit	Xtj^{N}_{M}	Xtj/Xwt	$RCAij$
田径	$225^{6\,7}_{7}$	0.21	1564^{46}_{34}	0.19	1.09
摔跤	$117^{5\,3}_{2}$	0.11	544^{16}_{34}	0.07	1.63
射击	$113^{3\,3}_{4}$	0.11	578^{17}_{34}	0.07	1.48
拳击	$69^{3\,3}_{0}$	0.06	408^{12}_{34}	0.05	1.28
游泳	$89^{2\,3}_{3}$	0.08	1088^{32}_{34}	0.13	0.62
体操	$79^{2\,2}_{3}$	0.07	476^{14}_{34}	0.06	1.26
自行车	$58^{2\,1}_{2}$	0.05	612^{18}_{34}	0.08	0.72
现代五项	$13^{1\,0}_{0}$	0.01	68^{2}_{34}	0.01	1.45
举重	$85^{1\,5}_{2}$	0.08	510^{15}_{34}	0.06	1.26
赛艇	$13^{1\,0}_{0}$	0.01	476^{14}_{34}	0.06	0.21
击剑	$43^{1\,3}_{0}$	0.04	340^{10}_{34}	0.04	0.96
柔道	$52^{0\,3}_{2}$	0.05	476^{14}_{34}	0.06	0.83
排球	$42^{0\,1}_{1}$	0.04	136^{2}_{68}	0.02	2.34
皮划艇	$31^{0\,2}_{1}$	0.03	544^{16}_{34}	0.07	0.43
手球	$20^{0\,1}_{0}$	0.02	136^{2}_{68}	0.02	1.11
篮球	$20^{0\,1}_{0}$	0.02	136^{2}_{68}	0.02	1.11
Xit	1069	Xwt	8092		

如表4.1.13所示，在第29届奥运会上，田径、摔跤奖牌项目总得分分别为203分、131分。俄罗斯竞技体育比较优势指数超过1的项目有摔跤（1.97）、田径（1.17）、花样游泳（3.51）、现代五项（1.76）、网球（2.30）、举重（1.33）、跳水（1.79）、手球（1.49）、排球（1.35）、篮球（1.35）。

表4.1.13　第29届奥运会俄罗斯比较优势指数（$RCAij$）表

奖牌项目	Xij^{GB}_{S}	Xij/Xit	Xtj^{N}_{M}	Xtj/Xwt	$RCAij$
摔跤	$131^{6\,2}_{2}$	0.15	612^{18}_{34}	0.08	1.97
田径	$203^{6\,7}_{5}$	0.24	1598^{47}_{34}	0.20	1.17
体操	$46^{2\,2}_{2}$	0.05	476^{14}_{34}	0.06	0.89
拳击	$36^{2\,1}_{0}$	0.04	374^{11}_{34}	0.05	0.88

续表 4.1.13

奖牌项目	Xij_S^{GB}	Xij/Xit	Xtj_M^N	Xtj/Xwt	$RCAij$
花样游泳	26_0^{20}	0.03	68_{34}^{2}	0.01	3.51
皮划艇	34_1^{11}	0.04	544_{34}^{16}	0.07	0.57
现代五项	13_0^{10}	0.02	68_{34}^{2}	0.01	1.76
游泳	44_1^{12}	0.05	1156_{34}^{34}	0.15	0.35
网球	34_1^{11}	0.04	136_{34}^{4}	0.02	2.30
击剑	13_0^{10}	0.02	340_{34}^{10}	0.04	0.35
举重	74_4^{03}	0.09	510_{34}^{15}	0.07	1.33
跳水	53_3^{02}	0.06	272_{34}^{8}	0.03	1.79
射击	42_2^{02}	0.05	510_{34}^{15}	0.07	0.76
手球	22_1^{00}	0.03	136_{68}^{2}	0.02	1.49
自行车	30_0^{03}	0.04	612_{34}^{18}	0.08	0.45
射箭	10_0^{01}	0.01	136_{34}^{4}	0.02	0.68
排球	20_0^{01}	0.02	136_{68}^{2}	0.02	1.35
篮球	20_0^{01}	0.02	136_{68}^{2}	0.02	1.35
Xit	851		Xwt	7820	

如表 4.1.14 所示，在第 30 届奥运会上，田径、摔跤、体操奖牌项目总得分分别为 209 分、137 分、110 分。田径（1.20）、摔跤（2.05）、花样游泳（3.50）、柔道（1.15）、体操（2.11）、拳击（1.34）、排球（1.75）、举重（1.17）、网球（1.13）、蹦床（1.48）、篮球（1.34）的比较优势指数均超过 1，成为当届奥运会俄罗斯竞技体育的优势项目。纵观在近 4 届奥运会上俄罗斯竞技体育的表现，其优势项目群体结构总在不断地发生重组，绝对优势项目的地位和作用不明显。

表 4.1.14 第 30 届奥运会俄罗斯比较优势指数（$RCAij$）表

奖牌项目	Xij_S^{GB}	Xij/Xit	Xtj_M^N	Xtj/Xwt	$RCAij$
田径	209_5^{85}	0.22	1598_{34}^{47}	0.19	1.20
摔跤	137_2^{55}	0.15	612_{34}^{18}	0.07	2.05
花样游泳	39_0^{30}	0.04	102_{34}^{3}	0.01	3.50
柔道	60_1^{31}	0.06	476_{34}^{14}	0.06	1.15
体操	110_4^{24}	0.12	476_{34}^{14}	0.06	2.11

续表 4.1.14

奖牌项目	Xij_S^{GB}	Xij/Xit	Xtj_M^N	Xtj/Xwt	$RCAij$
跳水	24_1^{10}	0.03	272_{34}^{8}	0.03	0.81
拳击	65_2^{13}	0.07	442_{34}^{13}	0.05	1.34
排球	26_0^{10}	0.03	136_{68}^{2}	0.02	1.75
举重	65_5^{01}	0.07	510_{34}^{15}	0.06	1.17
游泳	42_2^{02}	0.04	1156_{34}^{34}	0.13	0.33
击剑	32_4^{01}	0.03	340_{34}^{10}	0.04	0.86
网球	21_1^{01}	0.02	170_{34}^{5}	0.02	1.13
蹦床	11_4^{00}	0.01	68_{34}^{2}	0.01	1.48
自行车	20_0^{02}	0.02	612_{34}^{18}	0.07	0.30
跆拳道	20_0^{02}	0.02	272_{34}^{8}	0.03	0.67
皮划艇	20_0^{02}	0.02	544_{34}^{16}	0.06	0.34
射击	10_0^{01}	0.01	510_{34}^{15}	0.06	0.18
羽毛球	10_0^{01}	0.01	170_{34}^{5}	0.02	0.54
篮球	20_0^{01}	0.02	136_{68}^{2}	0.02	1.34
Xit	941		Xwt	8602	

2. 各届奥运会的比较优势指数系统性分析

如表 4.1.15 所示，第 27 届至第 30 届奥运会俄罗斯奖牌项目团体总分分别为 1060 分、1069 分、851 分、941 分。在第 28 届奥运会上，俄罗斯竞技体育取得了骄人战绩，但在第 29 届奥运会上，俄罗斯竞技体育的表现不尽如人意。究其原因，其一，主要是俄罗斯竞技体育管理模式对新政治体制的不适应和政治体制改革与经济体制改革的不协调。由于俄罗斯竞技体育管理体制内在的矛盾和竞技体育体制发展变革方向的模糊，导致其竞技体育职业化与市场化的运行陷入非正常的发展状态，这在很大程度上影响了其竞技体育的良性发展。其二，由于俄罗斯三权分立政治体制的新确立，使其经济短时期内很难适应新建的政治环境和尚不成熟的市场经济氛围，最终导致市场化的竞技体育发展道路举步维艰。[1] 其三，目前俄罗斯竞技体育发展陷入一个瓶颈，即期待彻底摆脱举国体制的束缚，又不能快速完成竞技体育职

---

〔1〕 王公法：《雅典奥运会俄罗斯竞技实力下滑的原因及其思考》，载《海南大学学报（人文社会科学版）》2007 年第 3 期，第 346～348 页。

业化转变，它用的是原来举国体制的经验，而借助的是职业化的道路，从而导致竞技体育发展像一盘散沙，这实际上是退步。[1]

表 4.1.15　第 27 届至第 30 届奥运会俄罗斯优势项目比较优势指数（RCA_{ij}）表

奖牌项目	第 27 届 RCA_{ij}	第 28 届 RCA_{ij}	第 29 届 RCA_{ij}	第 30 届 RCA_{ij}
体操	3.61	1.26		2.11
摔跤	1.69	1.63	1.97	2.05
击剑	1.20			
拳击	1.61	1.28		1.34
排球	2.70	2.34	1.35	1.75
花样游泳	3.19		3.51	3.50
跳水	1.75		1.79	
蹦床	3.19			1.48
手球	1.59	1.11	1.49	
现代五项	1.59	1.45	1.76	
网球	1.47		2.30	1.13
水球	5.15			
田径		1.09	1.17	1.20
射击		1.48		
举重		1.26	1.33	1.17
篮球		1.11	1.35	1.34
柔道				1.15
X_{it}	1060	1069	851	941

纵观近 4 届奥运会俄罗斯奖牌项目总得分的前几位和比较优势指数超过 1 的连续性特征比较明显的项目，我们可以发现摔跤、田径、排球、花样游泳的整体竞技实力非常突出，其在俄罗斯竞技体育中的作用非常明显。另外，体操、拳击、手球、现代五项、网球、举重、篮球等项目是俄罗斯竞技体育整体实力不可缺少的重要组成部分。而击剑、水球、射击、柔道的整体表现极不稳定。

---

〔1〕 冷雪：《奥运金牌战俄罗斯掉队 四大难题困扰沙皇帝国》，http：//2012.qq.com/a/20120806/000532.htm。

三、德国竞技体育竞争力分析

(一) 第27届至第30届奥运会的金牌分布分析

如表4.1.16所示,第27届奥运会,德国代表团在皮划艇、马术、赛艇、自行车、田径5个大项上共获得13枚金牌。其中皮划艇、自行车各获4枚、3枚,分别占德国当届金牌总数的30.77%和23.08%。第28届奥运会,德国代表团在皮划艇、马术、赛艇、自行车、曲棍球、柔道、射击、体操8个大项上共获得14枚金牌。其中皮划艇、马术、赛艇、射击分别获得4枚、2枚、2枚、2枚,分别占德国当届金牌总数的28.57%、14.29%、14.29%、14.29%。第29届奥运会,德国代表团在皮划艇、马术、自行车、曲棍球、柔道、击剑、游泳、现代五项、铁人三项、举重10个大项上获得16枚金牌,其中皮划艇、马术各获3枚,击剑、游泳各获2枚,分别占德国当届金牌总数的18.75%和12.50%。第30届奥运会,德国代表团在皮划艇、马术、赛艇、自行车、曲棍球、田径、沙滩排球7个大项上共获得11枚金牌,其中皮划艇、马术、赛艇各获3枚、2枚、2枚,分别占德国当届金牌总数的27.27%、18.18%和18.18%。在第27届至第30届奥运会中,皮划艇、马术分别总共获得14枚、9枚,分别占德国历届奥运会金牌总数的25.93%和16.67%,另外集体项目曲棍球连续3届获得金牌。

德国代表团在第27届至第30届奥运会上的夺金项目情况主要呈现以下几个特点:第一,夺金大项由第27届的5个大项、增至第28届的8个大项,再增至第29届的10个大项,直至第30届的7个大项。获金大项数量呈递增趋势。第二,金牌总数由第27届的13枚、增至第28届的14枚,再增至第29届的16枚,直至第30届的11枚。总体上讲,金牌数量比较稳定。第三,皮划艇、马术、赛艇、自行车、曲棍球的整体竞技实力比较突出,尤其是皮划艇、马术和曲棍球。第四,个别项目偶尔有出色的表现,如现代五项、铁人三项、沙滩排球、体操、举重。

表 4.1.16 第 27 届至第 30 届奥运会德国代表团的金牌分布统计表

金牌项目	第 27 届（13 枚）		第 28 届（14 枚）		第 29 届（16 枚）		第 30 届（11 枚）		历届总数	历届总百分比
	总数	占金牌总数比	总数	占金牌总数比	总数	占金牌总数比	总数	占金牌总数比		
皮划艇	4	30.77	4	28.57	3	18.75	3	27.27	14	25.93
马术	2	15.38	2	14.29	3	18.75	2	18.18	9	16.67
赛艇	2	15.38	2	14.29			2	18.18	6	11.11
自行车	3	23.08	1	7.14	1	6.25	1	9.09	6	11.11
曲棍球			1	7.14	1	6.25	1	9.09	3	5.56
田径	2	15.38					1	9.09	3	5.56
柔道			1	7.14	1	6.25			2	3.70
击剑					2	12.50			2	3.70
射击			2	14.29					2	3.70
游泳					2	12.50			2	3.70
现代五项					1	6.25			1	1.85
铁人三项					1	6.25			1	1.85
沙滩排球							1	9.09	1	1.85
体操			1	7.14					1	1.85
举重					1	6.25			1	1.85

（二）第 27 届至第 30 届奥运会的奖牌分布分析

如表 4.1.17 所示，德国代表团在第 27 届至第 30 届奥运会上分别获得 56 枚、48 枚、41 枚、44 枚奖牌，连续 4 届奥运会夺牌点实力比较稳定。奖牌分布面由第 27 届的 18 个大项、第 28 届的 16 个大项、第 29 届的 19 个大项减至第 30 届的 13 个大项。皮划艇项目所获奖牌数分别在近 4 届奥运会中占德国所获奖牌总数的 14.29%、18.75%、19.51%、18.18%，共获得了 33 枚奖牌，占历届德国奖牌总数的 17.46%；自行车项目所获奖牌数分别在近 4 届奥运会中占德国所获奖牌总数的 17.86%、12.50%、7.32%、13.64%，共获得了 25 枚奖牌，占历届德国奖牌总数的 13.23%；马术、田径、赛艇在近 4 届奥运会中分别总共获得 16 枚、16 枚、15 枚奖牌，分别占历届德国奖牌总数的 8.47%、8.47% 和 7.94%。皮划艇、自行车、马术、田径、赛艇、游泳、击剑、柔道 8 个大项在近 4 届奥运会中连续获得奖牌，其中曲棍球表现出较强的竞技实力。由此可见，皮划艇、自行车、马术、田径、赛艇、曲棍球在德国竞技体育中占据重要地位。

表 4.1.17　第 27 届至第 30 届奥运会德国代表团的奖牌分布统计表

奖牌项目	第 27 届 (56 枚)		第 28 届 (48 枚)		第 29 届 (41 枚)		第 30 届 (44 枚)		历届总数	历届总百分比
	总数	占奖牌总数比	总数	占奖牌总数比	总数	占奖牌总数比	总数	占奖牌总数比		
皮划艇	8	14.29	9	18.75	8	19.51	8	18.18	33	17.46
自行车	10	17.86	6	12.50	3	7.32	6	13.64	25	13.23
马术	4	7.14	3	6.25	5	12.20	4	9.09	16	8.47
田径	5	8.93	2	4.17	1	2.44	8	18.18	16	8.47
赛艇	6	10.71	4	8.33	2	4.88	3	6.82	15	7.94
游泳	3	5.36	5	10.42	3	7.32	1	2.27	12	6.35
击剑	5	8.93	2	4.17	2	4.88	2	4.55	11	5.82
柔道	1	1.79	4	8.33	1	2.44	4	9.09	10	5.29
体操			2	4.17	2	4.88	3	6.82	7	3.70
射击			3	6.25	4	9.76			7	3.70
跳水	2	3.57	1	2.08	2	4.88			5	2.65
曲棍球			2	4.17	1	2.44	1	2.27	4	2.12
帆船帆板	3	5.36			1	2.44			4	2.12
足球	1	1.79	1	2.08	1	2.44			3	1.59
拳击	1	1.79	2	4.17					3	1.59
举重	2	3.57			1	2.44			3	1.59
乒乓球					1	2.44	2	4.55	3	1.59
铁人三项	1	1.79			1	2.44			2	1.06
网球	1	1.79	1	2.08					2	1.06
沙滩排球	1	1.79					1	2.27	2	1.06
跆拳道	1	1.79					1	2.27	2	1.06
手球			1	2.08					1	0.53
射箭	1	1.79							1	0.53
现代五项					1	2.44			1	0.53
摔跤					1	2.44			1	0.53

德国代表团在第 27 届至第 30 届奥运会上的奖牌项目情况主要呈现以下几个特点：第一，奖牌集中点比较明显，主要以皮划艇、自行车、马术、田径、赛艇为主。第二，德国竞技体育整体夺牌实力比较稳定，但个别项目在某届奥运会上发挥不太稳定，如田径、柔道、射击。

（三）第 27 届至第 30 届奥运会的优势与潜优势项目分析

1. 各届奥运会的比较优势指数分析

如表 4.1.18、表 4.1.19、表 4.1.20、表 4.1.21 所示，第 27 届奥运会德国比较优势指数超过 1 的项目有皮划艇（2.20）、自行车（2.38）、马术（2.97）、赛艇（1.81）、击剑（1.97）、帆船（1.21）、网球（2.08）、铁人三项（2.08）、沙滩排球（1.89），奖牌项目总得分为 626 分，其中皮划艇、自行车、赛艇项目得分分别为 93 分、113 分、67 分，位列德国竞技体育奖牌项目总得分前三位。在第 28 届奥运会上，皮划船（2.45）、赛艇（1.27）、马术（2.28）、柔道（1.13）、自行车（1.31）、曲棍球（4.25）、网球（1.02）、手球（2.03）、足球（1.85）9 个项目的比较优势指数均超过 1，成为当届奥运会德国的优势项目。奖牌项目总得分为 582 分，其中皮划艇、自行车、游泳、赛艇项目得分分别为 106 分、64 分、62 分、48 分，位列德国竞技体育奖牌项目总得分前四位。在第 29 届奥运会上，比较优势指数超过 1 的项目有皮划艇（2.97）、马术（5.21）、击剑（1.36）、曲棍球（3.39）、现代五项（3.39）、铁人三项（3.39）、射击（1.43）、跳水（1.37）、乒乓球（1.43）、足球（2.61），奖牌总得分 491 分，其中皮划艇、马术项目得分分别为 91 分、60 分，位列德国奖牌项目总得分前两位。在第 30 届奥运会上，比较优势指数超过 1 的项目有皮划艇（2.12）、马术（2.92）、曲棍球（2.42）、排球（2.42）、自行车（1.39）、柔道（1.12）、乒乓球（1.86），奖牌项目总得分 518 分，其中皮划艇、田径、自行车总得分分别为 91 分、87 分、67 分，位列德国奖牌项目总得分前三位。

表 4.1.18　第 27 届奥运会德国比较优势指数（$RCAij$）表

奖牌项目	Xij_S^{GB}	Xij/Xit	Xtj_M^N	Xtj/Xwt	$RCAij$
皮划艇	93_1^{43}	0.15	544_{34}^{16}	0.07	2.20
自行车	113_4^{33}	0.18	612_{34}^{18}	0.08	2.38
田径	57_1^{22}	0.09	1564_{34}^{46}	0.19	0.47
马术	47_1^{21}	0.08	204_{34}^{6}	0.03	2.97
赛艇	67_1^{23}	0.11	476_{34}^{14}	0.06	1.81

续表 4.1.18

奖牌项目	X_{ij}^{GBS}	X_{ij}/X_{it}	X_{tj}^{NM}	X_{tj}/X_{wt}	RCA_{ij}
击剑	52_2^{03}	0.08	340_{34}^{10}	0.04	1.97
举重	22_2^{00}	0.04	510_{34}^{15}	0.06	0.56
帆船	32_2^{01}	0.05	340_{34}^{10}	0.04	1.21
跆拳道	11_1^{00}	0.02	272_{34}^{8}	0.03	0.52
网球	11_1^{00}	0.02	68_{34}^{2}	0.01	2.08
铁人三项	11_1^{00}	0.02	68_{34}^{2}	0.01	2.08
游泳	30_0^{03}	0.05	1088_{34}^{32}	0.14	0.35
跳水	20_0^{02}	0.03	272_{34}^{8}	0.03	0.95
沙滩排球	20_0^{01}	0.03	136_{68}^{2}	0.02	1.89
拳击	10_0^{01}	0.02	408_{34}^{12}	0.05	0.32
摔跤	10_0^{01}	0.02	544_{34}^{16}	0.07	0.24
射箭	10_0^{01}	0.02	136_{34}^{4}	0.02	0.95
柔道	10_0^{01}	0.02	476_{34}^{14}	0.06	0.27
X_{it}	626	X_{wt}	8058		

表 4.1.19 第 28 届奥运会德国比较优势指数（RCA_{ij}）表

奖牌项目	X_{ij}^{GBS}	X_{ij}/X_{it}	X_{tj}^{NM}	X_{tj}/X_{wt}	RCA_{ij}
皮划艇	106_4^{41}	0.18	544_{34}^{16}	0.07	2.45
赛艇	48_2^{20}	0.08	476_{34}^{14}	0.07	1.27
马术	37_1^{20}	0.06	204_{34}^{6}	0.03	2.28
射击	37_1^{20}	0.06	578_{34}^{17}	0.08	0.80
柔道	43_0^{13}	0.07	476_{34}^{14}	0.07	1.13
体操	23_0^{11}	0.04	476_{34}^{14}	0.07	0.61
自行车	64_1^{14}	0.11	612_{34}^{18}	0.08	1.31
曲棍球	46_0^{11}	0.08	136_{68}^{2}	0.02	4.25
田径	22_2^{00}	0.04	1564_{34}^{46}	0.21	0.18
游泳	62_0^{04}	0.11	1088_{34}^{32}	0.15	0.72
网球	11_1^{00}	0.02	136_{34}^{4}	0.02	1.02
击剑	21_1^{01}	0.04	340_{34}^{10}	0.05	0.78

续表 4.1.19

奖牌项目	Xij_S^{GB}	Xij/Xit	Xtj_M^N	Xtj/Xwt	$RCAij$
手球	22_1^{00}	0.04	136_{68}^{2}	0.02	2.03
拳击	20_0^{02}	0.03	408_{34}^{12}	0.06	0.62
足球	20_0^{01}	0.03	136_{68}^{2}	0.02	1.85
Xit	582	Xwt	7310		

表 4.1.20　第 29 届奥运会德国比较优势指数（$RCAij$）表

奖牌项目	Xij_S^{GB}	Xij/Xit	Xtj_M^N	Xtj/Xwt	$RCAij$
皮划艇	91_2^{33}	0.19	544_{34}^{16}	0.06	2.97
马术	60_1^{31}	0.12	204_{34}^{6}	0.02	5.21
击剑	26_0^{20}	0.05	340_{34}^{10}	0.04	1.36
游泳	36_0^{21}	0.07	1156_{34}^{34}	0.13	0.55
曲棍球	26_0^{10}	0.05	136_{68}^{2}	0.02	3.39
自行车	34_1^{11}	0.07	612_{34}^{18}	0.07	0.98
现代五项	13_0^{10}	0.03	68_{34}^{2}	0.01	3.39
举重	13_0^{10}	0.03	510_{34}^{15}	0.06	0.45
铁人三项	13_0^{10}	0.03	68_{34}^{2}	0.01	3.39
柔道	13_0^{10}	0.03	476_{34}^{14}	0.05	0.48
摔跤	11_1^{00}	0.02	612_{34}^{18}	0.07	0.32
射击	41_1^{03}	0.08	510_{34}^{15}	0.06	1.43
体操	21_1^{01}	0.04	476_{34}^{14}	0.05	0.78
跳水	21_1^{01}	0.04	272_{34}^{8}	0.03	1.37
赛艇	21_1^{01}	0.04	476_{34}^{14}	0.05	0.78
乒乓球	11_1^{00}	0.02	136_{34}^{4}	0.02	1.43
足球	20_0^{01}	0.04	136_{68}^{2}	0.02	2.61
帆船	10_0^{01}	0.02	374_{34}^{11}	0.04	0.47
田径	10_0^{01}	0.02	1598_{34}^{47}	0.18	0.11
Xit	491	Xwt	8704		

表 4.1.21　第 30 届奥运会德国比较优势指数（RCA_{ij}）表

奖牌项目	$X_{ij}{}_{S}^{GB}$	X_{ij}/X_{it}	$X_{tj}{}_{M}^{N}$	X_{tj}/X_{wt}	RCA_{ij}
皮划艇	$91_{2}^{33}{}^{16}$	0.18	544_{34}^{16}	0.08	2.12
赛艇	37_{1}^{20}	0.07	476_{34}^{14}	0.07	0.98
马术	$47_{2}^{21}{}^{6}$	0.09	204_{34}^{6}	0.03	2.92
曲棍球	26_{0}^{10}	0.05	136_{68}^{2}	0.02	2.42
田径	87_{4}^{13}	0.17	1598_{34}^{47}	0.24	0.69
排球	26_{0}^{10}	0.05	136_{68}^{2}	0.02	2.42
自行车	67_{4}^{11}	0.13	612_{34}^{18}	0.09	1.39
体操	33_{3}^{00}	0.06	476_{34}^{14}	0.07	0.88
柔道	42_{2}^{02}	0.08	476_{34}^{14}	0.07	1.12
击剑	21_{1}^{01}	0.04	340_{34}^{10}	0.05	0.78
游泳	11_{1}^{00}	0.02	1156_{34}^{10}	0.18	0.12
乒乓球	20_{0}^{02}	0.04	136_{34}^{4}	0.02	1.86
跆拳道	10_{0}^{01}	0.02	272_{34}^{8}	0.04	0.47
X_{it}	518	X_{wt}	6562		

2. 各届奥运会的比较优势指数系统性分析

如表 4.1.22 所示，第 27 届至第 30 届奥运会，德国奖牌项目总得分分别为 626 分、582 分、491 分、518 分。皮划艇、马术项目连续 4 届比较优势指数都超过 1，成为德国竞技体育的王牌项目；自行车、赛艇、曲棍球在 3 届奥运会上比较优势指数超过 1，表现出较强的竞技实力，成为德国竞技体育的重点项目。纵观近 4 届奥运会德国竞技体育总体表现，其整体实力处于下滑趋势；尽管优势项目群体结构发生了细微变化，但王牌项目和重点项目的地位仍然不可动摇。究其原因，其一，中国竞技体育整体实力的雄起和西太平洋组合的崛起，向北大西洋组合的垄断提出了前所未有的挑战，导致德国竞技体育整体实力受到一定程度的冲击。[1] 其二，从近 4 届奥运会的德国成绩表现来看，其奖牌主要来源于皮划艇、马术、赛艇、自行车四大项目，这四个项目的奖牌数量接近德国代表队全部奖牌数的一半，由此可以看出德国夺牌项目过于集中。夺牌项目过于集中既是德国的优势也是他们的劣

---

[1] 田麦久：《国际竞技体育格局的"雅典重组"与中国竞技体育的科学发展》，载《成都体育学院学报》2005 年第 2 期，第 1～6 页。

势。优势在于只要这个项目发挥好了,那么奖牌数量就会大大增加,而劣势则是只要这些项目发挥不稳定,那其奖牌数量就会随之减少,继而整体实力下滑趋势必然产生。[1] 其三,以社会主导型为方向的竞技体育管理体制和以"俱乐部体制"为基础的大众体育管理体制为德国竞技体育优势项目的均衡发展提供了良好的保障和基础。[2]

表4.1.22 第27届至第30届奥运会德国优势项目比较优势指数(RCA_{ij})表

奖牌项目	第27届 RCA_{ij}	第28届 RCA_{ij}	第29届 RCA_{ij}	第30届 RCA_{ij}
皮划艇	2.20	2.45	2.97	2.12
自行车	2.38	1.31		1.39
马术	2.97	2.28	5.21	2.92
赛艇	1.81	1.27		0.98
击剑	1.97		1.36	
帆船	1.21			
网球	2.08	1.02		
铁人三项	2.08		3.39	
现代五项			3.39	
沙滩排球	1.89			
柔道	1.13			1.12
曲棍球		4.25	3.39	2.42
手球		2.03		
足球		1.85	2.61	
射击			1.43	
跳水			1.37	
乒乓球			1.43	1.86
排球				2.42
X_{it}	626	582	491	518

---

[1] 狂歌:《德国:奖牌数量连续下跌 夺牌项目过于集中》,http://www.china.com.cn/sports/zhuanti/2008ay/txt/2008-08/27/content_16340553.htm。

[2] 刘波:《德国体育体制研究对进一步完善我国体育体制的启示》,载《北京体育大学学报》2011第11期,第5~9页。

四、中国竞技体育竞争力分析

(一)第 27 届至第 30 届奥运会的金牌分布分析

如表 4.1.23 所示,第 27 届奥运会,我国代表团在乒乓球、羽毛球、射击、举重、跳水、体操、柔道、田径、跆拳道 9 个大项上取得金牌,其中举重、跳水各获得 5 枚,乒乓球、羽毛球各获得 4 枚,射击、体操各获得 3 枚,这 6 个大项所获金牌数占我国当届金牌总数的 85.71%。第 28 届奥运会,我国代表团在第 27 届奥运会获得金牌项目的基础上,另外又增加了游泳、皮划艇、摔跤、网球、排球 5 个大项取得金牌,其中跳水 6 枚,举重 5 枚,射击 4 枚,乒乓球、羽毛球各 3 枚,这 5 个项目所获金牌数占我国当届金牌总数的 65.63%,而传统优势项目体操只获得 1 枚金牌。第 29 届奥运会,我国代表团又增加击剑、赛艇、蹦床、帆船、拳击、射箭等项目取得金牌,这些项目取得了历史性突破。体操 (9 枚)、举重 (8 枚)、跳水 (7 枚)、射击 (5 枚)、乒乓球 (4 枚)、羽毛球 (3 枚)、柔道 (3 枚) 7 个项目所获金牌数占我国当届金牌总数的 76.47%。第 30 届奥运会,我国代表团在跳水、羽毛球、举重、游泳、乒乓球、体操 6 个项目上共获得 29 枚金牌,占这届金牌总数的 76.32%。另外,射击、田径、跆拳道、击剑、蹦床、帆船、拳击等项目也获得一些金牌。

我国代表团在第 27 届至第 30 届奥运会上的金牌分布情况主要呈现以下几个特点:第一,由第 27 届奥运会的 9 个大项夺金点,到第 28 届奥运会的 14 个大项夺金点,再到第 29 届的 17 个夺金点,最后到第 30 届的 13 个夺金点,这体现出近几届奥运会,我国代表团的夺金点项目逐渐扩大。第二,传统优势项目基本保持不变,主要为跳水、羽毛球、乒乓球、举重、体操、射击。可喜的是近 2 届奥运会出现了新的优势项目,如柔道、游泳、击剑。第三,个别优势项目表现出不稳定性,成绩起伏比较大,如体操、柔道、射击。

究其原因,笔者认为主要有几方面。第一,国家竞技体育项目优先发展战略的调整,激励了一些项目的整体发展。第二,竞技赛场的主场效应优势,第 29 届奥运会在北京举行,大大刺激了运动员竞技水平的发挥。第三,个别项目核心人物的出现,提高了这个项目的竞技水平,如游泳项目的孙杨和叶诗文,击剑项目的李娜和雷声。第四,各届奥运会所设比赛项目的调整,激活和带动了个别项目的发展和整体水平的提高。第五,与个别项目比赛临场所需要具备的专项特征有较大关系，如体操和射击需要具备超强的心理稳定性和抗干扰能力。

表 4.1.23 第 27 届至第 30 届奥运会我国代表团的金牌分布统计表

金牌项目	第 27 届（28 枚）		第 28 届（32 枚）		第 29 届（51 枚）		第 30 届（38 枚）		历届总数	历届总百分比
	总数	占金牌总数比	总数	占金牌总数比	总数	占金牌总数比	总数	占金牌总数比		
跳水	5	17.85	6	18.75	7	13.73	6	15.79	24	16.11
举重	5	17.85	5	15.63	8	15.69	5	13.16	23	15.44
体操	3	10.71	1	3.12	9	17.65	4	10.53	17	11.41
乒乓球	4	14.28	3	9.37	4	7.84	4	10.53	15	10.07
羽毛球	4	14.28	3	9.37	3	5.88	5	13.16	15	10.07
射击	3	10.71	4	12.50	5	9.80	2	5.26	14	9.40
游泳			1	3.12	1	1.96	5	13.16	7	4.70
柔道	2	7.14	1	3.12	3	5.88			6	4.03
跆拳道	1	3.57	2	6.24	1	1.96	1	2.63	5	3.36
田径	1	3.57	2	6.24			1	2.63	4	2.68
蹦床					2	3.92	1	2.63	3	2.01
击剑					1	1.96	2	5.26	3	2.01
拳击					2	3.92	1	2.63	3	2.01
帆船					1	1.96	1	2.63	2	1.34
皮划艇			1	3.12	1	1.96			2	1.34
摔跤			1	3.12	1	1.96			2	1.34
射箭					1	1.96			1	0.67
排球			1	3.12					1	0.67
网球			1	3.12					1	0.67
赛艇					1	1.96			1	0.67

（二）第 27 届至第 30 届奥运会的奖牌分布分析

如表 4.1.24 所示，第 27 届奥运会，我国代表团在乒乓球、羽毛球、射击、举重、跳水、体操、柔道等 12 个大项上获得奖牌，其中跳水 10 枚，乒乒球、羽毛球、射击、体操各 8 枚，举重 7 枚，柔道 4 枚，这些项目所获得的奖牌总数占我国当届奖牌总数的 89.83%。第 28 届奥运会，我国代表团在 19 个大项上获得奖牌，其中射击和跳水各 9 枚、举重 8 枚、乒乓球 6 枚、羽毛球和柔道各 5 枚、体操 4 枚、击剑 3 枚，这些项目所获得的奖牌总数占我国当届奖牌总数的 77.78%。第 29 届奥运会，我国代表团在 24 个大项上取得奖牌，其中体操 14 枚，跳水 11 枚，举重 9 枚，乒乓球、羽毛球、射击各 8 枚，游泳 6 枚，拳击 4 枚，这些项目所获得的奖牌总数占我国当届奖牌总数的 68%。第 30 届奥运会，我国代表团在 20 个大项上取得奖牌，其中跳水和游泳各 10 枚、羽毛球和体操各 8 枚、射击和举重各 7 枚、乒乓球和田径各 6 枚、蹦床 4 枚，这些项目所获得的奖牌总数占我国当届奖牌总数的 75%。

表 4.1.24　第 27 届至第 30 届奥运会我国代表团的奖牌分布统计表

奖牌项目	第 27 届 (59 枚)		第 28 届 (63 枚)		第 29 届 (100 枚)		第 30 届 (88 枚)		历届总数	历届总百分
	总数	占奖牌总数比	总数	占奖牌总数比	总数	占奖牌总数比	总数	占奖牌总数比		
跳　水	10	16.95	9	14.29	11	11	10	11.36	40	12.90
体　操	8	13.56	4	6.35	14	14	8	9.09	34	10.97
射　击	8	13.56	9	14.29	8	8	7	7.95	32	10.32
举　重	7	11.86	8	12.70	9	9	7	7.95	31	10.00
羽毛球	8	13.56	5	7.94	8	8	8	9.09	29	9.35
乒乓球	8	13.56	6	9.52	8	8	6	6.82	28	9.03
游　泳			2	3.17	6	6	10	11.36	18	5.81
柔　道	4	6.78	5	7.94	4	4	2	2.27	15	4.84
田　径	1	1.69	2	3.17	2	2	6	6.82	11	3.55
击　剑	2	3.39	3	4.76	2	2	3	3.41	10	3.23
跆拳道	1	1.69	2	3.17	3	3	3	3.41	9	2.90
拳　击			1	1.59	4	4	3	3.41	8	2.58
蹦　床					3	3	4	4.55	7	2.26
射　箭			1	1.59	3	3	2	2.27	6	1.94
自行车	1	1.69	1	1.59	1	1	3	3.41	6	1.94
摔　跤			1	1.59	3	3	1	1.14	5	1.61

续表 4.1.24

奖牌项目	第27届 (59枚) 总数	第27届 占奖牌总数比	第28届 (63枚) 总数	第28届 占奖牌总数比	第29届 (100枚) 总数	第29届 占奖牌总数比	第30届 (88枚) 总数	第30届 占奖牌总数比	历届总数	历届总百分
帆板帆船			1	1.59	2	2	1	1.14	4	1.29
花样游泳					1	1	2	2.27	3	0.97
赛　艇					2	2	1	1.14	3	0.97
排　球			1	1.59	1	1			2	0.65
沙滩排球					2	2			2	0.65
网　球			1	1.59	1	1			2	0.65
皮划艇			1	1.59	1	1			2	0.65
现代五项							1	1.14	1	0.32
曲棍球					1	1			1	0.32
足　球	1	1.69							1	0.32

我国代表团在第 27 届至第 30 届奥运会上的奖牌分布情况主要呈现以下几个特点：第一，从第 27 届奥运会上我国代表团的奖牌分布在 12 个大项、50 个小项，到第 28 届奥运会上的奖牌分布在 19 个大项、55 个小项，再到第 29 届北京奥运会的奖牌分布在 24 个大项、81 个小项，最后到第 30 届奥运会的奖牌分布在 20 个大项、72 个小项，反映出我国代表团的大项和小项奖牌覆盖面逐渐扩大。第二，近 2 届奥运会，游泳的竞争实力明显提高，已经占据竞技体育的优势集团位置；柔道的整体竞争实力出现下滑现象，在竞技舞台表现出竞争力不强；田径涌现出较强的后备梯队。第三，个别项目表现出良好的发展态势，如蹦床和拳击。究其原因，主要与以下几方面有关。首先，与奥运会所设比赛项目的逐渐增加有关；其次，与我国注重竞技体育人才的梯队建设有关；最后，与我国竞技体育优势项目和核心人才的培育与打造有关。

（三）第 27 届至第 30 届奥运会我国竞技体育优势项目指数分析

1. 各届奥运会的比较优势指数分析

如表 4.1.25 所示，第 27 届奥运会上，跳水（3.80）、举重（1.45）、乒乓球（6.02）、羽毛球（4.72）、射击（1.36）、体操（1.65）6 个项目的

比较优势指数均超过1，跳水、举重、乒乓球、羽毛球、射击与体操的奖牌项目总得分分别为120分、86分、95分、93分、91分、91分，这些项目成为当届奥运会我国竞技体育的优势项目，奖牌项目分布比较集中，优势项目群体结构简单且明显。

表4.1.25　第27届奥运会我国比较优势指数（RCAij）表

奖牌项目	Xij_S^{GB}	Xij/Xit	Xtj_M^N	Xtj/Xwt	$RCAij$
跳水	120_5^{50}	0.17	272_{34}^{8}	0.05	3.80
举重	86_1^{51}	0.12	510_{34}^{15}	0.09	1.45
乒乓球	95_3^{41}	0.14	136_{34}^{4}	0.02	6.02
羽毛球	93_1^{43}	0.13	170_{34}^{5}	0.03	4.72
射击	91_2^{33}	0.13	578_{34}^{17}	0.10	1.36
体操	91_2^{33}	0.13	476_{34}^{14}	0.08	1.65
柔道	47_1^{21}	0.07	476_{34}^{14}	0.08	0.85
跆拳道	13_0^{10}	0.02	272_{34}^{8}	0.05	0.41
田径	13_0^{10}	0.02	1564_{34}^{46}	0.26	0.07
击剑	21_1^{01}	0.03	340_{34}^{10}	0.06	0.53
摔跤	10_0^{01}	0.01	544_{34}^{16}	0.09	0.16
自行车	10_0^{01}	0.01	612_{34}^{18}	0.10	0.14
Xit	690	Xwt	5950		

如表4.1.26所示，第28届奥运会上，跳水（4.71）、举重（2.24）、射击（2.10）、羽毛球（4.11）、乒乓球（6.00）、跆拳道（1.11）、柔道（1.32）、网球（1.11）、排球（2.23）、击剑（1.13）、蹦床（1.71）11个项目比较优势指数均超过1，跳水、举重、射击、羽毛球、乒乓球的奖牌项目总得分分别为110分、98分、104分、60分、70分，位列当届奥运会我国竞技体育奖牌项目的前五位，成为我国当届奥运会得分的竞技实力主体部分。

表4.1.26　第28届奥运会我国比较优势指数（RCAij）表

奖牌项目	Xij_S^{GB}	Xij/Xit	Xtj_M^N	Xtj/Xwt	$RCAij$
跳水	110_2^{61}	0.15	272_{34}^{8}	0.03	4.71
举重	98_3^{50}	0.13	510_{34}^{15}	0.06	2.24
射击	104_2^{43}	0.14	578_{34}^{17}	0.07	2.10

续表 4.1.26

奖牌项目	$X_{ij}{}_S^{GB}$	X_{ij}/X_{it}	$X_{tj}{}_M^N$	X_{tj}/X_{wt}	RCA_{ij}
羽毛球	60_1^{31}	0.08	170_{34}^{5}	0.02	4.11
乒乓球	70_1^{32}	0.09	136_{34}^{4}	0.02	6.00
跆拳道	26_0^{20}	0.03	272_{34}^{8}	0.03	1.11
田径	26_0^{20}	0.03	1564_{34}^{46}	0.18	0.19
柔道	54_1^{13}	0.07	476_{34}^{14}	0.05	1.32
游泳	24_1^{10}	0.03	1088_{34}^{32}	0.12	0.26
网球	13_0^{10}	0.02	136_{34}^{4}	0.02	1.11
体操	33_0^{12}	0.04	476_{34}^{14}	0.05	0.81
摔跤	13_0^{10}	0.02	544_{34}^{16}	0.06	0.28
皮划艇	13_0^{10}	0.02	544_{34}^{16}	0.06	0.28
排球	26_0^{10}	0.03	136_{68}^{2}	0.02	2.23
击剑	33_3^{00}	0.04	340_{34}^{10}	0.04	1.13
帆船	11_1^{00}	0.01	340_{34}^{10}	0.04	0.38
自行车	11_1^{00}	0.01	612_{34}^{18}	0.07	0.21
射箭	11_1^{00}	0.01	136_{34}^{4}	0.02	0.94
拳击	10_0^{01}	0.01	408_{34}^{12}	0.05	0.29
蹦床	10_0^{01}	0.01	68_{34}^{2}	0.01	1.71
X_{it}	756	X_{wt}	8806		

如表 4.1.27 所示，在第 29 届奥运会上，体操（2.84）、举重（1.82）、跳水（3.91）、射击（1.53）、乒乓球（5.57）、羽毛球（4.31）、蹦床（4.26）、拳击（1.01）、射箭（2.01）、曲棍球（1.30）、排球（1.18）、沙滩排球（2.49）、艺术体操（1.30）、花样游泳（1.18）14 个项目比较优势指数均超过 1，体操、举重、跳水、射击、乒乓球、羽毛球的奖牌项目总得分分别为 168 分、115 分、132 分、97 分、94 分、91 分，这些项目成为当届奥运会我国竞技体育得分的主体力量。

表 4.1.27　第 29 届奥运会我国比较优势指数（RCAij）表

奖牌项目	$X_{ij}{}^{GB}_{S}$	X_{ij}/X_{it}	$X_{tj}{}^{N}_{M}$	X_{tj}/X_{wt}	RCA_{ij}
体操	168^{94}_{1}	0.14	476^{14}_{34}	0.05	2.84
举重	115^{80}_{1}	0.09	510^{15}_{34}	0.05	1.82
跳水	132^{73}_{1}	0.11	272^{8}_{34}	0.03	3.91
射击	97^{51}_{2}	0.08	510^{15}_{34}	0.05	1.53
乒乓球	94^{42}_{2}	0.08	136^{4}_{34}	0.01	5.57
羽毛球	91^{33}_{2}	0.07	170^{5}_{34}	0.02	4.31
柔道	49^{31}_{0}	0.04	476^{14}_{34}	0.05	0.83
蹦床	36^{21}_{0}	0.03	68^{2}_{34}	0.01	4.26
拳击	47^{21}_{1}	0.04	374^{11}_{34}	0.04	1.01
帆船	23^{11}_{0}	0.02	374^{11}_{34}	0.04	0.50
击剑	24^{10}_{1}	0.02	340^{10}_{34}	0.03	0.57
皮划艇	13^{10}_{0}	0.01	544^{16}_{34}	0.06	0.19
赛艇	24^{10}_{1}	0.02	476^{14}_{34}	0.05	0.41
射箭	34^{11}_{1}	0.03	136^{4}_{34}	0.01	2.01
摔跤	35^{10}_{2}	0.03	612^{18}_{34}	0.06	0.46
跆拳道	23^{11}_{0}	0.02	272^{8}_{34}	0.03	0.68
游泳	66^{12}_{3}	0.05	1156^{34}_{34}	0.12	0.46
曲棍球	22^{00}_{1}	0.02	136^{2}_{68}	0.01	1.30
排球	20^{01}_{0}	0.02	136^{2}_{68}	0.01	1.18
沙滩排球	42^{01}_{1}	0.03	136^{2}_{68}	0.01	2.49
艺术体操	11^{00}_{1}	0.01	68^{2}_{34}	0.01	1.30
田径	20^{02}_{0}	0.02	1598^{47}_{34}	0.16	0.10
网球	10^{01}_{0}	0.01	136^{4}_{34}	0.01	0.59
花样游泳	10^{01}_{0}	0.01	68^{2}_{34}	0.01	1.18
自行车	10^{01}_{0}	0.01	612^{18}_{34}	0.06	0.13
X_{it}	1216	X_{wt}	9792		

如表 4.1.28 所示，在第 30 届奥运会上，跳水（3.82）、举重（1.47）、羽毛球（4.90）、体操（1.71）、乒乓球（4.67）、射击（1.31）、蹦床（5.56）、跆拳道（1.07）、花样游泳（1.77）、现代五项（1.39）、射箭

(1.33) 11个项目比较优势指数均超过 1，跳水、举重、游泳、羽毛球、体操、乒乓球、射击的奖牌项目总得分分别为 121 分、87 分、117 分、97 分、95 分、74 分、78 分，这些项目成为构建当届奥运会我国竞技体育得分的核心部分。纵观近 4 届奥运会我国竞技体育的整体表现，我国奖牌项目分布面逐渐扩大，优势项目群体结构的位置和作用进一步凸显。

表 4.1.28　第 30 届奥运会我国比较优势指数（$RCAij$）表

奖牌项目	Xij_S^{GB}	Xij/Xit	Xtj_M^N	Xtj/Xwt	$RCAij$
跳水	121_3^{61}	0.12	272_{34}^8	0.03	3.82
举重	87_2^{50}	0.09	510_{34}^{15}	0.06	1.47
游泳	117_2^{53}	0.11	1156_{34}^{34}	0.13	0.87
羽毛球	97_2^{51}	0.10	170_{34}^5	0.02	4.90
体操	95_3^{41}	0.09	476_{34}^{14}	0.05	1.71
乒乓球	74_2^{40}	0.07	136_{34}^4	0.02	4.67
射击	78_2^{23}	0.08	510_{34}^{15}	0.06	1.31
击剑	36_0^{21}	0.04	340_{34}^{10}	0.04	0.91
蹦床	44_1^{12}	0.04	68_{34}^2	0.01	5.56
田径	63_0^{15}	0.06	1598_{34}^{47}	0.18	0.34
帆船	13_0^{10}	0.01	340_{34}^{10}	0.04	0.33
跆拳道	34_1^{11}	0.03	272_{34}^8	0.03	1.07
拳击	34_1^{11}	0.03	442_{34}^{13}	0.05	0.66
赛艇	11_1^{00}	0.01	476_{34}^{14}	0.05	0.20
摔跤	11_1^{00}	0.01	612_{34}^{18}	0.07	0.15
花样游泳	21_1^{01}	0.02	102_{34}^3	0.01	1.77
现代五项	11_1^{00}	0.01	68_{34}^2	0.01	1.39
射箭	21_1^{01}	0.02	136_{34}^4	0.02	1.33
柔道	21_1^{01}	0.02	476_{34}^{14}	0.05	0.38
自行车	32_2^{01}	0.03	612_{34}^{18}	0.07	0.45
Xit	1021	Xwt	8772		

2. 各届奥运会的比较优势指数系统性分析

如表 4.1.29 所示，第 27 届至第 30 届奥运会，我国奖牌项目总得分分别为 690 分、756 分、1216 分、1021 分。跳水、举重、乒乓球、羽毛球、射击连续 4 届比较优势指数都超过 1，成为我国竞技体育奖牌项目得分的领头项目；体操、蹦床在 3 届奥运会比较优势指数超过 1，表现出较强的竞技实力，成为我国竞技体育奖牌得分不可缺少的重要组成部分。纵观近 4 届奥运会我国竞技体育总体表现，整体实力呈上升趋势，优势项目群体结构不断扩大，传统优势项目群体竞技势力不断增强，个别潜优势项目正在向优势项目转变，少数弱势项目在向潜优势项目转变，整个竞技体育局面形成蒸蒸日上的良好态势。

表 4.1.29　第 27 届至第 30 届奥运会我国优势项目比较优势指数（RCA_{ij}）表

奖牌项目	第 27 届 RCA_{ij}	第 28 届 RCA_{ij}	第 29 届 RCA_{ij}	第 30 届 RCA_{ij}
跳水	3.80	4.71	3.91	3.82
举重	1.45	2.24	1.82	1.47
乒乓球	6.02	6.00	5.57	4.67
羽毛球	4.72	4.11	4.31	4.90
射击	1.36	2.10	1.53	1.31
体操	1.65		2.84	1.71
跆拳道		1.11		1.07
柔道		1.32		
网球		1.11		
排球		2.23	1.18	
击剑		1.13		
蹦床		1.71	4.26	5.56
拳击			1.01	
射箭			2.01	1.33
曲棍球			1.30	
沙滩排球			2.49	
艺术体操			1.30	
花样游泳			1.18	1.77
现代五项				1.39
X_{it}	690	756	1216	1021

究其原因，其一，我国竞技体育优先发展战略（即以政治需求为首选、以夺取金牌为主要目标取向的战略选择）以及竞技体育运动项目和区域的

非均衡发展策略,促进了中国竞技体育优势和潜优势项目实力的提升。[1][2] 其二,我国在奥运会设项最多的两个项目游泳和田径上取得了历史性突破,涌现出领军人物,从而带动这两个项目整体竞技实力的提升。如游泳项目的孙杨、叶诗文在各自的项目上拥有着较强的竞技能力,而且可以作为我国竞技体育代表团的旗帜,鼓舞更多人去展现我国竞技体育精神。其三,中国竞技体育举国体制内部要素的协同性与外部环境的相容性的有机组合,建立了竞技体育项目的激励机制,完善了较为系统的竞技体育人才保障体系,保障了我国竞技体育有序健康地发展,从而最终实现了竞技体育战略目标的一致性。[3]

五、美、俄、德、中四国竞技体育核心实力对比分析

为了科学准确地分析美、俄、德、中四国竞技体育核心实力的差异性,本研究在对美、俄、德、中四国近4届奥运会竞技实力表现进行分析的基础上(前面已经详述),以美、俄、德、中四国在连续4届奥运会或者在3届奥运会上比较优势指数均超过1的核心实力项目为研究对象,并将这四个国家的相对优势项目置于同一个研究整体。由于近4届奥运会比赛设项不同,在分析过程中,以美、俄、德、中四国竞技体育近4届奥运会相对优势项目奖牌总得分为自变量,以其随时间而改变的各届奥运会所设立的相对优势项目奖牌总分为因变量,计算出美、俄、德、中四国竞技体育相对优势项目的比较优势指数,最后确定美、俄、德、中四国竞技体育核心实力项目在各国竞技体育中的位置和作用。

如表4.1.30所示,美国在近4届奥运会上,游泳、田径、篮球、沙滩排球的项目总得分分别为1434分、1110分、202分、126分,表现出稳定且强劲的实力。排球、网球、马术、垒球、水球、足球、棒球等项目实力也不俗。某些项目如田径、篮球、网球、排球等同时为美国和俄罗斯两个国家的竞技体育核心实力项目,但美国的田径、篮球、网球的整体实力与比较优势指数均强于俄罗斯,而俄罗斯的排球整体实力与比较优势指数强于美国。

---

[1] 肖林鹏、李宗浩、裴立新:《中国竞技体育优先发展战略回顾与总结》,载《上海体育学院学报》2002年第2期,第1~4页。

[2] 于文谦、王乐:《当代中国竞技体育的非均衡发展》,载《体育学刊》2008年第9期,第15~20页。

[3] 陈慧敏:《中国竞技体育生产制度有效性评析》,载《武汉体育学院学报》2010年第6期,第5~9页。

纵观美国核心实力项目的比较优势指数，游泳、田径、篮球、垒球、网球、沙滩排球的比较优势指数分别为1.38、1.28、1.60、1.58、1.08、1.00，与俄罗斯、德国、中国相比，这些项目表现出超强的实力。因此，本研究认为，美国竞技体育核心竞争力是由作为主体层的游泳、田径、篮球、垒球、网球、沙滩排球和作为支撑层的棒球、马术、水球、足球、排球在较长时间内的世界最高竞技舞台上所表现出来的一种综合实力。

如表4.1.30所示，俄罗斯在近4届奥运会上，田径、摔跤、体操、拳击、排球项目总得分分别为770分、495分、441分、249分、132分，表现出不俗实力。近4届奥运会俄罗斯田径整体实力低于美国，但其在俄罗斯竞技体育中的位置不可缺少；俄罗斯网球与篮球实力有所表现，但与美国相比却显得实力不足；尽管举重项目得分不低，但与中国举重实力对比却略显不足。纵观俄罗斯核心实力项目的比较优势指数，田径、排球、体操、摔跤、拳击、花样游泳的比较优势指数分别为1.12、1.54、1.47、1.36、1.08、1.89，与美国、德国、中国相比，这些项目表现出较强的竞争实力。因此，本研究认为，俄罗斯竞技体育核心竞争力是由作为主体层的田径、排球、体操、摔跤、拳击、花样游泳和作为支撑层的篮球、网球、蹦床、手球、现代五项、举重在较长时间内的世界最高竞技舞台上所表现出来的一种综合实力。

如表4.1.30所示，德国在近4届奥运会上，马术、皮划艇、自行车、赛艇项目总得分分别为191分、381分、278分、173分，在奥运会上表现出强劲的整体实力。尽管作为核心实力项目的足球有所作为，但与美国相比却显得实力不足；马术是美国和德国共同的核心实力项目，但德国马术整体实力远远强于美国。德国的皮划艇、自行车、赛艇、击剑、铁人三项、柔道、曲棍球在奥运会舞台上独树一帜，这些项目表现出超强实力。纵观德国核心实力项目的比较优势指数，马术、皮划艇、自行车、赛艇、曲棍球的比较优势指数分别为1.98、1.48、1.16、1.06、1.53，与美国、俄罗斯、中国相比，这些项目表现出较强的竞争实力。因此，本研究认为，德国竞技体育核心竞争力是由作为主体层的马术、皮划艇、自行车、赛艇、曲棍球和作为支撑层的足球、击剑、铁人三项、柔道在较长时间内的世界最高竞技舞台上所表现出来的一种综合实力。

如表4.1.30所示，我国在近4届奥运会上，体操、举重、跳水、乒乓球、羽毛球、射击总得分分别为387分、386分、483分、333分、341分、370分，表现出强劲的整体实力。作为与俄罗斯共同的核心实力项目体操、花样游泳、蹦床、举重，我国体操与花样游泳的整体竞技实力不如俄罗斯，而蹦床与举重的整体竞技实力则强于俄罗斯。近 2 届奥运会上，游泳项目整体实力大幅度提升，但与美国游泳整体竞技实力相距甚远。纵观我国核心实力项目的比较优势指数，体操、蹦床、举重、跳水、乒乓球、羽毛球的比较优势指数分别为 1.02、1.36、1.16、1.83、2.52、2.07，与美国、俄罗斯、德国相比，这些项目表现出较强的竞争实力。因此，本研究认为，我国竞技体育核心竞争力是由作为主体层的体操、蹦床、举重、跳水、乒乓球、羽毛球和作为支撑层的游泳、花样游泳、射击、跆拳道、射箭在较长时间内的世界最高竞技舞台上所表现出来的一种综合实力。

表 4.1.30 美、俄、德、中四国核心实力项目比较优势指数表

项目	美国 Xij_{27-30S}^{GB}	$RCAij_{27-30}$	俄罗斯 Xij_{27-30S}^{GB}	$RCAij_{27-30}$	德国 Xij_{27-30S}^{GB}	$RCAij_{27-30}$	中国 Xij_{27-30S}^{GB}	$RCAij_{27-30}$
游泳	$1434_{35}^{53\ 36}$	1.38					$207_{6}^{7\ 5}$	0.46
田径	$1110_{38}^{34\ 25}$	1.28	$770_{21}^{23\ 24}$	1.12				
篮球	$202_{0}^{7\ 1}$	1.60	$60_{0}^{0\ 3}$	0.70				
垒球	$100_{1}^{3\ 0}$	1.58						
网球	$119_{2}^{6\ 3}$	1.08	$79_{3}^{2\ 2}$	0.87				
棒球	$46_{0}^{1\ 1}$	0.73						
马术	$119_{3}^{2\ 6}$	0.63			$191_{4}^{9\ 3}$	1.98		
沙滩排球	$126_{1}^{4\ 0}$	1.00						
水球	$92_{3}^{1\ 0}$	0.97						
足球	$96_{2}^{2\ 0}$	0.76			$40_{0}^{0\ 2}$	0.62		
排球	$116_{2}^{2\ 1}$	0.92	$132_{3}^{1\ 2}$	1.54				
体操			$441_{12}^{13\ 14}$	1.47			$387_{6}^{17\ 10}$	1.02
摔跤			$495_{9}^{22\ 11}$	1.36				
拳击			$249_{5}^{8\ 9}$	1.08				
花样游泳			$91_{0}^{7\ 0}$	1.89			$31_{1}^{0\ 2}$	0.42
蹦床			$37_{1}^{2\ 0}$	0.87			$90_{1}^{3\ 4}$	1.36
手球			$68_{4}^{1\ 1}$	0.79				

续表 4.1.30

项目	美国 Xij_{27-30}^{GBS}	$RCAij_{27-30}$	俄罗斯 Xij_{27-30}^{GBS}	$RCAij_{27-30}$	德国 Xij_{27-30}^{GBS}	$RCAij_{27-30}$	中国 Xij_{27-30}^{GBS}	$RCAij_{27-30}$
现代五项			39_0^{30}	0.91				
举重			$255_{12}^{1\ 11}$	0.79			$386_7^{23\ 1}$	1.16
皮划艇					$381_9^{14\ 10}$	1.48		
自行车					$278_{10}^{6\ 9}$	1.16		
赛艇					$173_5^{6\ 4}$	1.06		
击剑					$120_4^{2\ 5}$	0.75		
铁人三项					$24_1^{1\ 0}$	0.75		
柔道					$108_2^{2\ 6}$	0.48		
曲棍球					$98_0^{3\ 1}$	1.53		
跳水							$483_{11}^{24\ 5}$	1.83
乒乓球							$333_8^{15\ 5}$	2.52
羽毛球							$341_6^{15\ 8}$	2.07
射击							$370_8^{14\ 10}$	0.70
跆拳道							$96_1^{5\ 2}$	0.36
射箭							$66_3^{1\ 2}$	0.50

通过美国、俄罗斯、德国、中国核心实力项目的对比可以看出，四个国家的拳头项目各有代表性：美国主要以游泳、田径、篮球作为自己的拳头项目，俄罗斯以体操、摔跤、拳击作为自己的拳头项目，德国以皮划艇、马术、自行车、曲棍球作为自己的拳头项目，中国则以跳水、乒乓球、羽毛球、举重作为自己的拳头项目。美国与德国的核心实力项目相对较少但实力相对突出，而俄罗斯与中国的核心实力项目分布面相对较广且实力不俗。美国、俄罗斯、德国、中国竞技体育核心竞争力的具体构成要素体现出交叉性和独特性。田径、篮球、网球、排球为美国与俄罗斯竞技体育核心竞争力的共同构成要素；马术与足球为美国与德国竞技体育核心竞争力的共同构成要素；体操、花样游泳、蹦床、举重为俄罗斯与我国竞技体育核心竞争力的共同构成要素；游泳为美国与我国竞技体育核心竞争力的共同构成要素。

第二节 中、美、俄、德竞技体育核心竞争力层次分析

就我国而言，竞技体育核心竞争力是由作为主体层的体操、蹦床、举重、跳水、乒乓球、羽毛球和作为支撑层的游泳、花样游泳、射击、跆拳道、射箭在较长时间内的世界最高竞技舞台上所表现出来的一种综合实力。它包含多方面、多层次内容的复合概念，其本质是结构变化的。鉴于此，本研究用层次分析法对其进行较为系统的分析，以准确把握两个层次和不同项目在竞技体育核心竞争力中的重要程度。

一、层次分析法的要旨及步骤

20世纪80年代初，美国的运筹学家Thomas L. Saaty教授提出对于一个事物的分析，人们决策思维过程应该模型化（规范化），初步提出了层次分析法。其基本原理是将一个复杂的无结构的问题分解为它的各个组成部分，将这些组成部分（或称为元素）整理成一种树状递级层次结构，对同一层各个元素相对于上层指标两两比较其相对重要性并将这种重要性按照相关标度法数值化，最后综合这些判断以决定到底哪个元素有着最大的权重和如何影响问题的最终结果。

层次分析法的基本步骤如下：

第一步，目标层次、中间层次、最底层次的确定。目标层只有一个分析元素，即分析问题的首选目标。在本研究中即指中国竞技体育核心竞争力。中间层次则是实现目标所涉及的关键元素，它可以由若干个层次组成。在本研究中即反映中国竞技体育核心竞争力的主体层和支撑层两大内容。最底层次则是反映中间层次的各个元素。在本研究中即指反映中国竞技体育核心竞争力的主体层和支撑层的各个指标，如体操、蹦床、举重、跳水、乒乓球、羽毛球、游泳、花样游泳、射击、跆拳道、射箭等项目。

第二步，层次分析法的判断矩阵构造。在建立层次递级以后，上下层次之间元素的隶属关系就被确定了。假定以上一层元素 Cs 为准则，所支配的下一层次为 $P_1, P_2, \cdots, P_n$，构造判断矩阵的方法是针对准则 Cs，依据相关理论依据，对这些 n 元素进行两两比较，确定 P_x 与 P_y 相对于准则 Cs 哪个更

重要。

为了从本质上反映中国竞技体育核心竞争力的内在关系，本研究结合竞技体育的本质属性和近4届奥运会美国、俄罗斯、德国、中国竞技体育的综合对比分析数据，同时依据专家对中国竞技体育核心竞争力的评判结果对其进行系统分析。由于各届奥运会比赛设项的不同和不同项目所包含的金牌和奖牌数量的差异，为了统计的科学性和反映中间层次与最底层次的相关元素的重要程度的一致性，本研究以近4届奥运会比赛设项的平均值为计算尺度，以金牌和奖牌数量最多的项目与金牌和奖牌数量最少的项目之间的中间值为衡量尺度，对反映中国竞技体育核心竞争力的主体层和支撑层给出重要程度数值，对反映主体层的体操、蹦床、举重、跳水、乒乓球、羽毛球和反映支撑层的游泳、花样游泳、射击、跆拳道、射箭等项目给出重要程度数值。

中间层次与最底层次各元素之间有了重要程度数值标度后，从反映主体层的项目之间和反映支撑层的项目之间开始进行两两比较，比较结果可用判断矩阵 B 表示：

$$B = \begin{Bmatrix} b11 & b12 & \cdots & b1n \\ b21 & b22 & \cdots & b2n \\ \cdots & \cdots & \cdots & \cdots \\ bn1 & bn2 & \cdots & bnn \end{Bmatrix}$$

具有完全一致性的判断矩阵 B 有如下特性：其一，$Bij = 1$；其二，$Bij = \frac{1}{Bji}$；其三，$Bij = \frac{Bik}{Bjk}$（$i, j, k = 1, 2, \cdots, n$）。层次分析法要求判断矩阵 B 必须满足基本的一致性要求。

第三步，层次分析法判断矩阵的一致性检验。由于竞技体育核心竞争力的多变性和复杂性，加之不同专家对竞技体育核心竞争力评判的多样性，尽管中国竞技体育核心竞争力判断矩阵是计算排序权向量的根据，但根据研究客观需要，我们必须对竞技体育核心竞争力整体判断矩阵进行一致性检验。

根据矩阵理论，只要符合一致性条件的判断矩阵，n 级判断矩阵具有最大的特征根 $\lambda \max - n$。当判断矩阵不能保证具有完全一致性时，相应判断矩阵的特征根也将发生变化，这样就可以利用判断矩阵特征根的变化来检查判断的一致性程度。因此，可以在中国竞技体育核心竞争力整体判断矩阵中合理运用判断矩阵的一致性指标，以检验近几届奥运会我国竞技体育核心竞争力数据的有效性和专家对此判断思维的权威性是否存在内在的一致性。其一致性指标可记作 CI，即 $CI = \frac{\lambda \max - n}{n - 1}$。$CI$ 值越大，表明判断矩阵偏离完全一致性越厉害；CI 值越小，表明判断矩阵越接近于完全一致性。考虑到判断矩阵的级数 n 越大，则偏离完全一致性的指标 CI 越大的因素，本研究基于中国竞技体育在近 4 届奥运会上金牌和奖牌项目的研究主线，遵行竞技体育竞争力、竞争优势、核心竞争力的内在逻辑关系，最后确定能反映中国竞技体育核心竞争力本质问题的主体层和支撑层作为一级判断矩阵级数，以反映主体层的体操、蹦床、举重、跳水、乒乓球、羽毛球和反映支撑层的游泳、花样游泳、射击、跆拳道、射箭作为二级判断矩阵级数。

中国竞技体育核心竞争力属于多级判断矩阵，根据层次分析法原理，我们必须对其进行判断矩阵的平均随机一致性指标（RI）检验。当 n < 3 时，中国竞技体育核心竞争力判断矩阵永远具有完全一致性。判断矩阵的一致性指标 CI 与同级平均随机一致性指标 RI（表 4.2.1）之比称为随机一致性比率，即 CR = CI / RI。当 CR < 0.10 时，则可判定判断矩阵具有满意的一致性。

表 4.2.1　判断矩阵 RI 数值对应表

n	1	2	3	4	5	6	7	8	9
RI	0	0.52	0.52	0.89	1.12	1.26	1.36	1.41	1.46

第四步，层次分析法的权重计算。这个过程分为两步：第一步，层次单排序。判断矩阵 B 是针对上一层次进行两两比较的定量描述，层次单排序就是根据判断矩阵求出它们对于准则 Cs 的相对权重 $w1, w2, w3, \cdots, wn$。利用判断矩阵计算权重的方法主要有和积法、方根法、对数最小二乘法、特征根法等。为了满足本研究需要，笔者采用方根法对中国竞技体育核心竞争力进行层次单排序。方根法的基本思路是将判断矩阵 B 的各个列向量进行几何平均，然后归 1，得到的列向量即权重向量。其计算步骤是，首先，将判断矩阵 B 的元素按行连乘，得到一个列向量 B'，即 $Ai = \prod (j = 1 \text{ to } n) \, aiji = 1, 2, 3, \cdots, n$。其次，将列向量 B' 的每个元素按判断矩阵的维数 n 开方后，得到方根列向量 B''，即 Mi 为（Ai）开 n 次方。最后，将方根列向量 B'' 归 1 即得到权重向量，即 $Wi = \frac{Mi}{\sum mi}$（$i = 1, 2, 3, \cdots, n$）。方根法的最后公式表示为：$wi = \dfrac{(\prod_{j=1}^{n} bij)^{1/n}}{\sum_{k=1}^{n}(\prod_{j=1}^{n} bkj)^{1/n}}$（$i, k, j = 1, 2, \cdots, n$）。第二步，层次总排序。用方根法可得到各层元素对其上层元素的权重，但我们最终要得

到的是各元素对于总目标的相对权重,特别是要得到最底层次(即反映主体层的体操、蹦床、举重、跳水、乒乓球、羽毛球和反映支撑层的游泳、花样游泳、射击、跆拳道、射箭)各指标对于总目标(中国竞技体育核心竞争力)的权重,这一过程就是层次总排序。其计算过程如表4.2.2所示。表4.2.2中$a_1, a_2, \cdots, a_m$是层次C对上层指标B层的权重,$w1^{c1}, w2^{c2}, \cdots, wn^{cm}$是$C$层下级指标$P_1, P_2, \cdots, P_n$对$C$层指标的权重,总排序结果是$P$层指标对$B$层指标的权重。由此可以看出,$P$层指标对$B$层指标的权重等于$P$层全部指标对$C$层全部指标的权重与$C$层全部指标对$B$层指标权重的乘积。

表4.2.2　层次总排序的计算方法

层次C对上层权重层次P	$C, C_2, \cdots, C_m$ $a_1, a_2, \cdots, a_m$	总排序结果
P_1	$w1^{c1}, w2^{c2}, \cdots, wn^{cm}$	$\sum_{j=1}^{m} a_j w1cj$
P_2	$w2^{c1}, w2^{c2}, \cdots, wn^{cm}$	$\sum_{j=1}^{m} a_j w2cj$
$\vdots$	$\vdots$	$\vdots$
P_n	$wn^{c1}, w2^{c2}, \cdots, wn^{cm}$	$\sum_{j=1}^{m} a_j wcjnl$

二、中国竞技体育核心竞争力层次分析

本研究在对近几届奥运会我国竞技体育金牌项目和奖牌项目(竞技体育竞争力的代表)进行数据分析的基础上,选取在连续4届或在3届奥运会(竞技体育竞争优势的代表)中比较优势指数均超过1的项目作为筛选对象,综合与美国、俄罗斯、德国竞技体育的立体性(中国竞技体育核心竞争力的代表)对比分析,然后经过多轮专家咨询的基础上,最后确定反映中国竞技体育核心竞争力的架构表(见表4.2.3)。

表 4.2.3　中国竞技体育核心竞争力架构表

目标层次	中国竞技体育核心竞争力	
中间层次	主体层	支撑层
最底层次	体操　蹦床　举重　跳水　乒乓球　羽毛球	游泳　花样游泳　射击　跆拳道　射箭

第一步，中国竞技体育核心竞争力的判断矩阵构造。

（1）根据层次分析法的要旨和步骤，依据近几届奥运会我国竞技体育金牌项目和奖牌项目（竞技体育竞争力的代表）数据分析以及专家们对中国竞技体育核心竞争力中间层次相互之间的相对重要性综合意见，对中国竞技体育核心竞争力中间层次的判断矩阵标出相应数值，最后其判断矩阵数值表如表4.2.4所示。

表 4.2.4　中国竞技体育核心竞争力中间层次判断矩阵 A 数值表

中国竞技体育核心竞争力	行码	主体层	支撑层
列码	R_xB_x	B_1	B_2
主体层	R_1	1	7
支撑层	R_2	1/7	1

R_1B_1 与 R_2B_2，就衡量中国竞技体育核心竞争力而言，主体层与主体层相比、支撑层与支撑层相比，当然是同等重要，所以在 R_1B_1 与 R_2B_2 中填入1；R_1B_2，就衡量中国竞技体育核心竞争力而言，主体层与支撑层相比，主体层较之支撑层极为重要，所以在 R_1B_2 中填入7；R_2B_1，就衡量中国竞技体育核心竞争力而言，支撑层与主体层相比，支撑层较之主体层稍微重要，所以在 R_2B_1 中填入1/7。

（2）原理同上，将在连续4届或在3届奥运会（竞技体育竞争优势的代表）中比较优势指数均超过1的项目作为筛选对象，综合与美国、俄罗斯、德国竞技体育的立体性（中国竞技体育核心竞争力的代表）对比分析结果和专家们对中国竞技体育核心竞争力最底层相互之间的相对重要性综合意见，对中国竞技体育核心竞争力最底层次进行两两比较，列成矩阵表。最底层次比较矩阵数值如表4.2.5、表4.2.6所示。

表4.2.5　中国竞技体育核心竞争力主体层判断矩阵 B_1 数值表

主体层	行码	体操	蹦床	举重	跳水	乒乓球	羽毛球
列码	R_xB_x	B_1	B_2	B_3	B_4	B_5	B_6
体操	R_1	1	1	1/3	1/5	1/5	1/5
蹦床	R_2	1	1	1/3	1/5	1/5	1/5
举重	R_3	3	3	1	3/5	3/5	3/5
跳水	R_4	5	5	5/3	1	1	1
乒乓球	R_5	5	5	5/3	1	1	1
羽毛球	R_6	5	5	5/3	1	1	1

表4.2.6　中国竞技体育核心竞争力支撑层判断矩阵 B_2 数值表

支撑层	行码	游泳	花样游泳	射击	跆拳道	射箭
列码	R_xB_x	B_1	B_2	B_3	B_4	B_5
游泳	R_1	1	1	1/5	1/3	1/3
花样游泳	R_2	1	1	1/5	1/3	1/3
射击	R_3	5	5	1	5/3	5/3
跆拳道	R_4	3	3	3/5	1	1
射箭	R_5	3	3	3/5	1	1

第二步，中国竞技体育核心竞争力判断矩阵的一致性检验。

中国竞技体育核心竞争力判断矩阵一致性检验的主要目的是计算判断矩阵最大特征根，特征根的含义是：设中国竞技体育核心竞争力（A）为 n 级矩阵，λ 是一个数，如果方程 $AX = \lambda X$ 存在非零解向量（$n \times 1$ 级矩阵），则称 λ 为 A 的一个特征值，相应的非零解向量 X 成为与特征值 λ 对应的特征向量。按照一致性检验计算程序，将方程 $AX = \lambda X$ 改写成 $|\lambda I - A|X = 0$，在非零解的条件下，这一矩阵方程可以改写成 $|\lambda I - A| = 0$。其中 I 为单位矩阵，A 为已建立起来的判断矩阵，因此可求出矩阵 A 的特征值。现对中国竞技体育核心竞争力中间层次与最底层次判断矩阵一致性进行检验。

（1）中国竞技体育核心竞争力中间层次（反映中国竞技体育核心竞争力）判断矩阵为：

$$A = \begin{vmatrix} 1 & 7 \\ 1/7 & 1 \end{vmatrix}$$

矩阵 A 的特征方程为：

$$|\lambda I - A| = \begin{vmatrix} \lambda - 1 & -7 \\ -1/7 & \lambda - 1 \end{vmatrix} = 0$$

最后求解得 $\lambda_1 = 2$；$\lambda_2 = 0$。

故：

$$CI = \frac{\lambda\max - n}{n - 1} = \frac{2 - 2}{2 - 1} = 0$$

$$CR = \frac{CI}{RI} = \frac{0}{0.52} = 0$$

根据层次分析法原理，中国竞技体育核心竞争力中间层次 A 判断矩阵的 $CR(0) < 0.10$，说明其判断矩阵具有满意的一致性。

（2）中国竞技体育核心竞争力最底层次（反映主体层次）判断矩阵为：

$$B_1 = \begin{vmatrix} 1 & 1 & 1/3 & 1/5 & 1/5 & 1/5 \\ 1 & 1 & 1/3 & 1/5 & 1/5 & 1/5 \\ 3 & 3 & 1 & 3/5 & 3/5 & 3/5 \\ 5 & 5 & 5/3 & 1 & 1 & 1 \\ 5 & 5 & 5/3 & 1 & 1 & 1 \\ 5 & 5 & 5/3 & 1 & 1 & 1 \end{vmatrix}$$

矩阵 B_1 的特征方程为：

$$|\lambda I - B_1| = \begin{vmatrix} \lambda - 1 & -1 & -1/3 & -1/5 & -1/5 & -1/5 \\ -1 & \lambda - 1 & -1/3 & -1/5 & -1/5 & -1/5 \\ -3 & -3 & \lambda - 1 & -3/5 & -3/5 & -3/5 \\ -5 & -5 & -5/3 & \lambda - 1 & -1 & -1 \\ -5 & -5 & -5/3 & -1 & \lambda - 1 & -1 \\ -5 & -5 & -5/3 & -1 & -1 & \lambda - 1 \end{vmatrix} = 0$$

最后求解得 $\lambda_1 = 6$；$\lambda_2 = 0$（重根，具体数值如下）。

$$\frac{2(41.75 + 50\sqrt{75})^{(1/6)}}{15} + \frac{40}{5(41.75 + 50\sqrt{75})^{(1/6)}} + \frac{5}{3}, \quad -\frac{(41.75 + 50\sqrt{75})^{(1/6)}}{15} -$$

$$\frac{20}{5(41.75 + 50\sqrt{75})^{(1/6)}} + \frac{5}{3}$$

故：

$$CI = \frac{\lambda\max - n}{n - 1} = \frac{6 - 6}{6 - 1} = 0$$

$$CR = \frac{CI}{RI} = \frac{0}{1.26} = 0$$

根据层次分析法原理，中国竞技体育核心竞争力主体层次 B_1 判断矩阵的 $CR(0) < 0.10$，说明其判断矩阵具有满意的一致性。

（3）中国竞技体育核心竞争力最底层次（反映支撑层次）判断矩阵为：

$$B_2 = \begin{vmatrix} 1 & 1 & 1/5 & 1/3 & 1/3 \\ 1 & 1 & 1/5 & 1/3 & 1/3 \\ 5 & 5 & 1 & 5/3 & 5/3 \\ 3 & 3 & 3/5 & 1 & 1 \\ 3 & 3 & 3/5 & 1 & 1 \end{vmatrix}$$

矩阵 B_2 的特征方程为：

$$|\lambda I - B_2| = \begin{vmatrix} \lambda-1 & -1 & -1/5 & -1/3 & -1/3 \\ -1 & \lambda-1 & -1/5 & -1/3 & -1/3 \\ -5 & -5 & \lambda-1 & -5/3 & -5/3 \\ -3 & -3 & -3/5 & \lambda-1 & -1 \\ -3 & -3 & -3/5 & -1 & \lambda-1 \end{vmatrix} = 0$$

最后求解得 $\lambda_1 = 5.236$；$\lambda_2 = 0$（重根，具体数值如下）。

$$\frac{1}{5}^{(1/5)}\frac{1}{5} + \frac{1}{5}^{(1/5)}\frac{1}{3} + 1, -\frac{1}{5}^{(1/5)}\frac{1}{1} - \frac{1}{5}^{(1/5)}\frac{1}{6} + 1 + \frac{1}{2}I\sqrt{3}\left(\frac{1}{5}^{(1/5)}\frac{1}{5} - \frac{1}{5}^{(1/5)}\frac{1}{3}\right), -\frac{1}{5}^{(1/5)}\frac{1}{1} - \frac{1}{5}^{(1/5)}\frac{1}{6} + \frac{0}{1} - \frac{1}{2}I\sqrt{3}\left(\frac{1}{5}^{(1/5)}\frac{1}{5} - \frac{1}{5}^{(1/5)}\frac{1}{3}\right)$$

故：

$$CI = \frac{\lambda\max - n}{n-1} = \frac{5.236 - 5}{5-1} = \frac{0.236}{4} = 0.059$$

$$CR = \frac{CI}{RI} = \frac{0.059}{1.12} = 0.053$$

根据层次分析法原理，中国竞技体育核心竞争力主体层次 B_2 判断矩阵的 $CR(0.053) < 0.10$，说明其判断矩阵具有满意的一致性。

第三步，中国竞技体育核心竞争力中间层次与最底层次的权重计算。

根据方根法的计算步骤，首先对中间层次和最底层次进行层次单排序。即首先将判断矩阵 B 的元素按行连乘，得到一个列向量 B'；然后将列向量 B' 的每个元素按判断矩阵的维数 n 开方后，得到方根列向量 B''；最后将方根列向量 B'' 归1即得到权重向量。计算步骤和结果如表4.2.7、表4.2.8、表4.2.9所示。将最底层次全部指标的权重与中间层次全部指标的权重相乘，即计算出最底层次全部指标在中国竞技体育核心竞争力中的权重，计算结果如表4.2.10所示。

表4.2.7　中国竞技体育核心竞争力中间层次单排序权重结果（方根法）

中国竞技体育核心竞争力	主体层	支撑层	列向量 B'	列向量 B' 开方
主体层	1	7	7	2.64
支撑层	1/7	1	1/7	0.38
归1权重向量	0.87	0.13		3.02

表4.2.8　中国竞技体育核心竞争力最底层次（反映主体层次）单排序权重结果

主体层次	体操	蹦床	举重	跳水	乒乓球	羽毛球	列向量 B'	列向量 B' 开方
体操	1	1	1/3	1/5	1/5	1/5	0.0027	0.376
蹦床	1	1	1/3	1/5	1/5	1/5	0.0027	0.376
举重	3	3	1	3/5	3/5	3/5	1.9440	1.116
跳水	5	5	5/3	1	1	1	41.7500	1.851
乒乓球	5	5	5/3	1	1	1	41.7500	1.851
羽毛球	5	5	5/3	1	1	1	41.7500	1.851
归1权重向量	0.051	0.051	0.150	0.249	0.249	0.249		7.421

表4.2.9　中国竞技体育核心竞争力最底层次（反映支撑层次）单排序权重结果

支撑层	游泳	花样游泳	射击	跆拳道	射箭	列向量 B'	列向量 B' 开方
游泳	1	1	1/5	1/3	1/3	0.0222	0.467
花样游泳	1	1	1/5	1/3	1/3	0.0222	0.467
射击	5	5	1	5/3	5/3	69.7230	2.337
跆拳道	3	3	3/5	1	1	5.4000	1.401
射箭	3	3	3/5	1	1	5.4000	1.401
归1权重向量	0.0769	0.0769	0.3850	0.2310	0.2310		6.073

表4.2.10　中国竞技体育核心竞争力总排序权重结果

	权重	体操	蹦床	举重	跳水	乒乓球	羽毛球	游泳	花样游泳	射击	跆拳道	射箭
主体层	0.8700	0.0510	0.0510	0.1500	0.2490	0.2490	0.2490					
支撑层	0.1300							0.0769	0.0769	0.3850	0.2310	0.2310
总权重		0.0440	0.0440	0.1310	0.2170	0.2170	0.2170	0.0100	0.0100	0.0500	0.0300	0.0300

三、中国竞技体育核心竞争力总排序权重结果分析

从表4.2.10可以看出,中国竞技体育核心竞争力中间层次的权重排序为:主体层权重为0.870、支撑层权重为0.130。由此可见,主体层是中国竞技体育核心竞争力的重要动力来源。中国竞技体育核心竞争力是其在与世界体育强国竞技过程中,那些最稳定且突出的能保证我国竞技体育具有绝对竞争优势、在世界最高竞技舞台上获得竞技表现能力和国际认可的一种能力,而主体层在中国竞技体育核心竞争力中起着关键且主导的作用。主体层由我国长期保持竞争能力的优势项目整合而成,跳水、乒乓球、羽毛球、举重、体操、蹦床是我国竞技体育核心竞争力主体层的构建主体。主体层竞技能力的表现必须依赖这些项目在同一赛事中所同时展现出来的组合能力,这些优势项目的竞争实力表现越强,主体层竞技实力将越强,竞技体育核心竞争力表现越突出。支撑层在中国竞技体育核心竞争力中起着补充和推动的作用,它由具有竞争能力的相对优势项目整合而成,射击、跆拳道、射箭、花样游泳、游泳是我国竞技体育核心竞争力支撑层的重要内容。支撑层竞技实力的大小将在一定程度上影响中国竞技体育核心竞争力能否变得强大且持久。[1] 因此,充分发挥和调动我国相对优势项目整体实力,实现支撑层整体竞技实力的提高,将有助于驱使我国竞技体育核心竞争力变得更加优化且强大。

从表4.2.10可以看出,在中国竞技体育核心竞争力主体层里面,跳水(0.2490)、乒乓球(0.2490)、羽毛球(0.2490)的权重最高,其次是举重(0.1500),最后是体操(0.0510)与蹦床(0.0510)。这与它们在近几届奥运会上的整体竞技实力表现成高度正相关。在中国竞技体育核心竞争力支撑层里面,射击(0.3850)的权重最高,其次是射箭(0.2310)与跆拳道(0.2310),最后是游泳(0.0769)与花样游泳(0.0769),这反映出相对优势项目在中国竞技体育核心竞争力支撑层里面所处的位置与作用。在整个中国竞技体育核心竞争力里面,权重较高的项目有跳水(0.2170)、乒乓球(0.2170)、羽毛球(0.2170)、举重(0.1310),其次是射击(0.0500)、体操(0.0440)、蹦床(0.0440),最后是射箭(0.0300)、跆拳道(0.0300)、游泳(0.0100)与花样游泳(0.0100)。尽管权重的大小与各运动项目在奥

---

[1] 邓万金、刘永东:《中国竞技体育核心竞争力与竞技体育成绩的关联分析》,载《北京体育大学学报》2011年第2期,第117~120页。

运会上设项奖牌数量的差异和设项时间长短有着一定程度的关系[1]，但整体上能综合反映出其在我国竞技体育核心竞争力中的位置。

主体层和支撑层项目集群的优化聚集可以促使其形成协同效应，从而实现集群竞技优势，最终实现中国竞技体育核心竞争力的提升。[2] 通过优化项目集群，可以促进绝对优势项目和相对优势项目在集群内的转化，充分发挥我国绝对优势项目的涨潮效应辐射作用和相对优势项目的极化效应带动作用，使我国竞技体育核心竞争力朝着超强竞争态势发展。

四、美国竞技体育核心竞争力层次分析

（一）美国竞技体育核心竞争力判断矩阵层次分析

根据美国竞技体育核心竞争力的定义，依据层次分析法构建原理，构建美国竞技体育核心竞争力架构表，如表4.2.11所示。

表4.2.11 美国竞技体育核心竞争力架构表

目标层次	美国竞技体育核心竞争力									
中间层次	主体层					支撑层				
最底层次	游泳	田径	篮球	垒球	网球	沙滩排球	棒球	马术	水球	足球	排球

根据近几届奥运会美国金牌和奖牌获得情况以及专家对美国竞技体育核心竞争力的调查结果反馈情况，遵循层次分析法的要旨和步骤，制作出美国竞技体育核心竞争力中间层次判断矩阵数值表、美国竞技体育核心竞争力主体层判断矩阵数值表、美国竞技体育核心竞争力支撑层判断矩阵数值表，如表4.2.12、表4.2.13、表4.2.14所示。

---

[1] 刘成、司虎克：《我国竞技体育优势项目与核心竞争力关系研究》，载《北京体育大学学报》2010年第6期，第104～109页。

[2] 祁明德、许晓音：《区域竞技体育核心竞争力培育研究》，载《广州体育学院学报》2012年第2期，第9～13页。

表4.2.12　美国竞技体育核心竞争力中间层次判断矩阵 A 数值表

美国竞技体育核心竞争力	行码	主体层	支撑层
列码	R_xB_x	B_1	B_2
主体层	R_1	3	7/3
支撑层	R_2	3/7	3

表4.2.13　美国竞技体育核心竞争力主体层判断矩阵 B_1 数值表

主体层	行码	游泳	田径	篮球	垒球	网球	沙滩排球
列码	R_xB_x	B_1	B_2	B_3	B_4	B_5	B_6
游泳	R_1	1	1	3/5	3	3	3
田径	R_2	1	1	3/5	3	3	3
篮球	R_3	5/3	5/3	1	5	5	5
垒球	R_4	1/3	1/3	1/5	1	1	1
网球	R_5	1/3	1/3	1/5	1	1	1
沙滩排球	R_6	1/3	1/3	1/5	1	1	1

表4.2.14　美国竞技体育核心竞争力支撑层判断矩阵 B_2 数值表

支撑层	行码	棒球	马术	水球	足球	排球
列码	R_xB_x	B_1	B_2	B_3	B_4	B_5
棒球	R_1	1	1	1/3	1/3	1/3
马术	R_2	1	1	1/3	1/3	1/3
水球	R_3	3	3	1	1	1
足球	R_4	3	3	1	1	1
排球	R_5	3	3	1	1	1

为了检验美国竞技体育核心竞争力的科学性，我们必须对其进行层次分析，具体步骤如下：

第一步，美国竞技体育核心竞争力中间层次（反映美国竞技体育核心竞争力）判断矩阵为：

$$A = \begin{vmatrix} 3 & 7/3 \\ 3/7 & 3 \end{vmatrix}$$

矩阵 A 的特征方程为：

$$|\lambda I - A| = \begin{vmatrix} \lambda - 3 & -7/3 \\ -3/7 & \lambda - 3 \end{vmatrix} = 0$$

最后求解得 $\lambda_1 = 2$；$\lambda_2 = 0$。

故：

$$CI = \frac{\lambda \max - n}{n - 1} = \frac{2 - 2}{2 - 1} = 0$$

$$CR = \frac{CI}{RI} = \frac{0}{0.52} = 0$$

根据层次分析法原理，美国竞技体育核心竞争力中间层次 A 判断矩阵的 CR（0）<0.10，说明其判断矩阵具有满意的一致性。

第二步，美国竞技体育核心竞争力最底层次（反映主体层次）判断矩阵为：

$$B_1 = \begin{vmatrix} 1 & 1 & 3/5 & 3 & 3 & 3 \\ 1 & 1 & 3/5 & 3 & 3 & 3 \\ 5/3 & 5/3 & 1 & 5 & 5 & 5 \\ 1/3 & 1/3 & 1/5 & 1 & 1 & 1 \\ 1/3 & 1/3 & 1/5 & 1 & 1 & 1 \\ 1/3 & 1/3 & 1/5 & 1 & 1 & 1 \end{vmatrix}$$

矩阵 B_1 的特征方程为：

$$|\lambda I - B_1| = \begin{vmatrix} \lambda - 1 & -1 & -3/5 & -3 & -3 & -3 \\ -1 & \lambda - 1 & -3/5 & -3 & -3 & -3 \\ -5/3 & -5/3 & \lambda - 1 & -5 & -5 & -5 \\ -1/3 & -1/3 & -1/5 & \lambda - 1 & -1 & -1 \\ -1/3 & -1/3 & -1/5 & -1 & \lambda - 1 & -1 \\ -1/3 & -1/3 & -1/5 & -1 & -1 & \lambda - 1 \end{vmatrix} = 0$$

最后求解得 $\lambda_1 = 6$；$\lambda_2 = 0$（重根，具体数值如下）。

$$\frac{15^{(2/6)}}{5} + \frac{15^{(1/6)}}{3} + 1, -\frac{15^{(2/6)}}{10} - \frac{15^{(1/6)}}{6} + 1 + \frac{1}{2}I\sqrt{3} + \left(\frac{15^{(2/6)}}{5} - \frac{15^{(1/6)}}{3}\right), -\frac{15^{(2/6)}}{10} - \frac{15^{(1/6)}}{6} + 1 - \frac{1}{2}I\sqrt{3} + \left(\frac{15^{(2/6)}}{5} - \frac{15^{(1/6)}}{3}\right)$$

故：

$$CI = \frac{\lambda \max - n}{n - 1} = \frac{6 - 6}{6 - 1} = 0$$

$$CR = \frac{CI}{RI} = \frac{0}{1.26} = 0$$

根据层次分析法原理，美国竞技体育核心竞争力主体层次 B_1 判断矩阵的 $CR(0) < 0.10$，说明其判断矩阵具有满意的一致性。

第三步，美国竞技体育核心竞争力最底层次（反映支撑层次）判断矩阵为：

$$B_2 = \begin{vmatrix} 1 & 1 & 1/3 & 1/3 & 1/3 \\ 1 & 1 & 1/3 & 1/3 & 1/3 \\ 3 & 3 & 1 & 1 & 1 \\ 3 & 3 & 1 & 1 & 1 \\ 3 & 3 & 1 & 1 & 1 \end{vmatrix}$$

矩阵 B_2 的特征方程为：

$$|\lambda I - B_2| = \begin{vmatrix} \lambda-1 & -1 & -1/3 & -1/3 & -1/3 \\ -1 & \lambda-1 & -1/3 & -1/3 & -1/3 \\ -3 & -3 & \lambda-1 & -1 & -1 \\ -3 & -3 & -1 & \lambda-1 & -1 \\ -3 & -3 & -1 & -1 & \lambda-1 \end{vmatrix} = 0$$

最后求解得 $\lambda 1 = 5$；$\lambda 2 = 0$（重根，具体数值如下）。

$$\frac{75^{(1/5)}}{3} + \frac{75^{(2/5)}}{25} + 1, -\frac{75^{(1/5)}}{6} - \frac{75^{(2/5)}}{50} + 1 + \frac{1}{2}I\sqrt{3}\left(\frac{75^{(1/5)}}{3} - \frac{75^{(2/5)}}{25}\right), -\frac{75^{(1/5)}}{6} - \frac{75^{(2/5)}}{50} + 1 - \frac{1}{2}I\sqrt{3}\left(\frac{75^{(1/5)}}{3} - \frac{75^{(2/5)}}{25}\right)$$

故：

$$CI = \frac{\lambda \max - n}{n-1} = \frac{5-5}{5-1} = \frac{0}{4} = 0$$

$$CR = \frac{CI}{RI} = \frac{0}{1.12} = 0$$

根据层次分析法原理，美国竞技体育核心竞争力主体层次 B_2 判断矩阵的 $CR(0) < 0.10$，说明其判断矩阵具有满意的一致性。

（二）美国竞技体育核心竞争力总排序权重结果分析

从表 4.2.15 可以看出，就美国竞技体育核心竞争力而言，其主体层和支撑层所占权重分别为 0.700 和 0.300，与近几届奥运会美国主体层和支撑层所包含的金牌和奖牌项目获得情况吻合。

表 4.2.15　美国竞技体育核心竞争力中间层次单排序权重结果（方根法）

美国竞技体育核心竞争力	主体层	支撑层	列向量 B'	列向量 B' 开方
主体层	3	7/3	7	2.64
支撑层	3/7	3	9/7	1.13
归1权重向量	0.700	0.300		3.77

从表 4.2.16 可以看出，就美国竞技体育核心竞争力主体层而言，篮球（0.355）所占权重最高，近4届奥运会篮球项目总共设8枚金牌，而美国就获得其中的7枚，由此可见美国篮球具有超强的竞技实力。所占权重比较高的项目是游泳（0.214）和田径（0.214），近4届奥运会，游泳共获得53枚金牌、35枚银牌、36枚铜牌，田径共获得34枚金牌、38枚银牌、25枚铜牌，均表现出很强的整体实力。另外，垒球、网球、沙滩排球所占权重均为0.072，表现出一定的竞技实力。美国在篮球、游泳、田径项目上的霸主地位无人撼动，这使得其在奥运会上的强势地位一直得以保持，这与美国自下而上的竞技体育管理模式密不可分。[1]

从表 4.2.17 可以看出，就美国竞技体育核心竞争力支撑层而言，所占权重最高的是水球、足球、排球，所占权重均为0.273，其次是棒球和马术，所占权重均为0.091。近几届奥运会美国这些项目的金牌和奖牌获得情况也证明了美国水球、足球、排球具有较强的整体实力。

表 4.2.16　美国竞技体育核心竞争力最底层次（反映主体层次）单排序权重结果

主体层次	游泳	田径	篮球	垒球	网球	沙滩排球	列向量 B'	列向量 B' 开方
游泳	1	1	3/5	3	3	3	16.2000	1.583
田径	1	1	3/5	3	3	3	16.2000	1.583
篮球	5/3	5/3	1	5	5	5	348.6130	2.627
垒球	1/3	1/3	1/5	1	1	1	0.0222	0.534
网球	1/3	1/3	1/5	1	1	1	0.0222	0.534
沙滩排球	1/3	1/3	1/5	1	1	1	0.0222	0.534
归1权重向量	0.214	0.214	0.355	0.072	0.072	0.072		7.395

---

〔1〕　马向文：《中美俄20年奥运成绩变化及我国竞技体育战略抉择》，载《武汉体育学院学报》2010年第4期，第49～54页。

表 4.2.17　美国竞技体育核心竞争力最底层次（反映支撑层次）单排序权重结果

支撑层	棒球	马术	水球	足球	排球	列向量 B'	列向量 B' 开方
棒球	1	1	1/3	1/3	1/3	0.037	0.517
马术	1	1	1/3	1/3	1/3	0.037	0.517
水球	3	3	1	1	1	9.000	1.552
足球	3	3	1	1	1	9.000	1.552
排球	3	3	1	1	1	9.000	1.552
归 1 权重向量	0.091	0.091	0.273	0.273	0.273		5.690

从表 4.2.18 可以看出，就美国竞技体育核心竞争力而言，项目权重排序为：篮球（0.2485）＞游泳和田径（0.1498）＞水球、足球、排球（0.0819）＞垒球、网球、沙滩排球（0.0504）＞棒球和马术（0.0273）。美国竞技体育核心竞争力在世界竞技舞台上的霸主地位，一方面得益于美国竞技体育典型高效的社会管理型机制，市场机制的充分调节是使美国竞技体育充满活力的基本动因。政府的作用被限定在最小范围，在所有权、经营代理权、组织管理、训练经费投入及人才选拔机制、训练体系管理设置等方面，市场功效得到充分的展现和发挥，从而保证了美国各俱乐部联盟利益的最大化。另一方面，得益于其成熟的现代职业竞技体育环境，如职业化程度高的 NBA 市场和市场化程度高的棒球市场，高职业化和市场化的竞技体育环境促进了美国竞技体育良性、有序、健康发展。[1]

表 4.2.18　美国竞技体育核心竞争力总排序权重结果

	权重	游泳	田径	篮球	垒球	网球	沙滩排球	棒球	马术	水球	足球	排球
主体层	0.7000	0.2140	0.2140	0.3550	0.0720	0.0720	0.0720					
支撑层	0.3000							0.0910	0.0910	0.2730	0.2730	0.2730
总权重		0.1498	0.1498	0.2485	0.0504	0.0504	0.0504	0.0273	0.0273	0.0819	0.0819	0.0819

---

〔1〕 王宏江、刘青：《美国、澳大利亚和日本竞技体育管理模式研究》，载《成都体育学院学报》2007 年第 3 期，第 7～11 页。

五、俄罗斯竞技体育核心竞争力层次分析

(一) 俄罗斯竞技体育核心竞争力判断矩阵层次分析

根据俄罗斯竞技体育核心竞争力的定义，依据层次分析法构建原理，构建俄罗斯竞技体育核心竞争力架构表，如表 4.2.19 所示。

表 4.2.19　俄罗斯竞技体育核心竞争力架构表

目标层次	俄罗斯竞技体育核心竞争力	
中间层次	主体层	支撑层
最底层次	田径 摔跤 拳击 体操 排球 花样游泳	举重 蹦床 手球 网球 篮球 现代五项

根据近几届奥运会俄罗斯金牌和奖牌获得情况以及专家对俄罗斯竞技体育核心竞争力的调查结果反馈情况，遵循层次分析法的要旨和步骤，制作出俄罗斯竞技体育核心竞争力中间层次判断矩阵数值表、俄罗斯竞技体育核心竞争力主体层判断矩阵数值表、俄罗斯竞技体育核心竞争力支撑层判断矩阵数值表，如表 4.2.20、表 4.2.21、表 4.2.22 所示。

表 4.2.20　俄罗斯竞技体育核心竞争力中间层次判断矩阵 A 数值表

俄罗斯竞技体育核心竞争力	行码	主体层	支撑层
列码	$R_x B_x$	B_1	B_2
主体层	R_1	5	9/5
支撑层	R_2	5/9	5

表 4.2.21　俄罗斯竞技体育核心竞争力主体层判断矩阵 B_1 数值表

主体层	行码	田径	摔跤	拳击	体操	排球	花样游泳
列码	$R_x B_x$	B_1	B_2	B_3	B_4	B_5	B_6
田径	R_1	1	3/5	3/5	1	3	1
摔跤	R_2	5/3	1	1	5/3	5	5/3
拳击	R_3	5/3	1	1	5/3	5	5/3

续表 4.2.21

主体层	行码	田径	摔跤	拳击	体操	排球	花样游泳
体操	R_4	1	3/5	3/5	1	3	1
排球	R_5	1/3	1/5	1/5	1/3	1	1/3
花样游泳	R_6	1	3/5	3/5	1	3	1

表 4.2.22　俄罗斯竞技体育核心竞争力支撑层判断矩阵 B_2 数值表

支撑层	行码	举重	蹦床	手球	网球	篮球	现代五项
列码	R_xB_x	B_1	B_2	B_3	B_4	B_5	B_6
举重	R_1	1	5	5	5/3	5	5/3
蹦床	R_2	1/5	1	1	1/3	1	1/3
手球	R_3	1/5	1	1	1/3	1	1/3
网球	R_4	3/5	3	3	1	3	1
篮球	R_5	1/5	1	1	1/3	1	1/3
现代五项	R_6	3/5	3	3	1	3	1

为了检验俄罗斯竞技体育核心竞争力的科学性，我们必须对其进行层次分析，具体步骤如下：

第一步，俄罗斯竞技体育核心竞争力中间层次（反映俄罗斯竞技体育核心竞争力）判断矩阵为：

$$A = \begin{vmatrix} 5 & 9/5 \\ 5/9 & 5 \end{vmatrix}$$

矩阵 A 的特征方程为：

$$|\lambda I - A| = \begin{vmatrix} \lambda - 5 & -9/5 \\ -5/9 & \lambda - 5 \end{vmatrix} = 0$$

最后求解得 $\lambda_1 = 2$；$\lambda_2 = 0$。

故：

$$CI = \frac{\lambda \max - n}{n - 1} = \frac{2-2}{2-1} = 0$$

$$CR = \frac{CI}{RI} = \frac{0}{0.52} = 0$$

根据层次分析法原理，俄罗斯竞技体育核心竞争力中间层次 A 判断矩阵

的 $CR(0) < 0.10$，说明其判断矩阵具有满意的一致性。

第二步，俄罗斯竞技体育核心竞争力最底层次（反映主体层次）判断矩阵为：

$$B_1 = \begin{vmatrix} 1 & 3/5 & 3/5 & 1 & 3 & 1 \\ 5/3 & 1 & 1 & 5/3 & 5 & 5/3 \\ 5/3 & 1 & 1 & 5/3 & 5 & 5/3 \\ 1 & 3/5 & 3/5 & 1 & 3 & 1 \\ 1/3 & 1/5 & 1/5 & 1/3 & 1 & 1/3 \\ 1 & 3/5 & 3/5 & 1 & 3 & 1 \end{vmatrix}$$

矩阵 B_1 的特征方程为：

$$|\lambda I - B_1| = \begin{vmatrix} \lambda-1 & -3/5 & -3/5 & -1 & -3 & -1 \\ -5/3 & \lambda-1 & -1 & -5/3 & -5 & -5/3 \\ -5/3 & -1 & \lambda-1 & -5/3 & -5 & -5/3 \\ -1 & -3/5 & -3/5 & \lambda-1 & -3 & -1 \\ -1/3 & -1/5 & -1/5 & -1/3 & \lambda-1 & -1/3 \\ -1 & -3/5 & -3/5 & -1 & -3 & \lambda-1 \end{vmatrix} = 0$$

最后求解得 $\lambda 1 = 6$；$\lambda 2 = 0$（重根，具体数值如下）。

$\frac{75^{(1/5)}}{7} + \frac{75^{(2/5)}}{105} + 1, -\frac{75^{(1/5)}}{14} - \frac{75^{(2/5)}}{210} + 1 + \frac{1}{2}I\sqrt{3}\left(\frac{75^{(1/5)}}{7} - \frac{75^{(2/5)}}{105}\right), -\frac{75^{(1/5)}}{14} - \frac{75^{(2/5)}}{210} + 1 - \frac{1}{2}I\sqrt{3}\left(\frac{75^{(1/5)}}{7} - \frac{75^{(2/5)}}{105}\right)$

故：

$$CI = \frac{\lambda\max - n}{n-1} = \frac{6-6}{6-1} = 0$$

$$CR = \frac{CI}{RI} = \frac{0}{1.26} = 0$$

根据层次分析法原理，俄罗斯竞技体育核心竞争力主体层次 B_1 判断矩阵的 $CR(0) < 0.10$，说明其判断矩阵具有满意的一致性。

第三步，俄罗斯竞技体育核心竞争力最底层次（反映支撑层次）判断矩阵为：

$$B_2 = \begin{vmatrix} 1 & 5 & 5 & 5/3 & 5 & 5/3 \\ 1/5 & 1 & 1 & 1/3 & 1 & 1/3 \\ 1/5 & 1 & 1 & 1/3 & 1 & 1/3 \\ 3/5 & 3 & 3 & 1 & 3 & 1 \\ 1/5 & 1 & 1 & 1/3 & 1 & 1/3 \\ 3/5 & 3 & 3 & 1 & 3 & 1 \end{vmatrix}$$

矩阵 B_2 的特征方程为：

$$|\lambda I - B_2| = \begin{vmatrix} \lambda-1 & -5 & -5 & -5/3 & -5 & -5/3 \\ -1/5 & \lambda-1 & -1 & -1/3 & -1 & -1/3 \\ -1/5 & -1 & \lambda-1 & -1/3 & -1 & -1/3 \\ -3/5 & -3 & -3 & \lambda-1 & -3 & -1 \\ -1/5 & -1 & -1 & -1/3 & \lambda-1 & -1/3 \\ -3/5 & -3 & -3 & -1 & -3 & \lambda-1 \end{vmatrix} = 0$$

最后求解得 $\lambda 1 = 6$；$\lambda 2 = 0$（重根，具体数值如下）。

$\dfrac{85^{(2/5)}}{5} + \dfrac{85^{(1/5)}}{3} + 1, -\dfrac{85^{(2/5)}}{10} - \dfrac{85^{(1/5)}}{6} + 1 + \dfrac{1}{2}I\sqrt{3} + \left(\dfrac{85^{(2/5)}}{5} - \dfrac{85^{(1/5)}}{3}\right), -\dfrac{85^{(2/5)}}{10} - \dfrac{85^{(1/5)}}{6} + 1 - \dfrac{1}{2}I\sqrt{3}\left(\dfrac{85^{(2/5)}}{5} - \dfrac{85^{(1/5)}}{3}\right)$

故：

$$CI = \dfrac{\lambda \max - n}{n-1} = \dfrac{6-6}{6-1} = \dfrac{0}{5} = 0$$

$$CR = \dfrac{CI}{RI} = \dfrac{0}{1.26} = 0$$

根据层次分析法原理，俄罗斯竞技体育核心竞争力主体层次 B_2 判断矩阵的 $CR(0) < 0.10$，说明其判断矩阵具有满意的一致性。

（二）俄罗斯竞技体育核心竞争力总排序权重结果分析

从表 4.2.23 可知，就俄罗斯竞技体育核心竞争力而言，主体层所占权重为 0.642，而支撑层所占权重为 0.358。

表 4.2.23　俄罗斯竞技体育核心竞争力中间层次单排序权重结果（方根法）

俄罗斯竞技体育核心竞争力	主体层	支撑层	列向量 B'	列向量 B' 开方
主体层	5	9/5	9	3
支撑层	5/9	5	25/9	1.67
归 1 权重向量	0.642	0.358		4.67

从表 4.2.24 可知，就俄罗斯竞技体育核心竞争力主体层而言，各项目权重排序为：摔跤与拳击（0.249）>田径、体操与花样游泳（0.150）>排球（0.051）。近 4 届奥运会上，俄罗斯的摔跤、拳击、田径、体操、花样游泳、排球的金牌（奖牌）总数分别为 22（42）、8（22）、23（68）、13（39）、7（7）、1（6），权重排序与其在俄罗斯竞技体育中的贡献率和在该项目中的竞技地位相吻合。

表 4.2.24　俄罗斯竞技体育核心竞争力最底层次（反映主体层次）单排序权重结果

主体层次	田径	摔跤	拳击	体操	排球	花样游泳	列向量 B'	列向量 B' 开方
田径	1	3/5	3/5	1	3	1	1.0800	1.013
摔跤	5/3	1	1	5/3	5	5/3	23.2870	1.681
拳击	5/3	1	1	5/3	5	5/3	23.2870	1.681
体操	1	3/5	3/5	1	3	1	1.0800	1.013
排球	1/3	1/5	1/5	1/3	1	1/3	0.0015	0.342
花样游泳	1	3/5	3/5	1	3	1	1.0800	1.013
归1权重向量	0.150	0.249	0.249	0.150	0.051	0.150		6.743

从表 4.2.25 可知，就俄罗斯竞技体育核心竞争力支撑层而言，各项目权重排序为举重（0.355）＞网球与现代五项（0.214）＞蹦床、手球与篮球（0.072）。举重在俄罗斯竞技体育核心竞争力支撑层里面贡献最大，近 4 届奥运会，俄罗斯举重项目总共获得 1 枚金牌、12 枚银牌、11 枚铜牌，表现出较强的竞争实力。网球项目分别获得 2 枚金牌、3 枚银牌和 2 枚铜牌，现代五项则获得 3 枚金牌，这两个项目表现出较高的竞技实力。

表 4.2.25　俄罗斯竞技体育核心竞争力最底层次（反映支撑层次）单排序权重结果

支撑层次	举重	蹦床	手球	网球	篮球	现代五项	列向量 B'	列向量 B' 开方
举重	1	5	5	5/3	5	5/3	348.6130	2.627
蹦床	1/5	1	1	1/3	1	1/3	0.0222	0.534
手球	1/5	1	1	1/3	1	1/3	0.0222	0.534
网球	3/5	3	3	1	3	1	16.2000	1.583
篮球	1/5	1	1	1/3	1	1/3	0.0222	0.534
现代五项	3/5	3	3	1	3	1	16.2000	1.583
归1权重向量	0.355	0.072	0.072	0.214	0.072	0.214		7.395

从表 4.2.26 可知，就俄罗斯竞技体育核心竞争力而言，各项目权重排序为：摔跤与拳击（0.160）＞举重（0.127）＞田径、体操与花样游泳（0.096）＞网球与现代五项（0.077）＞排球（0.033）＞蹦床、手球与篮球（0.026）。在近 4 届奥运会上，摔跤、拳击、举重、田径、体操所获得的金牌与奖牌数量约占俄罗斯总体数量的 60.26%，其中以体能主导类项群的田径和举重与以格斗类项群的摔跤和拳击在俄罗斯竞技体育中的贡献尤为

突出，这些项目也一直被列为俄罗斯竞技体育的重点项目和绝对优势项目。这些年来，俄罗斯竞技体育并没有因为国家政治的大转折而持续下滑，正是由于其充分吸收了国家转型前后两个时期内有利于保持竞技体育平衡发展的各种有利因素[1]，从而有力保证了俄罗斯体能类项目与格斗类项目的整体竞技实力。

表4.2.26 俄罗斯竞技体育核心竞争力总排序权重结果

	权重	田径	摔跤	拳击	体操	排球	花样游泳	举重	蹦床	手球	网球	篮球	现代五项
主体层	0.642	0.150	0.249	0.249	0.150	0.051	0.150						
支撑层	0.358							0.355	0.072	0.072	0.214	0.072	0.214
总权重		0.096	0.160	0.160	0.096	0.033	0.096	0.127	0.026	0.026	0.077	0.026	0.077

六、德国竞技体育核心竞争力层次分析

根据德国竞技体育核心竞争力的定义，依据层次分析法构建原理，构建德国竞技体育核心竞争力架构表，如表4.2.27所示。

表4.2.27 德国竞技体育核心竞争力架构表

目标层次	德国竞技体育核心竞争力							
中间层次	主体层				支撑层			
最底层次	马术	皮划艇	自行车	赛艇	曲棍球	足球	击剑	铁人三项	柔道

（一）德国竞技体育核心竞争力判断矩阵层次分析

根据近几届奥运会德国金牌和奖牌获得情况以及专家对德国竞技体育核心竞争力的调查结果反馈情况，遵循层次分析法的要旨和步骤，制作出德国竞技体育核心竞争力中间层次判断矩阵数值表、德国竞技体育核心竞争力主体层判断矩阵数值表、德国竞技体育核心竞争力支撑层判断矩阵数值表，如表4.2.28、表4.2.29、表4.2.30所示。

---

〔1〕 马向文：《中美俄奥运成绩变化分析》，载《体育文化导刊》2010年第5期，第38～40页。

表4.2.28　德国竞技体育核心竞争力中间层次判断矩阵 A 数值表

德国竞技体育核心竞争力	行码	主体层	支撑层
列码	R_xB_x	B_1	B_2
主体层	R_1	5	7/5
支撑层	R_2	5/7	5

表4.2.29　德国竞技体育核心竞争力主体层判断矩阵 B_1 数值表

主体层	行码	马术	皮划艇	自行车	赛艇	曲棍球
列码	R_xB_x	B_1	B_2	B_3	B_4	B_5
马术	R_1	1	1	5/3	5/3	5/3
皮划艇	R_2	1	1	5/3	5/3	5/3
自行车	R_3	3/5	3/5	1	1	1
赛艇	R_4	3/5	3/5	1	1	1
曲棍球	R_5	3/5	3/5	1	1	1

表4.2.30　德国竞技体育核心竞争力支撑层判断矩阵 B_2 数值表

支撑层	行码	足球	击剑	铁人三项	柔道
列码	R_xB_x	B_1	B_2	B_3	B_4
足球	R_1	1	1/3	1	1/3
击剑	R_2	3	1	3	1
铁人三项	R_3	1	1/3	1	1/3
柔道	R_4	3	1	3	1

为了检验德国竞技体育核心竞争力的科学性，我们必须对其进行层次分析，具体步骤如下：

第一步，德国竞技体育核心竞争力中间层次（反映德国竞技体育核心竞争力）判断矩阵为：

$$A = \begin{vmatrix} 5 & 7/5 \\ 5/7 & 5 \end{vmatrix}$$

矩阵 A 的特征方程为：

$$|\lambda I - A| = \begin{vmatrix} \lambda - 5 & -7/5 \\ -5/7 & \lambda - 5 \end{vmatrix} = 0$$

最后求解得 $\lambda_1 = 2$；$\lambda_2 = 0$。

故：

$$CI = \frac{\lambda\max - n}{n - 1} = \frac{2 - 2}{2 - 1} = 0$$

$$CR = \frac{CI}{RI} = \frac{0}{0.52} = 0$$

根据层次分析法原理，德国竞技体育核心竞争力中间层次 A 判断矩阵的 $CR(0) < 0.10$，说明其判断矩阵具有满意的一致性。

第二步，德国竞技体育核心竞争力最底层次（反映主体层次）判断矩阵为：

$$B_1 = \begin{vmatrix} 1 & 1 & 5/3 & 5/3 & 5/3 \\ 1 & 1 & 5/3 & 5/3 & 5/3 \\ 3/5 & 3/5 & 1 & 1 & 1 \\ 3/5 & 3/5 & 1 & 1 & 1 \\ 3/5 & 3/5 & 1 & 1 & 1 \end{vmatrix}$$

矩阵 B_1 的特征方程为：

$$|\lambda I - B_1| = \begin{vmatrix} \lambda - 1 & -1 & -5/3 & -5/3 & -5/3 \\ -1 & \lambda - 1 & -5/3 & -5/3 & -5/3 \\ -3/5 & -3/5 & \lambda - 1 & -1 & -1 \\ -3/5 & -3/5 & -1 & \lambda - 1 & -1 \\ -3/5 & -3/5 & -1 & -1 & \lambda - 1 \end{vmatrix} = 0$$

最后求解得 $\lambda_1 = 5$；$\lambda_2 = 0$（重根，具体数值如下）。

$$\frac{25^{(2/5)}}{5} + \frac{25^{(1/5)}}{3} + 1, \ -\frac{25^{(2/5)}}{10} - \frac{25^{(1/5)}}{6} + 1 + \frac{1}{2}I\sqrt{3}\left(\frac{25^{(2/5)}}{5} - \frac{25^{(1/5)}}{3}\right), \ -\frac{25^{(2/5)}}{10} - \frac{25^{(1/5)}}{6} + 1 - \frac{1}{2}I\sqrt{3}\left(\frac{25^{(2/5)}}{5} - \frac{25^{(1/5)}}{3}\right)$$

故：

$$CI = \frac{\lambda\max - n}{n - 1} = \frac{5 - 5}{5 - 1} = 0$$

$$CR = \frac{CI}{RI} = \frac{0}{1.12} = 0$$

根据层次分析法原理，德国竞技体育核心竞争力主体层次 B_1 判断矩阵的 $CR(0) < 0.10$，说明其判断矩阵具有满意的一致性。

第三步，德国竞技体育核心竞争力最底层次（反映支撑层次）判断矩阵为：

$$B_2 = \begin{vmatrix} 1 & 1/3 & 1 & 1/3 \\ 3 & 1 & 3 & 1 \\ 1 & 1/3 & 1 & 1/3 \\ 3 & 1 & 3 & 1 \end{vmatrix}$$

矩阵 B_2 的特征方程为：

$$|\lambda I - B_2| = \begin{vmatrix} \lambda - 1 & -1/3 & -1 & -1/3 \\ -3 & \lambda - 1 & -3 & -1 \\ -1 & -1/3 & \lambda - 1 & -1/3 \\ -3 & -1 & -3 & \lambda - 1 \end{vmatrix} = 0$$

最后求解得 λ1 = 4；λ2 = 0（重根，具体数值如下）。

$$\frac{9^{(2/4)}}{5} + \frac{9^{(1/4)}}{3} + 1, -\frac{9^{(2/4)}}{10} - \frac{9^{(1/4)}}{6} + 1 + \frac{1}{2}I\sqrt{3} + \left(\frac{9^{(2/4)}}{5} - \frac{9^{(1/4)}}{3}\right), -\frac{9^{(2/4)}}{10} - \frac{9^{(1/4)}}{6} + 1 - \frac{1}{2}I\sqrt{3}\left(\frac{9^{(2/4)}}{5} - \frac{9^{(1/4)}}{3}\right)$$

故：

$$CI = \frac{\lambda \max - n}{n - 1} = \frac{4 - 4}{4 - 1} = \frac{0}{3} = 0$$

$$CR = \frac{CI}{RI} = \frac{0}{0.89} = 0$$

根据层次分析法原理，德国竞技体育核心竞争力主体层次 B_2 判断矩阵的 $CR(0) < 0.10$，说明其判断矩阵具有满意的一致性。

（二）德国竞技体育核心竞争力总排序权重结果分析

从表 4.2.31 可知，就德国竞技体育核心竞争力而言，主体层和支撑层所占权重分别为 0.583 和 0.417。

表 4.2.31　德国竞技体育核心竞争力中间层次单排序权重结果（方根法）

德国竞技体育核心竞争力	主体层	支撑层	列向量 B'	列向量 B' 开方
主体层	5	7/5	7	2.646
支撑层	5/7	5	25/7	1.890
归1权重向量	0.583	0.417		4.536

从表 4.2.32 可知，就德国竞技体育核心竞争力主体层而言，各项目权重排序为：马术与皮划艇（0.263）＞自行车、赛艇与曲棍球（0.158）。

表4.2.32 德国竞技体育核心竞争力最底层次（反映主体层次）单排序权重结果

主体层次	马术	皮划艇	自行车	赛艇	曲棍球	列向量 B'	列向量 B' 开方
马术	1	1	5/3	5/3	5/3	4.657	1.360
皮划艇	1	1	5/3	5/3	5/3	4.657	1.360
自行车	3/5	3/5	1	1	1	0.360	0.815
赛艇	3/5	3/5	1	1	1	0.360	0.815
曲棍球	3/5	3/5	1	1	1	0.360	0.815
归1权重向量	0.263	0.263	0.158	0.158	0.158		5.165

从表4.2.33可知，就德国竞技体育核心竞争力支撑层而言，各项目权重排序为：击剑与柔道（0.375）＞足球与铁人三项（0.125）。

表4.2.33 德国竞技体育核心竞争力最底层次（反映支撑层次）单排序权重结果

主体层次	足球	击剑	铁人三项	柔道	列向量 B'	列向量 B' 开方
足球	1	1/3	1	1/3	1/9	0.577
击剑	3	1	3	1	9	1.732
铁人三项	1	1/3	1	1/3	1/9	0.577
柔道	3	1	3	1	9	1.732
归1权重向量	0.125	0.375	0.125	0.375		4.618

从表4.2.34可知，就德国竞技体育核心竞争力总权重而言，各项目权重排序为：马术与皮划艇（0.158）＞击剑与柔道（0.153）＞自行车、赛艇与曲棍球（0.092）＞足球与铁人三项（0.052）。

表4.2.34 德国竞技体育核心竞争力总排序权重结果

	权重	马术	皮划艇	自行车	赛艇	曲棍球	足球	击剑	铁人三项	柔道
主体层	0.583	0.263	0.263	0.158	0.158	0.158				
支撑层	0.417						0.125	0.375	0.125	0.375
总权重		0.158	0.158	0.092	0.092	0.092	0.052	0.153	0.052	0.153

德国竞技体育一直以来都保持良好的发展态势。究其原因主要有几点：第一，德国竞技体育以推动社会发展为目的，依赖强大的教育、科研，并以学校、大众为支柱，将体育推向科学化的发展道路。第二，良好的全民体育

基础为德国竞技体育的发展提供了保障。德国社会的多元化和分散性带动了广泛、众多、自发的民间体育组织的发展，完善教育体系的建立促进了德国全民体育的有序健康发展。在德国人看来，只有大众身心健康才能铸造一个健康的民族和健康的国家。第三，德国政府不干涉体育的内部事务，自治模式的管理体制促进了德国竞技体育的有序发展。在德国，非商业化的体育场馆属于国家，只有俱乐部成员和非营利性的俱乐部才可以免费使用场地。德国竞技体育没有很多"特权"，俱乐部的模式体现了德国社会文化的一种公共精神，它提高了公民对社会公共生活和政治生活的参与能力。第四，德国竞技体育良好的持续发展态势得益于团队的整体合力和凝聚力。如主体层的皮划艇、马术、自行车、赛艇、曲棍球，都属于集体性项目。富有合力和整体纪律性的项目团队，其威力远远超出了本项目所能涵盖的范畴，折射出来的整体力量铸造长久持续的竞技实力，诠释了顽强的意志和团队的内涵，个体服从大局、崇尚团队作战的现代竞技比赛理念。[1]

第三节　中国竞技体育核心竞争力的验证与评价

一、中国竞技体育核心竞争力的实证检验思路与方法

本研究以中国竞技体育核心竞争力为验证对象，以反映主体层的项目（体操、蹦床、举重、跳水、乒乓球、羽毛球）和反映支撑层的项目（游泳、花样游泳、射击、跆拳道、射箭）在近 4 届单项锦标赛或个别项目在年度世界杯总决赛上所取得的成绩为检验标尺，对中国竞技体育核心竞争力中间层次和最底层次的重要程度进行分析，将其权重向量与中国竞技体育核心竞争力的层次分析结果进行对比，以验证本研究所界定的中国竞技体育核心竞争力的科学性与合理性，以验证中国竞技体育核心竞争力是否符合当前我国竞技体育的现实情况。

中国竞技体育核心竞争力的实证检验思路如下：将反映主体层的项目（体操、蹦床、举重、跳水、乒乓球、羽毛球）和反映支撑层的项目（游泳、花样游泳、射击、跆拳道、射箭）在近 4 届单项锦标赛或个别项目在

---

〔1〕 缪佳：《德国体育和竞技体育发展的特点研究》，载《体育与科学》2010 年第 6 期，第 68～70 页。

年度世界杯总决赛上所取得的成绩界定为一个灰色系统工程，运用灰色关联分析理论，通过对中国竞技体育核心竞争力最底层次的具体项目与其在近4届单项锦标赛或个别项目在年度世界杯总决赛上所取得的成绩的灰色关联度分析，计算出反映主体层的项目（体操、蹦床、举重、跳水、乒乓球、羽毛球）和反映支撑层的项目（游泳、花样游泳、射击、跆拳道、射箭）与中国竞技体育核心竞争力的具体关联程度，与中国竞技体育核心竞争力的层次分析结果进行对比，检验它们的大小排序是否一致。

灰色系统理论是一种研究少数据、贫乏信息不确定性问题的新方法，其研究对象是灰色系统。所谓灰色系统就是部分信息已知、部分信息未知的系统，它通常表现为系统因素不完全清楚，系统中因素之间的关系不完全明确，系统结构不完全知道，系统的运行机制与状态不完全明白。灰色关联分析法是将研究对象及影响因素的因子值视为一条线上的点，与根据待识别对象及影响因素的因子值所绘制的曲线进行比较，比较它们之间的贴近度，并分别量化，计算出研究对象与待识别对象各影响因素之间的贴近程度的关联度，通过比较各关联度的大小来判断待识别对象对研究对象的影响程度。灰色关联分析与数理统计学的回归分析存在四个方面的不同。第一，它们的理论基础不同，关联分析基于灰色系统理论的灰色过程，而回归分析基于概率论的随机过程。第二，分析方法不同，关联分析是进行因素间的相对变化的计算和比较，而回归分析是进行因素间各对数组数值之间的计算。第三，数据量不同，关联分析不要求太多的数据，而回归分析则必须有足够多的数据量。第四，关联分析主要研究系统的动态过程，而回归分析则以静态研究为主。[1]

本研究用灰色关联分析法对中国竞技体育核心竞争力进行实证检验，其理论依据如下：第一，中国竞技体育核心竞争力是一个相对动态的灰色系统；第二，反映主体层的项目（体操、蹦床、举重、跳水、乒乓球、羽毛球）和反映支撑层的项目（游泳、花样游泳、射击、跆拳道、射箭）在近4届单项锦标赛或个别项目在年度世界杯总决赛上所涉及的成绩数据不多；第三，这些项目与中国竞技体育核心竞争力的关系不是直线性关系，而是一种尚不十分明确的程度关系；第四，影响中国竞技体育核心竞争力的因素繁多，立足于运动成绩，反映竞技体育的本质属性，是检验中国竞技体育核心竞争力的重要手段。

灰色关联分析的步骤：第一步，建立母子序列函数；第二步，对原始数

---

[1] 邓万金、刘永东：《中国竞技体育核心竞争力与竞技体育成绩的关联分析》，载《北京体育大学学报》2011年第2期，第117～120页。

据进行均值化处理（统一量纲），包括对各组数据求其平均值、用所求平均值去除各个原始数据得均值化数列两个程序；第三步，计算各子序列与母序列在同一时刻的绝对差值，并列出对应差数列表；第四步，根据灰色关联系数公式 $L_{li(t)} = \dfrac{\Delta \min + \rho \Delta \max}{\Delta_{li(t)} + \rho \Delta \max}$ 求出关联系数；第五步，根据关联系数计算结果求出关联度。[1]

二、中国竞技体育核心竞争力的实证检验分析

中国竞技体育核心竞争力与反映主体层的项目（体操、蹦床、举重、跳水、乒乓球、羽毛球）和反映支撑层的项目（游泳、花样游泳、射击、跆拳道、射箭）在近4届单项锦标赛或个别项目在年度世界杯总决赛上所取得的成绩总分的灰色关联分析的步骤如下：

第一步，以反映主体层的项目（体操、蹦床、举重、跳水、乒乓球、羽毛球）和反映支撑层的项目（游泳、花样游泳、射击、跆拳道、射箭）在近4届单项锦标赛上或个别项目年度世界杯总决赛上所取得的成绩总分作为子序列，以中国竞技体育核心竞争力各单项在近4届世界锦标赛和个别项目在年度世界杯总决赛上所取得的成绩总分作为母序列建立函数。（如表4.3.1所示）

表4.3.1 中国竞技体育核心竞争力（M）与各项目成绩母子序列表（2007—2013年）

年份	M	体操 N_S^{GB}	蹦床 N_S^{GB}	举重 N_S^{GB}	跳水 N_S^{GB}	乒乓球 N_S^{GB}	羽毛球 N_S^{GB}	游泳 N_S^{GB}	花样游泳 N_S^{GB}	射击 N_S^{GB}	跆拳道 N_S^{GB}	射箭 N_S^{GB}
2007	920	97_2^{51}	50_1^{30}	145_4^{71}	171_4^{91}	176_5^{73}	101_2^{34}	21_1^{01}	0_0^{00}	91_2^{33}	36_0^{21}	32_2^{01}
2009	1148	110_2^{61}	83_4^{30}	154_3^{73}	165_4^{73}	160_5^{54}	105_3^{42}	114_4^{44}	51_1^{04}	105_3^{42}	58_2^{21}	43_3^{01}
2011	1260	137_5^{43}	147_3^{81}	152_3^{63}	174_4^{100}	150_5^{53}	106_3^{53}	157_5^{57}	76_1^{01}	89_3^{23}	48_2^{20}	24_1^{10}
2013	972	26_0^{20}	94_4^{42}	138_1^{91}	159_2^{92}	133_5^{35}	88_2^{24}	107_2^{52}	44_4^{00}	128_3^{53}	21_1^{01}	34_1^{11}

备注：M代表中国竞技体育核心竞争力总分值；N代表单项成绩总分；G、S、B分别代表金牌、银牌、铜牌；体操、蹦床、举重、跳水、乒乓球、羽毛球、游泳、花样游泳、跆拳道9个项目以世界锦标赛为统计依据，而射击和射箭项目因其锦标赛赛制连续性不够，故本研究取其年度世界杯总决赛为统计依据，为了统计的一致性，均以近4届的奇数年锦标赛和年度世界杯总决赛为统计依据。

---

[1] 邓万金、刘永东：《中国竞技体育核心竞争力与竞技体育成绩的关联分析》，载《北京体育大学学报》2011年第2期，第117～120页。

为了研究的一致性和科学性，各项目成绩以在世界锦标赛上取得的金牌和奖牌（反映真正竞争实力）以及个别项目在年度世界杯总决赛上所取得的金牌和奖牌（反映真正竞争实力）作为统计依据，各项目计分标准按照其竞赛规程执行，即金牌、银牌、铜牌分别按13分、11分、10分计算。

第二步，对近4届锦标赛或个别项目年度世界杯总决赛中国竞技体育核心竞争力总分值和各单项成绩总分进行均值化处理。先求各组数据的平均值，然后用所求均值去除各个原始数据得均值化数列。（如表4.3.2所示）

表4.3.2 中国竞技体育核心竞争力（M）与各项目成绩均值化数列表（2007—2013年）

年份	M	体操	蹦床	举重	跳水	乒乓球	羽毛球	游泳	花样游泳	射击	跆拳道	射箭
2007	0.856	1.160	0.598	1.734	2.045	2.104	1.208	0.251	0.000	1.088	0.430	0.383
2009	1.068	1.054	0.795	1.476	1.581	1.533	1.006	1.092	0.489	1.006	0.556	0.412
2011	1.172	1.196	1.283	1.327	1.519	1.310	0.925	1.371	0.663	0.777	0.419	0.210
2013	0.904	0.290	1.060	1.560	1.800	1.510	1.000	1.210	0.500	1.450	0.240	0.380

第三步，计算子序列（各项目均值化数）与母序列（中国竞技体育核心竞争力均值化数）在同一时刻的绝对差值，并列出对应差数列表。（如表4.3.3所示）

表4.3.3 子序列与母序列在同一时刻的绝对差值数列表（2007—2013年）

年份	体操	蹦床	举重	跳水	乒乓球	羽毛球	游泳	花样游泳	射击	跆拳道	射箭
2007	0.304	0.258	0.878	1.189	1.248	0.352	0.605	0.856	0.232	0.426	0.473
2009	0.014	0.273	0.408	0.513	0.465	0.062	0.024	0.579	0.062	0.512	0.656
2011	0.024	0.111	0.155	0.347	0.138	0.247	0.199	0.509	0.395	0.753	0.962
2013	0.610	0.160	0.658	0.895	0.601	0.092	0.307	0.406	0.545	0.666	0.519

第四步，将上表中的 $\Delta_{li(t)}$（相应差数）、$\Delta\min$（最小差数）和 $\Delta\max$（最大差数）代入灰色关联系数计算公式，即：

$$L_{li(t)} = \frac{\Delta\min + \rho\Delta\max}{\Delta_{li(t)} + \rho\Delta\max}$$

其中，$\Delta\min = 0.014$，$\Delta\max = 1.248$，$\rho = 0.1$，计算出灰色关联系数。（如表4.3.4所示）

表4.3.4　中国竞技体育核心竞争力与各项目的灰色关联系数表（2007—2013年）

年份	体操	蹦床	举重	跳水	乒乓球	羽毛球	游泳	花样游泳	射击	跆拳道	射箭
2007	0.324	0.362	0.638	0.706	0.701	0.641	0.190	0.142	0.389	0.252	0.232
2009	1.000	0.349	0.561	0.618	0.635	0.723	0.931	0.197	0.743	0.218	0.378
2011	0.933	0.588	0.596	0.594	0.529	0.674	0.429	0.219	0.267	0.158	0.328
2013	0.189	0.488	0.677	0.636	0.891	0.641	0.322	0.261	0.207	0.175	0.216

第五步，求灰色关联度。

将2007—2013年中国竞技体育核心竞争力各项目的关联系数相加并平均，即得2007—2013年中国竞技体育核心竞争力各项目与中国竞技体育核心竞争力总分的灰色关联度；将隶属中国竞技体育核心竞争力中间层次下面的各项目灰色关联度求和并平均，即得主体层、支撑层与中国竞技体育核心竞争力的灰色关联度。（如表4.3.5所示）

表4.3.5　中国竞技体育核心竞争力各项目与中国竞技体育核心竞争力总分的灰色关联度表

中间层次	主体层						支撑层				
关联度	体操	蹦床	举重	跳水	乒乓球	羽毛球	游泳	花样游泳	射击	跆拳道	射箭
$L_{最底层}$	0.612	0.447	0.618	0.638	0.689	0.670	0.468	0.205	0.402	0.201	0.288
$L_{中间层}$	0.612						0.313				

从表4.3.5可知，我国竞技体育各项目对中国竞技体育核心竞争力的灰色关联度排序为：乒乓球（0.689）＞羽毛球（0.670）＞跳水（0.638）＞举重（0.618）＞体操（0.612）＞游泳（0.468）＞蹦床（0.447）＞射击（0.402）＞射箭（0.288）＞花样游泳（0.205）＞跆拳道（0.201）。反映主体层的体操、蹦床、跳水、举重、乒乓球、羽毛球和反映支撑层的游泳、花样游泳、射击、跆拳道、射箭对中国竞技体育核心竞争力的灰色关联度排序与各项目对中国竞技体育核心竞争力重要程度的层次分析结果的排序基本一致，但射击与游泳的关联分析结果排序靠前，乒乓球、羽毛球、跳水的关联分析结果显示出其重要程度比较突出。究其原因主要如下几方面：第一，层次分析以第27—30届奥运会为统计依据，时间跨度为12年；而关联分析以2007—2013年的世界锦标赛为统计依据，时间跨度为6年。因此，统计数据的不一致性在某种程度上导致了结果的部分不一致性。第二，在2008

年奥运会后，我国竞技体育整体实力取得了重大突破，个别项目竞技水平取得了快速提高，游泳和射击出现了高水平的领头式运动员，从而带动和促进了整个项目实力的提升。因此，以2007—2013年的世界锦标赛为统计依据，在一定程度上更加客观反映了我国竞技体育的现实情况和现有水平。第三，在第27—28届奥运会上，作为以奥运会金牌为主流评价体系的竞技体育实行的是以突出优势项目为重点的奥运战略计划，而在第29—30届奥运会上（时间节点与2007—2013年的世界锦标赛基本吻合），我国竞技体育实行的优势项目与潜优势项目分级布局与各省市实行的分层布局在很大程度上提高了我国竞技体育各项目的实力水平。分级布局即一级优势项目为乒乓球、蹦床、羽毛球、跳水，二级优势项目为射箭、举重，三级优势项目为游泳、射击；一级潜优势项目为跆拳道、击剑、柔道，二级潜优势项目为帆船帆板、皮划艇、赛艇。分层布局即优势项目的重点布局单位：乒乓球在北京，羽毛球在解放军、江苏，跳水在解放军、广东、山东，射箭在山西、内蒙古，举重在湖南、解放军。潜优势项目的重点布局单位：跆拳道在山东、江西，击剑在江苏，柔道在广东、山西，皮划艇在广东，游泳在上海、浙江、山东。分级布局与分层布局组合的竞技体育发展战略全面地带动了我国竞技体育的发展和整体实力的提高。[1] 第四，个别项目的世界锦标赛和年度世界杯总决赛与奥运会比赛项目的设项略有不同，如乒乓球在锦标赛上增加了团体比赛和混合团体比赛，跳水增加了男女1米板项目，蹦床增加了网上团体比赛，射箭增设了反曲弓混合团体赛，花样游泳增设了集体自由组合和集体自由自选。项目的增设可能会在一定程度上对数据统计产生影响，但在整体上还是比较客观地反映了项目的竞技水平。第五，由于个别项目在统计时以年度世界杯总决赛为依据，射击和射箭项目的世界杯比赛，由于其年度比赛里面有多个分站比赛，参加多次赛事引起的疲劳在一定程度上将影响运动员在年度世界杯总决赛上的成绩发挥，最终导致射击和射箭以年度世界杯总决赛为依据统计的数据略有影响，但统计数据在整体上能比较客观地反映其应有的真实整体水平，对检验其与中国竞技体育核心竞争力的内在联系不会有影响。

中间层次对中国竞技体育核心竞争力的灰色关联度排序为：主体层（0.612）＞支撑层（0.313）。这与中间层次对中国竞技体育核心竞争力重要程度的层次分析结果排序完全一致。由此可以看出，反映主体层的体操、蹦床、跳水、举重、乒乓球、羽毛球确实是我国竞技体育核心竞争力的构建主体，这些项目整体合力在较大程度上影响着我国竞技体育核心竞争力的水平。

---

〔1〕 张元文：《我国备战第30届伦敦奥运会项目布局研究》，载《中国体育科技》2010年第4期，第90～98页。

结合2007—2013年中国竞技体育成绩在世界锦标赛和个别项目在年度世界杯总决赛上的成绩，依据灰色关联度理论，围绕反映主体层的体操、蹦床、跳水、举重、乒乓球、羽毛球和反映支撑层的游泳、花样游泳、射击、跆拳道、射箭对中国竞技体育核心竞争力的关联程度进行分析，研究结果表明中国竞技体育核心竞争力具有较强的客观性和科学性。

第四节　中国竞技体育核心竞争力动态链管理体系构建

一、中国竞技体育核心竞争力内部要素分析

竞技体操是固定组合的多元结构的表现难美性技能主导类运动项目。其特点是突出技术的难度价值（增加翻转的周数和度数，减少高难度的预备动作，发展新动作类型等），同时强调动作质量，注重艺术修养。它对运动员的形体和基本姿态有着严格的要求。翻腾、飞行、平衡、静止等在竞技体操中，裁判评判集中在姿态和造型的优美上，运动员完成的单个动作或成套动作都要求准确、协调、幅度大、节奏感强，力求不出现勾、屈、分、晃、歪等动作，每个动作都必须符合特定的技术要求，严格控制身体各个关节和部位。运动员头胸的姿态显示形体的神采，腰肢的折转显示形体的活力，手足的伸展显示形体的意趣。身体的各个部分表现的重点既有不同，又互相联系，要协调发挥、有机结合。[1]

蹦床是运动员利用网床反弹表现杂技技巧的竞技运动，素有"空中芭蕾"之称。蹦床动作的高度准确性、复杂性、协调性和表现的艺术性，客观地决定了蹦床运动的风险性和观赏性。[2] "高、难、准、稳、美"是蹦床比赛制胜的主要因素，"准、稳、美"是蹦床技术的基础和保障，"高"是蹦床动作技术发展的必然，"难"是蹦床运动技术的根本，"高"与"难"存在着辩证的对立与统一关系。[3]

举重属于体能主导类快速力量型项目，其遵行"近、快、低、准"技

---

［1］　乔辰沐：《体操的特点》，http://zhidao.baidu.com/。
［2］　矫镇红：《对我国优秀女子蹦床运动员专项身体素质结构及评价标准的研究》，载《体育科学》2006年第10期，第59～64页。
［3］　朱礼金：《训练学视角下蹦床比赛制胜规律的哲学思考与层次解析》，载《中国体育科技》2013年第5期，第35～42页。

术原则。"近"指在举杠铃过程中，人体重心和杠铃重心的运动轨迹与两脚构成的支撑面中心的垂直线应尽量接近。"快"指杠铃应呈加速运动，在发力阶段杠铃应达到最大的速度。"低"指在保证用力的前提下，应尽量缩短杠铃的行程。"准"指肌肉用力要协调以产生最大的功效。最终要表现出"省力"和"稳固支撑"的技术特点。[1] 举重项目强调整体竞技能力全面均衡的发展和局部竞技能力的超前发展，重视协同肌群和小肌群力量的协同发展；"高强度、快节奏、多课次、密密度"是举重的现代训练理念。[2]

跳水属于技能主导类表现难美性项群运动，要求运动员在比赛中完成高难度的精彩动作。跳水动作由起跳、连接、翻腾或转体、看目标打开、打开后的控制、入水、压水花7个环节组成。[3] 下肢关节相对肌力矩水平高是完成高难跳台技术的基础之一；下肢各关节屈伸比值低，伸肌群力量明显大于屈肌群；动员髋关节快速屈伸的肌群的比例相对较高，而膝和踝关节快速屈伸时动员的肌群相对较少；膝关节左、右侧伸肌群力量接近，髋关节左侧大于右侧。[4] 目前跳水技术风格追求"难、稳、美、全"，稳定发挥高难度动作一直是当今选手追求的目标，"板台兼修"的"两条腿走路"已被认可和接受。[5]

乒乓球运动是技能主导类项目，它通过击球的速度、力量、旋转、弧线、落点等要素实现。技术、战术、运动素质、心理智力等最终以击球时间和空间特征表现出来。"快、准、狠、变、转、活"是其重要的制胜因素，提高制胜因素的单个水平和组合水平是取得胜利的重要保证。乒乓球比赛突出的是全方位较量和立体作战，注重近台、中台和远台的对抗能力。执行立体空间作战理念，强调全面技术，注重前三板的组合质量与进攻效率，力求发挥近台的快攻能力，强调中远台的旋转、节奏与落点，注重进攻与防守技术的即刻转换。[6]

---

〔1〕李永坤、孙晓鹏：《中国女子竞技举重运动技术发展的现状及趋势》，载《广州体育学院学报》2001年第1期，第107～109页。

〔2〕罗陵、谢勇：《国家举重队"科技攻关模式"的理论构建》，载《广州体育学院学报》2006年第3期，第7～60页。

〔3〕徐洁：《跳水运动基本技术训练方法的探讨》，载《南京体育学院学报（自然科学版）》2005年第2期，第49～50页。

〔4〕师玉涛、刘颖、马馨等：《我国优秀10m跳台男子运动员下肢肌肉力量特征研究》，载《中国体育科技》2010年第3期，第54～56页。

〔5〕中国新闻网：《"板台兼修"或成中国跳水队未来发展趋势》，http：//www.chinanews.com/ty/2014/07－21/6409362.shtml。

〔6〕唐建军：《乒乓球技术学习：理论解释与实际应用》，载《北京体育大学学报》2006年第2期，第259～261页。

羽毛球是一项动作精细、技战术复杂多变、对抗激烈的竞技项目，在比赛过程中，存在着攻守瞬时转换，即主动与被动、进攻与防守的瞬间转换，讲究不同线路、不同速度、不同旋转的技术组合，以达到球直接落入对方场区或迫使对方失误的目的，讲求控球的线路、速度、落点、一致性和"欺骗"性。讲究"以我为主、以快为主、以攻为主"的比赛理念，突出"快、狠、准、活、全"的技术风格。[1]

游泳属于体能主导类项目，它既要求技术符合水的特性，根据流体力学原理减小游进时的阻力，增大推进力，又要求技术必须符合人体解剖学和生理学特点，充分利用人体机能能力发挥运动能力。高肘屈臂划水是游泳技术的重要特点之一；重视技术的效果和良好的动作节奏，保持符合自身的划频与划幅的整体协调能力；讲究身体的流线型以及保持水平的身体姿势和侧向直线性，流线型即指"平、直、尖、紧、高"。[2][3][4]

花样游泳是一项具有优雅艺术性的需要力量和技巧配合的竞技运动项目，由游泳、技巧、舞蹈和音乐编排而成，有"水中芭蕾"之称。竞技比赛过程中，它不仅要求运动员有优秀的体能素质、高水平的专项能力和较强的艺术表现力，还要求整套动作有着较高的难度和流畅性，编排和音乐要表现出力量、速度与美的完美结合。由于在水中无任何支撑点，不仅要进行游泳、踩水等动作，还需要在憋气的情况下完成各种复杂的跃起、旋转、托举等高难度动作，最终达到正确的划手、踩水技术和身体控制的有机结合。当前花样游泳朝着"更高、更快、更大"趋势发展，即高动作水位、高托举位置、快速度、快节奏、快变换，大动作难度、大编排强度。因此，花样游泳运动员需要很强的包括形态、灵敏、柔韧、协调、力量、速度、耐力、乐感、艺术表现力的综合素质。[5][6][7]

---

[1] 孙俊：《对羽毛球运动项目制胜规律的探讨》，载《南京体育学院学报（自然科学版）》2007年第1期，第60～62页。

[2] 林洪、阎超、何枫等：《游泳运动技术优化与创新的研究》，载《体育科学》2006年第4期，第40～57页。

[3] 孙启元：《现代游泳技术训练发展方向》，载《佳木斯教育学院学报》2013年第10期，第407～408页。

[4] 隋文杰、邱华丽、王学峰：《对游泳专项运动特征的研究》，载《湖北体育科技》2010年第4期，第445～446页。

[5] 张莉清、刘大庆、李建：《花样游泳项目专项特点的研究》，载《北京体育大学学报》2013年第9期，第118～124页。

[6] 李跃敏、贺晓初：《花样游泳运动体能训练方法初探》，载《体育与科学》2010年第5期，第86～89页。

[7] 徐建方、张晓欢、冯连世等：《训练监控方法与手段在花样游泳项目中的应用》，载《中国体育科技》2012年第5期，第53～62页。

射击属于表现准确性技能主导类运动项目,具有"以我为主、动中求静、静中求稳、稳中求准"的特性。其不仅要求运动员具有高度的灵活性和一致性,还要求运动员转换速度快和神经灵活性高。射击包括步枪和手枪两类项目,步枪靠运动员的竖背肌来完成,突出精准;手枪要求运动员大脑皮层具有极高控制能力,使核心区肌肉与髋关节协调一致。射击项目在无支撑状态下,在"稳定"的前提下靠神经系统肌肉协调性完成连贯性技术动作;手枪项目更是要求无支撑的独立站立并单手持枪,从而对各关节固定的要求更高。核心力量训练的稳定躯体、传输能量等作用,不稳定的平衡能力训练的增进大脑和小脑神经肌肉的支配能力与增加关节周围肌肉和韧带的稳定性等功能,已经成为射击教练和运动员的共识。"稳、准"是射击项目永不变的核心。[1][2]

跆拳道是一种主要使用手及脚进行格斗或对抗的竞技运动项目,它属于技能主导类格斗对抗性项群。其有内动打抢攻、小动打迎击、大动打反击等行动策略,内动打抢攻、小动打迎击是主动进攻的打法,大动打反击是防守反击的打法,内动打抢攻、小动打迎击是跆拳道技能训练的重中之重。其有主动进攻、防守反击、杀伤战术、边角战术等战术;"技战术的多样性与多变性"、"技战术一体化"和"攻防反一体化"是跆拳道必然的发展趋势。[3][4][5]

射箭是通过食指、中指、无名指三个手指作用于弓弦,弓弦作用于箭,使箭向前运动的竞技运动项目,它属于表现准确性技能主导类运动项目。"挽弓当挽强"、"引而不发,跃如也"、"端身如干,直臂如枝"等都是射箭稳定性的描述。其制胜因素由"准"、"稳"、"快"构成,其中"准"的支撑条件为着点准确、用力准确、判断准确、控制准确;"稳"的支撑条件为技术稳、体能稳、心理稳、器械稳;"快"的支撑条件为发射快、技术流畅简洁、应变快、思维转换快、进入发射状态快。"准"是核心因素,"稳"

---

[1] 卢刚:《核心区力量训练作为射击项目主要体能训练手段的研究》,载《广州体育学院学报》2010年第6期,第61～63页。

[2] 袁守龙:《对全运会周期射击赛事制度改革后训练学因素变化的研究》,载《北京体育大学学报》2005年第9期,第1267～1269页。

[3] 贾富池、李立、张忠新等:《我国跆拳道运动研究述评》,载《河北体育学院学报》2010年第3期,第69～73页。

[4] 张会景:《我国跆拳道优秀女选手历届奥运会技、战术特征研究》,载《北京体育大学学报》2011年第8期,第126～128页。

[5] 付超、潜沉香:《从第29届奥运会看竞技跆拳道的发展》,载《广州体育学院学报》2010年第1期,第73～77页。

是基础因素,"快"是关键因素,三者相互制约、相互促进、相互交融。[1][2]

二、中国竞技体育核心竞争力动态链分析

作为一个国家,竞技体育内外部因素的把握能力,是决定其能否实现竞技实力可持续拥有优势的深层次因素。本研究以涉及竞技体育核心竞争力的元素为基础,从竞技体育内外部2个维度分析核心竞争力的影响因素。

(一)基于外部管理链的元素分析

涉及影响我国竞技体育核心竞争力的外部管理链元素包括体坛格局演变、竞赛形势演变、其他强国技战术演变、设项与规则演变。

第一,体坛格局演变。在第27届奥运会上,中国竞技体育向世界展示了强劲的发展势头,中国首次跻身金牌榜前三位,显示着我国在奥林匹克运动中扮演着重要角色。德国在第27届奥运会中的成绩下滑,打破了28年不变的美国、俄罗斯、德国三足鼎立的传统格局。美国竞技体育整体实力继续领先,俄罗斯、中国、德国将成为未来世界体坛的主流。在第28届奥运会上,中国取代俄罗斯金牌榜第二的位置,世界体坛格局发生转变。美国虽然捍卫了奥运金牌霸主的地位,但绝对优势在逐渐减弱;中国已经跨入第一集团行列,并呈现出赶超美国的竞技实力。世界体坛演变的新格局打破了以往把美、俄划分为第一集团,把中国、澳大利亚等10国列为第二集团,将其余国家和地区归为第三集团的分类法。在第29届奥运会上,传统强队俄罗斯在金牌和奖牌数上都被甩到了第三,而且和中美差距明显。英国在金牌榜的位置从上届的第10(9金)突然跃升到第4(19金)。中国军团的金牌和奖牌范围再次扩张,有17个大项获金牌,25个大项共获得奖牌100枚,夺金面和夺牌面是所有国家中最多、最广的。在传统优势项目上,整体实力全部得到了巩固和强化。体操、举重、跳水、射击、乒乓球、羽毛球和柔道七项的金牌总数比上届多16枚。在这一届奥运会上,我国逐渐坐稳了奥运会金牌大国的位置,初步形成中美领衔的新体坛格局。在第30届奥运会上,美国体育代表团凭借雄厚的实力以46枚金牌、29枚银牌、29枚铜牌的成绩

---

[1] 范凯斌:《射箭运动核心竞技力研究》,载《体育文化导刊》2009年第8期,第58~60页。

[2] 王三保、刘大庆:《射箭项目制胜因素理论解析》,载《北京体育大学学报》2012年第10期,第127~133页。

在金牌榜和奖牌榜上名列榜首。中国体育代表团最终以38枚金牌、27枚银牌、22枚铜牌，奖牌总数87枚的优异成绩，取得金牌榜和奖牌榜第二名。东道主英国队以29枚金牌、17枚银牌、19枚铜牌的成绩位居金牌榜和奖牌榜第三。取得金牌榜第四名至第六名的国家依次是俄罗斯、韩国、德国。在这一届奥运会上，我国传统优势项目发挥正常，乒乓球、羽毛球、跳水、体操、举重、射击、蹦床等项目共获得27枚金牌，占金牌总数的71%。潜优势项目如帆船、击剑、拳击、跆拳道、自行车、花样游泳、射箭、摔跤等共获得5金7银6铜。特别是基础大项游泳、田径取得明显进步，共获得6金2银7铜，占金牌总数的16%。在这一届奥运会，我国在11个大项上获得了金牌，17个大项73个小项上获得了奖牌；有8个项目是首次获得奥运会金牌，17个项目首次获得奥运会奖牌，实现了历史性的突破。

第二，竞赛形势演变。第27届奥运会，欧洲在皮划艇、赛艇、击剑、自行车等项目上几乎处于垄断地位，其他大部分项目都具有较为明显的优势；亚洲在跳水、乒乓球、射箭、羽毛球、举重、柔道和跆拳道等项目上具有明显优势；美洲的田径、游泳、摔跤、拳击、网球等项目具有较强实力；大洋洲和非洲除了分别在游泳和田径上有所表现外，其他极大部分项目处于劣势。[1] 第28届奥运会，欧洲在测量类项目群体上实力雄厚，美国、俄罗斯、澳大利亚和德国有着较强竞技实力。亚洲在得分类项目群体上实力明显，我国在该群体上名列前茅，女子竞技实力明显强于男子。欧洲在设防型命中类项目群体上占据主导地位，我国在无防型命中类项目群体上优势明显。我国在评分类项目群体上拥有强悍的竞技实力。我国女子在制胜类项目群体上竞技实力较为强盛。[2] 第29届奥运会，奖（金）牌总数区域排序为：欧洲＞亚洲＞美洲＞大洋洲＞非洲。欧洲在马术、击剑、赛艇、皮划艇等项目上优势突出；亚洲在乒乓球、羽毛球、跳水、射箭、举重、柔道等项目上表现突出；美洲在游泳、田径、皮划艇、篮球、足球五个项目上显示较强实力；大洋洲保持了在游泳某些项目上的优势，并在帆船、赛艇项目上取得进步；非洲国家在田径的中长跑项目上表现突出，其他项目劣势明显。中国在羽毛球、乒乓球、跳水、体操、举重等传统优势项目上进一步凸显强劲实力，射击、柔道、射箭、赛艇、帆船、蹦床、拳击等潜优势项目取得明显

---

[1] 潘慧文、隗金水、邱燕春：《第27届奥运会金牌统计分析》，载《广州体育学院学报》2002年第3期，第17～20页。

[2] 宋卫：《第28届奥运会各项目群体等级区域竞技格局研究》，载《安徽体育科技》2007年第2期，第12～16页。

突破和进步。[1] 第 30 届奥运会,欧洲总体实力仍然雄厚,亚洲竞技体育实力进步明显,英国首次跃居金牌榜前三的位置。美国在田径、游泳等速度加耐力项目,俄罗斯在摔跤、花样游泳等技术性强的项目,中国队在乒乓球、羽毛球、体操、跳水等技巧性强而非对抗性的项目,德国在自行车、马术、皮划艇等项目上保持明显的优势。我国的潜优势项目帆船、击剑、跆拳道、拳击、自行车、花样游泳等项目取得了一定的突破与新的进展;基础大项田径和游泳实现重大突破,共获得 6 金 2 银 8 铜,占金牌总数的 16%。[2] 纵观近 4 届奥运会的竞赛形势,奥运竞技舞台竞争趋向白热化,我国传统优势项目举重受到亚洲等国的挑战与威胁,体操面临俄罗斯的严重威胁。

第三,其他强国技战术演变。当前,各国选手在奥运会舞台上大展身手,技战术不断创新和演变,难度不断增加。如蹦床,"难"主要是指蹦床动作的难度和成套动作的难度值,它涉及动作难度和难度动作连接两个层面,其成绩由完成质量分、动作难度分和空中飞行的时间分构成,成套动作的难度值则由 10 个动作的难度值之和组成。因此,当前各国选手不断地使用和创新更多、更高的难度动作,以增加难度总分。高难度动作使用数量的增多,高难度动作连接就相应增加,难度连接不但有简单动作与简单动作的连接,而且有简单动作与高难度动作的连接,高难度动作与高难度的动作连接在比赛过程中也偶有不少选手采用。[3] 又如跳水,同一类型的动作屈体难度大于抱膝,因为屈体的翻转半径较大;同一类型的动作,方向决定难度,反身难度最大,其次是向后、向内、向前;相同的动作,在跳台上做的难度要低于跳板上做。2009 年开始,国际游泳联合会对跳水动作难度做出更改,最主要的改变是提倡 4 周半的空翻及 3 周或以上的转体,难度系数表出现 4.0 或以上的难度。而目前,随着跳水规则的不断改革和对难度要求的不断增加,各国选手现正朝着高难度动作方向发展,墨西哥选手的 409C 动作,难度达到 4.2。墨西哥、美国、俄罗斯等跳水强国选手的难度不断增加对我国跳水提出了不小的挑战。体操项目的难度也不断在创新,如团身前空翻越杠再抓杠的"莫慧兰空翻"、"刘璇单臂大回环"、腹回环绷杠团身后空翻转体 360 度下的"马燕红下"、前手翻直体前空翻转体 180 度的"王惠莹

---

[1] 王强、马志君:《第 29 届奥运会奖牌分布特征研究》,载《牡丹江师范学院学报(自然科学版)》2012 年第 3 期,第 27~28 页。

[2] 胡凯、王韵:《中国第 23—30 届奥运会金牌分布特征及优势项目的发展趋势》,载《内蒙古体育科技》2013 年第 1 期,第 36~39 页。

[3] 朱礼金:《训练学视角下蹦床比赛制胜规律的哲学思考与层次解析》,载《中国体育科技》2013 年第 5 期,第 35~42 页。

转体"、踺子后手翻转体180度接前直空翻540度的"程菲跳"、"刘璇单臂大回环接京格尔"、分腿结环跳的"杨波跳"、中穿前上成扭臂握倒立的"罗莉跳倒立"、旋子转体360度的"童非转体"、马端正撑全旋隔两环挺身转体180度成另一马端正撑的"童非移位"、前手翻直体前空翻转体540度或直体奎尔沃转体360度的"楼云跳"、向前大回环转体360度成单臂扭臂握前翻转体360度成反握的"邹利敏空翻"、挂臂前摆屈体后空翻两周成挂臂的"李小鹏挂",等等。俄罗斯的科莫娃、美国的柳金和肖恩对我国体操构成了非常大的威胁。当前举重技术朝"近、快、低、准"趋势发展,各国选手竞技水平大幅度提高,俄罗斯、土耳其、保加利亚、希腊的举重整体竞技水平进步较快,对我国举重构成了不小的威胁。当前,世界羽毛球运动的技战术发展趋势朝着更加"快速、全面、进攻、多变、特长突出"的方向发展。世界级优秀选手所具备的基本条件是在快速的运动中能全面掌握和运用各项基本技术;快速能力的体现更侧重于变速进攻,进攻技术也更着重于发展具有个人特色的快速、凶狠的变速突击技术。当今欧洲选手利用身材高大有力的优势,已从偏重控制底线的打法转向强调进攻、突出发球抢攻、以下压控制网前为主的打法方向发展。亚洲选手则更着重利用自身灵活的优势突出在技术全面的基础上发展变速突击,打法以拉开结合变速突击为主。尽管欧亚选手在战术的组织上各有其不同的特点,但在突出快速进攻、强调提高进攻的威胁性和有效率这两方面却是共同的。同时,对网前的争夺也越来越激烈,除了抢高点击球外,也更重视网前技术的质量与变化,比赛中能否有效地控制网前,已成为高水平运动员获取进攻机会和得分的主要手段。[1] 乒乓球正朝着竞技能力的个性化、技术构建的立体化、女子项目的男性化等趋势发展。

第四,设项与规则演变。第27届奥运会共设置28个大项、300个小项目。女子举重、双人跳水、铁人三项、跆拳道、蹦床正式成为比赛项目。第28届奥运会共设置28个大项、37个分项、301个小项,与悉尼奥运会相比,减少了拳击项目的1个小项、男子摔跤项目的2个小项和女子花剑团体项目,增加了女子摔跤4个小项和女子佩剑个人项目。第29届奥运会共设置28个大项、302个小项。其中,男子、女子和男女混合竞赛小项分别为165项、127项和10项。新设了女子3000米障碍赛(田径),男子与女子BMX(小轮车)赛(自行车),男子与女子10000米(游泳)。击剑取消男子花剑和女子重剑团体赛,增加女子花剑和女子佩剑团体赛;男子与女子双

---

[1] 佚名:《羽毛球技战术发展趋势》,http://www.badmintoncn.com/view-121-1.html。

打比赛由男子与女子团体比赛代替（乒乓球）。第 30 届奥运会共设置 26 个大项、300 个小项，比赛大项和小项均少于第 29 届北京奥运会，取消了女子棒球项目和男子垒球项目。

　　近几届奥运会，部分项目的比赛规则发生了变化。规则变化在一定程度上影响项目整体实力的发挥。乒乓球项目从小球变为大球、采用 11 分制、发球无遮挡、无机胶水，到奥运会双打变团体，单打 3 人到 2 人，一系列规则的改革都直指中国，中国乒乓球队正在遭受着来自"规则"变化的挑战。2012 年伦敦奥运会羽毛球比赛的新规则，最大改变是将以往单打项目的淘汰赛制改为小组赛和淘汰赛两个阶段，新规则的制定是为了减少冷门的产生，更好地让高排位队员晋级到后面的比赛，以保证比赛的质量，减少比赛的偶然性。径赛项目的"零抢跑"规则，使得比赛更加公平、有序、安全、紧张、刺激。跆拳道的护具外形改革、技术得分改变、录像审议等电子仲裁引进、比赛级别更改等，使得跆拳道从地面作战向空中"立体化"作战的方向转变，让比赛更加充满悬念。游泳项目对泳衣进行了新的规定，要求运动员必须露出四肢，男运动员泳衣的最高达到腰部，女运动员的泳衣从肩膀至膝盖，同时对泳衣的厚度、浮力、长度进行约定，并规定非渗透性的材料的覆盖不得超过泳衣的 50%。柔道项目新规则禁止场上使用"抱腿"和"穿腿"的动作，一经使用，立即判负，而且教练员也不允许在场内进行指导。新规则中还摒弃了传统的单败复活赛制，采用单败淘汰制，将加时赛时间由原来的 5 分钟压缩至 3 分钟。新的柔道比赛得分标准根据运动员动作的力量、速度以及将对手摔倒后的着地面积划分为三种得分，分别是一本、技有、有效。不仅在比赛规则上进行了重大变革，国际柔道联合会在比赛道服上也进行了一番新改变。在比赛过程中，白、蓝双方选手在交手过程中允许抓对方的道服作为进攻或者反击的手段，为力保双方柔道服的公平性，对新柔道服的袖口宽窄、长短设定了新标准，要求袖口必须长至手腕。体操是一个规则频繁改动的项目，每一次规则的改变都会对体操的发展带来深刻的影响。体操规则由"十分制"改为打分不封顶的规则以后，体操比赛的整体难度明显增加，使得难度成为决定比赛胜负的决定性因素。伦敦奥运会团体比赛实行"533"赛制，对每支队伍实力的增减产生了深刻的影响。伦敦奥运会蹦床项目的规则也发生了变化，最为明显的是在难度分和完成分之外，增加了高度分，这对运动员的稳定性提出了更高的要求。摔跤新规则规定，每局比赛站立摔时间由 1 分钟延长到 1 分 30 秒，跪撑摔只剩下 30 秒，由站立摔中获得分数优势的选手选择体位，新规则对跪撑摔的方式也做了调整，不再使用固定模式的反抱躯干跪撑摔，而是让进攻队员转到对手的身后，双手放在对手的肩胛骨上,让对手完全不知道他的进攻意图。新的规则让那些在站立摔中处于劣势的选手在跪撑摔当中丧失了主动进攻的机会,而且他们防守的体位变化也使得他们的防守变得更加被动。新规则增强了竞技的可看性,让比赛变得更加精彩,克敌制胜。射击规则发生了一些变化。从大的方面说,以往每项决赛时只报总成绩,现在则是每一枪都报一次成绩,而规则变化最大的项目是男子25米手枪速射,尤其是决赛由积分制变成了淘汰制,比赛变得更为刺激,也更具观赏性。局分赛制首次引入射箭比赛,在个人射箭项目中从环数的积分制引入到局分制。从环数的积分制到局分制,不仅加大了比赛的观赏性和偶然性,而且实力相对劣势的选手在这样的赛制下获得了更多次挑战强者的机遇。[1]

(二)基于内部管理链的元素分析

影响我国竞技体育核心竞争力的内部管理链元素包括项目布局集群、人力资源集优、技战术创新、科研服务跟进。

第一,项目布局集群。合理的项目布局对于奥运备战工作具有重要的先导和基础作用,对实现我国竞技体育整体实力的提高有着重要作用。研究制定重点项目优先发展规划,优化项目布局结构,对于保持优势项目优势地位、加快潜在优势项目向优势项目转化举足轻重。[2] 第27届奥运会,我国实行跳水、举重、乒乓球、羽毛球、体操等优势项目的强强联合项目布局策略,使这些优势项目各展所长,形成有力的拳头。第28届奥运会,我国改革传统的重点布局方法,以有希望获奥运会奖牌为主要标准,对优势和潜优势小项进行合理布局,对重点布局的大项和小项进行有效的资源配置。第29届奥运会,以绝对优势项目为主体,以优势项目为保障,以潜优势项目为支撑,加强弱势项目的扶持与培育,建立集中与分散相结合、多强对抗、百花齐放的项目布局思路。在这一届奥运会上我国竞技体育取得了大丰收。第30届奥运会,则建立结构合理、优化组合、多维支撑的项目布局体系;进一步扩大我国竞技体育的优势范围和覆盖面,形成优势项目的人才群和人才链;把项目的局部优势转化为全局优势,以点带面,形成油面辐射效应,促进竞技体育整体水平的提高。

根据与世界体育强国竞技体育核心竞争力的对比,立足我国竞技体育发

---

[1] 腾讯奥运:《奥运革命之路——探究规则如何推动体育运动更快、更高、更强》,http://2012.qq.com/zt2012/rules/index.htm。

[2] 任保国、杜宏岩:《中国"奥运争光计划"竞技体育可持续发展战略研究》,载《滨州学院学报》2006年第6期,第89~96页。

展的实际，进一步加强主体层竞技体育项目的布局研究，如在体操、举重这两大项目上挖掘潜力，开发更广的夺金领域；同时加大对目前现有支撑层竞技体育项目的培育，如射击、射箭、游泳，努力寻找奥运会新的金牌增长点，培育新的优势项目。充分利用市场机制，通过贷款、招标、奖励和股份等多种筹资、融资方式，加大对主体层和支撑层突出项目的投入，积极加强竞技体育优势项目建设，促进竞技体育优势项目的整体快速发展和支撑层重点项目的快速培育。[1] 依据与世界体育强国竞技体育核心竞争力的差异，立足凸显我国竞技体育核心竞争力的本色，有重点地确立我国竞技体育主体项群，建立"突出一条主线（核心竞争力主线）、夯实优势项群；融汇两大交点（主体层与支撑层）、细化项目发展策略；加快三个转变（支撑层项目向主体层项目转变、奖牌项目向金牌项目转变、少金项目向多金项目转变）、提升项目整体实力"的发展战略，切实提高我国竞技体育核心竞争力整体水平。[2][3]

　　第二，人力资源集优。运动员和教练员是竞技体育的构成主体。运动员作为竞技场上参与竞争的执行者，其参赛成绩是竞技体育成效的最终表现形式。教练员是训练过程的设计者和训练活动的组织者，更是训练管理工作的重要决策者。竞技体育场上竞争的核心在于人才，优秀竞技体育运动员是优异成绩的载体，中国竞技体育核心竞争力对优秀竞技体育运动员有高度的依赖性。第27届奥运会，跳水项目出现了熊倪、乒乓球项目出现了王楠、跆拳道项目出现了陈中等领军人物；第28届奥运会，跳水项目出现了郭晶晶、乒乓球项目出现了张怡宁、羽毛球项目出现了张宁等领军人物；第29届奥运会，出现了体操以杨威为代表、跳水以郭晶晶为代表、羽毛球以林丹为代表的领军人物；第30届伦敦奥运会，我国传统的优势项目整体实力不减，个别项目的核心人物出现大幅度提高了项目的竞技水平，如游泳项目的孙杨和叶诗文、击剑项目的李娜和雷声。因此，培育、打造优势项目和潜优势项目的领军人物，对提高项目的整体竞技水平有重要作用。在以奥运会为中心的竞技体育发展过程中，确立以优势项目和潜优势项目为载体，促进优势聚集，促进人力资源优化，着力培育具有高竞技水平的项目领军人物的成效逐

---

〔1〕 刘颖：《我国竞技体育优势项目核心竞争力的培育及研究》，载《沈阳体育学院学报》2006年第3期，第1～3页。

〔2〕 邓万金、张雪芹、简文森：《中国竞技体育核心竞争力培育途径与措施研究》，载《南京体育学院学报（社会科学版）》2011年第3期，第69～71页。

〔3〕 张元文：《近10年奥运会中、美竞技项目比较研究》，载《中国体育科技》2013年第5期，第3～16页。

步显现。[1]

第三，技战术体系创新。技术是战术的基础，战术由各种技术组成。技术动作操作方法与技术动作整合是技术结构的内在规定，技术手段与技术类型打法（个人技术风格）是技术结构的外在表现。我国传统优势项目乒乓球的成功是许多因素相互作用的结果，但获得成功的主要因素是不断创新与改革的技术，在乒乓球技术发展的历程中，已经系统地提出了"弧线"、"力量"、"速度"、"旋转"和"落点"5个影响乒乓球技术的物理要素，提出了与5个物理要素相对应的"快、转、准、狠、变"制胜因素[2]；难度和稳定是取得跳水优异成绩的两个决定因素。技术动作的难度与完成的稳定程度呈负相关关系，即难度越大稳定性越小，随着运动水平的提高，难度与稳定的矛盾日益突出。比赛中运动员的心理素质是影响技术动作稳定发挥的重要因素。一直以来，我国将优秀跳水运动员的赛前心理训练作为重点训练内容之一，把高难度技术训练作为重点突破方向之一。[3] 羽毛球后场双脚起跳扣杀上网技术是在单脚起跳扣杀上网技术的基础上发展而来的，以后场双脚起跳扣杀上网为其特点形成了快速下压控制网前的全攻型打法。技术全面、攻守兼备、特长突出、无明显漏洞是羽毛球运动员林丹最主要的技术特征。近年来，乒乓球、羽毛球、跆拳道技术和打法的发展正在交互发生作用；技术和打法的发展正向组合、复杂、复合的方向发展；主动进攻型技战术与攻守兼备全能型正成为优秀运动员的发展方向；新技术、新打法的出现能引发良好的"连锁效应"。[4]

第四，科研服务跟进。现代高科技对训练比赛的全面渗透已成为当今竞技体育的主要发展方向。由教练员和科研人员共同组成的训练小组是科学训练的主要构成之一，它肩负着对整个科学训练计划的设计和实施的任务。运用科学的理论、方法和手段对运动训练过程进行辅助支持是科学训练的重要组成部分。充分调动和发挥研究人员参与科学化训练的积极性和作用，就必须将他们自身学科的理论和知识，包括最新的高科技技术，与体育训练比赛结合起来，在训练的科学化过程中形成多个跨学科的攻关小组。伦敦奥运会，水上项目管理中心将促红细胞生成素（EPO）的检验、高原仿真训练

---

[1] 邓万金：《我国竞技体育竞技实力格局嬗变研究》，载《广州体育学院学报》2013年第1期，第54～57页。

[2] 唐建军、苏丕仁：《中国乒乓球技术体系建构的科学认识及其操作过程》，载《体育科学》2001年第6期，第38～40页。

[3] 陈小平、于芬：《我国普通高校运动训练科学化的构想——以清华大学跳水队为例》，载《中国体育科技》2003年第3期，第1～7页。

[4] 刘建和、杨成波：《隔网对抗类项群（乒、羽、网、排）技术和打法演进过程的初步考察》，载《成都体育学院学报》2005年第2期，第64～68页。

室、游泳生物力学分析系统和运动员免疫系统作为攻关项目,加大对游泳几个夺金项目的研究力度,最突出的是对"游泳分析系统"的研究。通过对孙杨、叶诗文等游泳动作(包括水下动作)的运动学和动力学(出发和转身的蹬力)数据的分析,并将其与动作频率、幅度和速度进行相关分析,找出他们在技术动作上的不足,使教练员及时了解运动员的技术长处与弱点,从而对不同技术特点的运动员采取不同的训练手段与训练策略。我国游泳项目在伦敦奥运会上的历史性突破应归功于科研服务的结果。"跳水技术训练检测与评定快速反馈系统的研究"涉及生物力学、图像识别处理、肌电图、信息科学、人体形态学、运动训练学等研究领域的理论与技术,将这一系列研究成果运用到训练比赛过程中,保证了我国跳水项目的高难度技术的稳定发挥。[1] 羽毛球奥运会攻关小组运用图像定格技术,开发定量指标来评价羽毛球运动员的战术意识能力;使用VB(Visual Basic)语言和无线触键设备研发了"羽毛球运动员战术意识测评和多媒体训练系统"软件;提出了"超前预判能力"促发的提前准备或起动,这是羽毛球双打意识的主要内容,也是男子双打运动员竞技能力的核心表现;明确了中国男子双打的最薄弱环节是"意识"问题;确立了多球训练的校标体系和校标特征。在研究过程中,课题组发现羽毛球运动员的赛前压力来自比赛结果期望和自我状态、能力感之间的心理差异,趋近应对和回避应对是赛前应对的2个策略;运动员的临场压力来自对每一球的直接结果期望和阻碍期望实现的压力反应与逆境挑战的心理冲突,应对临场压力的主要策略是战术应用、临场变化和争取暂停。[2][3][4]

三、中国竞技体育核心竞争力动态链管理体系构建

(一)构建流程设计思路

本研究利用模糊数学思想,依据"模糊德尔菲法"及"模糊层次分析法"设计调查问卷,围绕竞技体育项目,立足绝对优势项目、优势项目和

---

[1] 陈小平、于芬:《我国普通高校运动训练科学化的构想——以清华大学跳水队为例》,载《中国体育科技》2003年第3期,第1～7页。

[2] 李京诚、刘璐、徐守森:《中国羽毛球队运动员比赛压力源与应对策略的质性研究》,载《天津体育学院学报》2013年第3期,第185～188页。

[3] 程勇民:《羽毛球男子双打多球训练规律的研究》,载《中国体育科技》2006年第1期,第102～107页。

[4] 程勇民、金花、周卫星:《羽毛球运动员战术意识测评及其多媒体训练系统的研制》,载《广州体育学院学报》2009年第2期,第57～61页。

潜优势项目在奥运会上的竞技表现，从内外部两个方面初步筛选中国竞技体育核心竞争力动态链管理体系的主要因素。第一阶段发放模糊德尔菲专家问卷，利用双三角模糊数统计问卷结果，依据专家学者决策群体的意见和建议，对我国竞技体育核心竞争力的影响因素进行筛选，从而形成中国竞技体育核心竞争力动态链管理体系主要因素层级框架；第二阶段利用模糊层次分析法统计问卷结果，确定主要因素和各主要因素在中国竞技体育核心竞争力动态链管理体系中的权重向量，并对其进行层级排序，以明晰中国竞技体育核心竞争力动态链管理体系的关键因素。

（二）样本总量与数据收集考虑因素

在问卷调查对象的选择方面，主要考虑两点：一是对调查对象所在单位的挑选，以调查单位的权威性和社会影响力为原则；二是对具体调查对象的选择，以调查对象的学术影响力和社会知名度为原则。调查对象应符合的条件是能够全面了解竞技体育整体情况、接受此种问卷方式、对于竞技体育领域相关研究问题有全面的了解。在问卷调查人数方面，根据斯蒂芬·P. 罗宾斯的研究结论，当专家达到 7 名时，即可以保障群体决策问题的决策效果。为了保障问卷回收质量以得到更客观准确的结果，本研究适当扩大调查问卷的发放量。第一阶段的模糊德尔菲问卷调查，共发放 16 份问卷，回收 13 份问卷，回收率为 81.25%；第二阶段的模糊层次分析问卷调查，向第一阶段问卷回收对象再次发放问卷，共计发放 13 份模糊层次分析法专家问卷，回收 12 份问卷，回收率为 92.31%。

（三）问卷数据分析与统计结果

在中国竞技体育核心竞争力动态链管理体系的影响因素筛选上，利用模糊德尔菲法对第一阶段收集数据进行处理，计算得到基础值为 6.5，剔除单一值低于 6.5 的影响因素，则剔除 6 个影响因素，保留 24 个影响因素，占影响因素总数的 80%。根据筛选结果，建立中国竞技体育核心竞争力动态链管理体系主要因素层级框架，将"外部管理链"与"内部管理链"作为第一层级，将经过筛选保留的体坛格局演变、竞赛形势演变、其他强国技战术演变、设项与规则演变、项目布局集群、人力资源集优、技战术创新、科研服务跟进等作为第二层级，将保留的 24 个影响因素作为第三层级。

在中国竞技体育核心竞争力动态链管理体系主要因素的确定上，运用模糊层次分析法计算方式，对第二阶段收集数据进行分析，首先运用三角模糊数值建立矩阵方程，以作为模糊权重值计算的基础，并根据 12 位专家们给出的对应数值，进行矩阵内部一致性检验。分析结果表明其 C. I. 值与 C. R. 值均≤0.1，在层次分析法可接受的范围内，表明所有层级之间的专家意见前后判断均具有内部一致性。通过中国竞技体育核心竞争力动态链管理体系的矩阵方程整体评估分析，中国竞技体育核心竞争力动态链管理体系主要因素的整体一致性比率 C. R. H = 0.068，在层次分析法可接受的范围内，即 C. R. H < 0.1，表明本课题所构建的中国竞技体育核心竞争力动态链管理体系各层级之间的关联性合理，故整体层级一致性符合研究要求。

在中国竞技体育核心竞争力动态链管理体系主要因素权重向量计算过程中（整个计算过程采用方根法），首先计算每个层级的模糊权重值以及正规化后的权重值；其次了解每一层级各项因素在整体框架中所占权重比例，进一步计算整体优势权重值；最后依据中国竞技体育核心竞争力动态链管理体系目标下的第二层级与第三层级的绝对权重值，对第二层级与第三层级各因素的重要性进行排序，统计结果如表 4.4.1 所示。

表 4.4.1　中国竞技体育核心竞争力动态链管理体系问卷数据分析结果

	第一层级		第二层级			第三层级		
	因素类型	权重	因素内容	相对权重	绝对权重	具体元素	相对权重	绝对权重
中国竞技体育核心竞争力动态链管理体系	外部管理链	0.408	体坛格局演变	0.302	0.123	洲际实力格局演变	0.160	0.020
						第一集团实力格局演变	0.516	0.063
						第二集团实力格局演变	0.324	0.040
			竞赛形势演变	0.316	0.129	绝对优势项目竞赛形势演变	0.528	0.068
						优势项目竞赛形势演变	0.336	0.043
						潜优势项目竞赛形势演变	0.136	0.018
			其他强国技战术演变	0.288	0.118	强竞争对手技战术演变	0.442	0.052
						较强竞争对手技战术演变	0.368	0.043
						次强竞争对手技战术演变	0.190	0.022
			设项与规则演变	0.094	0.038	奥运设项变化率	0.354	0.013
						奥运规则变化度	0.315	0.012
						奥运设项与规则演变影响度	0.331	0.013

续表 4.4.1

第一层级			第二层级			第三层级		
	因素类型	权重	因素内容	相对权重	绝对权重	具体元素	相对权重	绝对权重
中国竞技体育核心竞争力动态链管理体系	内部管理链	0.592	项目布局集群	0.322	0.191	项目布局整合能力	0.232	0.044
						项目集群协同能力	0.366	0.070
						项目布局优化程度	0.402	0.077
			人力资源集优	0.398	0.236	人力资源战略管理	0.388	0.092
						人力资源梯队建设	0.362	0.085
						人力资源优化水平	0.250	0.059
			技战术创新	0.168	0.099	技战术创新能力	0.298	0.030
						技战术创新应用率	0.333	0.033
						技战术创新成功率	0.369	0.037
			科研服务跟进	0.112	0.066	科研服务价值度	0.273	0.024
						科研成果转化率	0.312	0.018
						科研成果有效率	0.415	0.021

从表 4.4.1 可知，在中国竞技体育核心竞争力动态链管理体系中，内部管理链（0.592）所起作用强于外部管理链（0.408）。在第二层级中，排在中国竞技体育核心竞争力动态链管理体系前 5 位的因素内容分别为人力资源集优（0.236）、项目布局集群（0.191）、竞赛形势演变（0.129）、体坛格局演变（0.123）、其他强国技战术演变（0.118）。由此可见，竞技体育的竞争最终是人才之间的竞争，项目布局集群程度影响一个国家的竞技体育整体竞争水平，竞赛形势演变、体坛格局演变和其他强国技战术演变也会在很大程度上左右或制约我国竞技体育整体实力。

在主要因素的个数选取上，本研究参考丹尼尔在《管理信息的危机》一书中对主要因素的看法和结合影响竞技体育核心竞争力的客观事实。因此，在中国竞技体育核心竞争力动态链管理体系中，本研究选取 12 个因素作为主要因素，依次为：人力资源管理战略（0.092）、人力资源梯队建设（0.085）、项目布局优化程度（0.077）、项目集群协同能力（0.070）、绝对优势项目竞赛形势演变（0.068）、第一集团实力格局演变（0.063）、人力资源优化水平（0.059）、强竞争对手技战术演变（0.052）、项目布局整合能力（0.044）、优势项目竞赛形势演变（0.043）、较强竞争对手技战术演变（0.043）、第二集团实力格局演变（0.040）。究其原因：其一，优秀竞技体育运动员是优异成绩的载体，中国竞技体育核心竞争力对优秀竞技体育运动员有高度的依赖性。其二，绝对优势项目和优势项目是我国竞技体育核心竞争力的主体内容，其在中国竞技体育中的地位和作用无法替代。其三，在近几届奥运会中，中国竞技体育由原来的第二集团的高排位进入第一集团，第一集团实力格局演变和第二集团实力格局演变都将影响中国竞技体育整体竞技水平的走向。其四，竞技体育之间的竞争归根到底是强国之间的竞争，我国竞技体育与强国之间存在制约与反制约的关系。

四、中国竞技体育核心竞争力动态链管理启示

根据在中国竞技体育核心竞争力动态链管理体系中的主要因素，结合我国竞技体育发展的现实需要，竞技体育核心竞争力发展需要从以下几方面进行思考。

其一，以奥运会竞赛为导向建立项目创新管理机制。中国竞技体育核心竞争力的构建主体是反映中国竞技体育竞争实力的指向标。我国绝对优势项目、优势项目和潜优势项目为在日益激烈的奥运会竞赛环境中求得发展与强大，必须整合和优化项目集群，切实搞好项目人才梯队建设，深究国际体坛实力格局变化趋势和竞技体育强国的发展形势，确保我国竞技体育核心竞争力的主体适应新的竞争环境。因此，我国必须考虑"项目布局集群"、"人力资源集优"、"竞赛形势演变"、"体坛格局演变"、"其他强国技战术演变"，建立以奥运会竞赛为导向的项目创新管理机制，以提高我国竞技体育核心竞争力的主体夺金率，从而保证我国竞技体育在国际上的影响力。

其二，以人力资源集优为导向建立人才梯队建设培养机制。"人力资源集优"是中国竞技体育核心竞争力发展的主导因素之一，人力资源管理战略、人力资源梯队建设、人力资源优化水平都将在很大程度上影响中国竞技体育整体实力。中国竞技体育核心竞争力依赖的是有竞争实力的项目，而项目的竞争优势依赖于高水平竞技体育人才。中国竞技体育要想在世界体坛上立足强林之列，就必须拥有一批高水平的教练员和运动员，而竞技体育核心与领军人物的多少与优势项目面的宽窄决定着中国竞技体育核心竞争力的水平。因此，将人力资源集优摆在中国竞技体育可持续发展的重要位置，对培育和提升中国竞技体育核心竞争力至关重要。

其三，以主体层和支撑层为结构导向建立双元动态管理机制。中国竞技体育核心竞争力由主体层和支撑层构建而成，而主体层是实现中国竞技体育核心竞争力的重要内容，支撑层是实现中国竞技体育核心竞争力不可缺少的部分。中国竞技体育核心竞争力是一个动态的有机整体。体坛格局演变、竞赛形势演变、其他强国技战术演变都将影响我国竞技体育核心竞争力的水平。因此，应立足我国竞技体育的主体层项目，积极培育和提升支撑层项目的竞争实力，协调好主体层和支撑层项目之间的平衡管理，在中国竞技体育核心竞争力动态管理机制的建立过程中，充分考虑"第一、第二集团实力格局演变"、"绝对优势项目、优势项目竞赛形势演变"和"强与较强竞争对手技战术演变"的变化形势，建立奥运竞赛市场适应机制，以提高中国竞技体育的整体适应能力；建立项目资源共享机制，促进项目集群成果转化为竞技体育整体实力的提升。

其四，以科研服务与技战术创新交互为导向建立支撑保障管理机制。技战术创新、科研服务跟进是我国竞技体育核心竞争力发展不可缺少的重要因素。技战术创新能力、技战术创新应用率与成功率决定一个项目的兴衰，中国乒乓球和跳水获得霸主地位得益于技战术的不断更新和演变。科研成果转化率与有效率则是中国竞技体育强而有力的科研保障。以科研服务与技战术创新交互为导向建立支撑保障管理机制，即建立项目核心技战术科研平台、主体项目科研服务支撑平台、支撑项目科研服务辅助平台等，为中国竞技体育的发展提供智囊库，为提升我国竞技体育核心竞争力提供智力保障，对实现中国竞技体育整体实力的提高非常重要。

其五，以竞技体育核心竞争力为发展导向建立可持续发展培育机制。核心竞争力是中国竞技体育在一定时期发展过程中获得持续竞争优势的一种能力，其战略意义远远超过了中国竞技体育所获得的竞技成绩，提高竞技体育核心竞争力是实现我国奥运战略的关键。因此，摒弃全运会（中华人民共和国全国运动会）的眼前利益，着眼奥运会的长远利益；舍弃区域省市的局部利益，着眼国家全局的整体利益；放弃项目局部的短期效应，立足项目整体的长期效应；舍弃竞技体育局部的低劣效率，立足竞技体育整体的优化效率；树立提高中国竞技体育国际竞争力的意识，以顽强拼搏的精神应对世界体坛白热化的竞争，由被动地适应竞赛环境转向努力培育中国竞技体育核心竞争力；树立核心竞争力意识，强化基于中国竞技体育长远发展的策略，建立以竞技体育核心竞争力为发展导向的可持续发展培育机制，对中国竞技体育的长远发展意义非常重大。

第五节 研究展望

一、立足运动成绩、基于竞技体育项目反映中国竞技体育核心竞争力的实践性有待深入

立足运动成绩，基于竞技体育项目，从竞技体育的本质属性出发来研究中国竞技体育核心竞争力的视角是较为客观而新颖的。由于理论界对核心竞争力特性的研究百家争鸣、百花齐放，而竞技体育界对竞技体育核心竞争力的探讨也从不同的视角展开进行，目前也未能形成一致的观点。由于世界体坛格局的变化和整体竞赛形势的演变在一定程度上都有可能影响我国竞技体育核心竞争力的发展，加之竞技体育发展的许多不确定因素，绝对优势项目、优势项目、潜优势项目等都不是固定不变的，因此，立足运动成绩、基于竞技体育项目反映我国竞技体育核心竞争力只具有特定的时效性，加强我国竞技体育核心竞争力的客观性和科学性研究有待深入。

二、中国竞技体育核心竞争力是动态的、发展的集群体，加强中国竞技体育核心竞争力的动态性研究有待跟进

中国竞技体育核心竞争力是在特定时期发展过程中形成的，是绝对优势项目、优势项目、潜优势项目竞争力的集合体。中国竞技体育具备核心竞争力，就意味着拥有了自己独特的竞争力的组合体系。中国竞技体育核心竞争力具备多元延展性、效应持久性、路径依赖性、难以替代性、内在动力性和动态调整性等特性，我们不能把中国竞技体育核心竞争力简单地认为是各项目的叠加，它是中国竞技体育集合体的精髓，是中国竞技体育集合体交融升华而形成的精华。

由于本研究以2000—2012年的奥运会成绩和2007—2013年的世界锦标赛及年度世界杯总决赛的成绩作为分析依据，因此，中国竞技体育核心竞争力反映的是此时间段的中国竞技体育整体实力。由于其他体育强国的竞技体育实力变化和许多影响和制约我国竞技体育实力发展的因素，我国竞技体育核心竞争力在未来有可能发生一定程度的变化。基于此，加强中国竞技体育核心竞争力的动态性研究有待跟进。

第五章　结论与建议

第一节　结　论

1. 近4届奥运会成绩表明：美国的绝对优势项目游泳、田径、篮球、网球的整体表现非常稳定。大项夺金点比较稳定，其中游泳、田径、篮球、射击、足球、自行车6个大项连续4届奥运会获得金牌。奖牌项目分布相对比较广。游泳、田径、篮球具有稳定且强大的竞技实力，为美国竞技体育核心实力的构建提供了稳定且牢固的支撑。

2. 近4届奥运会成绩表明：俄罗斯夺金大项数量在逐渐减少。田径和摔跤的夺金实力最强。奖牌项目分布比较广。田径、摔跤、游泳部分项目整体实力比较稳定。田径、排球、花样游泳的整体竞技实力非常突出，其在俄罗斯竞技体育中的作用非常明显。

3. 近4届奥运会成绩表明：德国获金大项数量呈递增趋势。金牌数量比较稳定。皮划艇、马术、赛艇、自行车、曲棍球的整体竞技实力比较突出，尤其是皮划艇、马术和曲棍球。奖牌集中点比较明显，主要以皮划艇、自行车、马术、田径、赛艇为主。德国竞技体育整体夺奖牌实力比较稳定。纵观近4届奥运会德国竞技体育总体表现，可看出其整体实力处于下滑趋势；尽管优势项目群体结构发生了细微变化，但王牌项目和重点项目的地位仍然不可动摇。

4. 近4届奥运会成绩表明：我国代表团的夺金点项目逐渐扩大。传统优势项目基本保持不变，主要为跳水、羽毛球、乒乓球、举重、体操、射击。个别优势项目表现出不稳定性，起伏比较大，如体操、柔道、射击。我国代表团的大项和小项奖牌覆盖面逐渐扩大。近2届奥运会，游泳的竞争实力明显提高，已经占据竞技体育的优势集团位置；柔道的整体竞争实力出现下滑现象，在竞技舞台表现出竞争力不强；田径涌现出较强的后备梯队。纵观近4届奥运会我国竞技体育总体表现，可看出其整体实力处于上升趋势，优势项目群体结构不断扩大，传统优势项目群体竞技实力不断增强，个别潜优势项目正在向优势项目转变，少数弱势项目也在向潜优势项目转变。

5. 美、俄、德、中四国的竞技体育核心竞争力的构成要素各不相同。美国竞技体育核心竞争力是由作为主体层的游泳、田径、篮球、垒球、网球、沙滩排球和作为支撑层的棒球、马术、水球、足球、排球在较长时间内的世界最高竞技舞台上所表现出来的一种综合实力。俄罗斯竞技体育核心竞争力是由作为主体层的田径、排球、体操、摔跤、拳击、花样游泳和作为支撑层的篮球、网球、蹦床、手球、现代五项、举重在较长时间内的世界最高竞技舞台上所表现出来的一种综合实力。德国竞技体育核心竞争力是由作为主体层的马术、皮划艇、自行车、赛艇、曲棍球和作为支撑层的足球、击剑、铁人三项、柔道在较长时间内的世界最高竞技舞台上所表现出来的一种综合实力。我国竞技体育核心竞争力是由作为主体层的体操、蹦床、举重、跳水、乒乓球、羽毛球和作为支撑层的游泳、花样游泳、射击、跆拳道、射箭在较长时间内的世界最高竞技舞台上所表现出来的一种综合实力。

6. 美国竞技体育核心竞争力主体层和支撑层所占权重分别为 0.700 和 0.300，在篮球、游泳、田径项目上的夺金实力非常强大。俄罗斯竞技体育核心竞争力主体层和支撑层所占权重分别为 0.642 和 0.358，摔跤、拳击、举重、田径、体操是其主体优势项目。德国竞技体育核心竞争力主体层和支撑层所占权重分别为 0.583 和 0.417，皮划艇、马术、自行车、赛艇、曲棍球是其绝对优势项目。中国竞技体育核心竞争力主体层权重为 0.87，支撑层权重为 0.13，主体层是中国竞技体育核心竞争力的重要动力来源，跳水、乒乓球、羽毛球、举重、体操、蹦床是我国竞技体育核心竞争力主体层的构建主体。

7. 近 4 届世界锦标赛和个别项目在年度世界杯总决赛上的成绩表明，中国竞技体育核心竞争力具有较强的科学性和合理性。

8. 中国竞技体育核心竞争力动态链涉及外部管理链和内部管理链。其中外部管理链元素包括体坛格局演变、竞赛形势演变、其他强国技战术演变、设项与规则演变，内部管理链元素包括项目布局集群、人力资源集优、技战术创新、科研服务跟进。

9. 在中国竞技体育核心竞争力动态链管理体系中，内部管理链所起作用强于外部管理链；中国竞技体育核心竞争力动态链管理体系前 5 位的因素内容分别为人力资源集优、项目布局集群、竞赛形势演变、体坛格局演变、其他强国技战术演变；中国竞技体育核心竞争力动态链管理体系中前 12 位的主要因素依次为人力资源管理战略、人力资源梯队建设、项目布局优化程度、项目集群协同能力、绝对优势项目竞赛形势演变、第一集团实力格局演变、人力资源优化水平、强竞争对手技战术演变、项目布局整合能力、优势项目竞赛形势演变、较强竞争对手技战术演变、第二集团实力格局演变。

第二节 建 议

一、围绕一个中心，突出两个层面

中国竞技体育核心竞争力是在长期发展过程中形成的，任何国家或地区无法代替或模拟。实施"强基拓良"工程，积极推进竞技体育发展的科学化进程。实施"强基拓良"工程是我国竞技体育落实科学发展观和实现中国体育强国梦的有力举措，是探索竞技体育管理规律的创新之举，是实现我国竞技体育"弯道超车"的强力推手。因此，围绕我国竞技体育核心竞争力这个中心，突出两个层面，即主体层和支撑层，是确保我国竞技体育核心竞争力长盛不衰的关键。

二、抓好三个主体，实现四个转变

竞技体育的本质属性是竞技性，竞技体育核心竞争力是指特有的一项能力，它通过项目主体而产生国际影响力。我国竞技体育项目包括绝对优势项目、优势项目、潜优势项目和弱势项目，真正发挥竞技体育核心竞争力国际影响力的只有绝对优势项目、优势项目和潜优势项目。因此，应不断优化竞技项目结构，巩固发展传统优势项目，不断开发新的潜优势项目，努力打造优势项目集群，抓好竞技体育这三个主体，实现弱势项目向潜优势项目转变，潜优势项目向优势项目转变，优势项目向绝对优势项目转变，绝对优势项目向王牌项目转变，确保我国竞技体育核心竞争力的国际影响更深远。

三、强化五大优势，培育六个潜力

乒乓球、羽毛球、跳水、举重、体操一直是我国竞技体育核心竞争力的构建主体，而作为我国竞技体育"潜力股"的蹦床、射击、射箭、跆拳道、游泳、花样游泳等项目也是我国竞技体育必须牢牢抓住不放的优势。我们应该努力把竞技体育核心竞争力做大做强,通过"传统化"的强化和"外延式"的增长,逐步实现我国竞技体育核心竞争力的内在优化和外部强大。

四、确保七大任务,做好八项工作

"确保强基"就是进一步把影响竞技体育核心竞争力可持续发展的"七要素"夯实,即夯实科学高效的管理机制、高素质的竞技体育人才队伍、高水平的完备训练设施条件、充足的体育经费保障、有力刺激的激励政策、科学有效的科研服务跟进工作和完备的赛事服务体系;"做好拓良"就是不断拓展对国际体坛格局的研究,深化对其他强国技战术体系的研究,及时跟进奥运会与比赛规则变化的研究,做好对国际大赛整体竞赛形势的研究,不断开发新的项目布局集群,做好人力资源的合理配置与优化工作,加强我国竞技体育核心竞争力主体项目的技战术改革与创新研究,做好科研服务保障性和服务性工作。

第六章　结束语

中国竞技体育核心竞争力具有较强的时代性和动态性，它随着世界竞技体育格局和我国竞技体育运动水平的不断变化而变化。因此，在竞技体育核心竞争力的培育过程中，我们必须切实采取有力措施，重点加强对优势项目集群核心人物的栽培，以点带面形成辐射效应，以促进整个项目整体实力乃至竞技体育核心竞争力的提升。另外，在其他体育强国奥运战略不断调整的新形势下，我们必须立足我国竞技体育的本色和特色，加强中国竞技体育核心竞争力主体层和支撑层的优化和拓展，强化竞技体育核心竞争力的战略意识，努力提高集团优势竞争力和竞技体育整体竞技实力，以科学的竞技体育核心竞争力发展观实现我国竞技体育的强国梦。

参 考 文 献

[1] 倪义芳. 论企业的战略管理思想的演变 [J]. 经济管理, 2001, 46 (6): 26-29.

[2] 曾学庆, 龚敏. 试论企业战略理论的演变与新发展 [J]. 商业研究, 2000, 42 (8): 16-19.

[3] 迈克尔·波特. 竞争优势 [M]. 北京: 华夏出版社, 1997: 26-30.

[4] 迈克尔·波特. 竞争论 [M]. 北京: 中信出版社, 2003: 48-52.

[5] 黄继刚. 核心竞争力动态管理研究 [D]. 中国社会科学院博士学位论文, 2002: 8-9.

[6] 童利忠, 丁胜利, 马继征. 企业核心竞争力新论: 理论与案例 [M]. 北京: 人民邮电出版社, 2006: 5-27.

[7] Jeffrey S H. Strategic Management of organization and stakeholders: concepts and cases [M]. 1994: 22-25.

[8] 阿尔伯特, 哈伯德. 把信送给加西亚 [M]. 北京: 企业管理出版社, 2002: 18-22.

[9] Prahalad C K, Gray Hamel. The core competence of the corporation [J]. Harvard Business Review, 1990, 52 (3): 12-15.

[10] 范徵. 核心竞争力——基于知识资本的核心能力 [M]. 上海: 上海交通大学出版社, 2002: 36-38.

[11] 埃里克森. 企业竞争优势与核心竞争力理论 [M]. 大连: 东北财经大学出版社, 1998: 20-23.

[12] 安德鲁, 坎贝尔, 等. 核心能力战略: 以核心竞争力为基础的战略 [M]. 大连: 东北财经大学出版社, 1999: 25-28.

[13] 罗伯特, 巴克沃. 绩效管理 [M]. 北京: 中国标准出版社, 2000: 32-35.

[14] 赵国浩, 等. 企业核心竞争力理论与实务 [M]. 北京: 机械工业出版社, 2005: 5-7.

[15]《企业管理现代化、科学化问题研究》课题组. 企业管理现代化、科

学化问题研究［R］. 北京：经济管理出版社，1999：10 - 13.

［16］陈佳贵. 培育和发展具有核心竞争力的大公司和大企业集团［J］. 中国工业经济，2002，34（2）：18 - 21.

［17］刘世锦，杨建龙，李建军. 企业重组中的多元化战略问题［J］，管理世界，1999，40（2）：15 - 18.

［18］管益忻. 论企业核心竞争力［M］. 北京：中国经济出版社，2000：18 - 22.

［19］芮明杰. 中国企业发展的战略选择［M］. 上海：复旦大学出版社，2000：24 - 27.

［20］黄津孚，等. 企业发展潜力［M］. 北京：经济管理出版社，2001：48 - 52.

［21］杨仕经. 企业的核心竞争力是什么［N］. 经济日报，2002 - 2 - 25.

［22］Stephen Chen. 基于核心竞争力的变革［J］. 世界经理人文摘，2000，38（9）：15 - 17.

［23］黄平. 培养品牌也是培养核心竞争力［N］. 经济日报，2001 - 12 - 3.

［24］吕行健. 企业核心竞争力 = 核心业务 + 核心人物［N］. 经济日报，2000 - 4 - 5.

［25］王胜颜，等. 核心竞争力：企业强大的原动力［N］. 经济日报，2000 - 8 - 9.

［26］范徵. 核心竞争力——基于知识资本的核心能力［D］. 上海外国语大学博士学位论文，2002：16 - 18.

［27］李卫. 中国竞技体育区域发展的理论与实证研究［D］. 北京体育大学博士学位论文，2001：92 - 93.

［28］刘成. 体育竞争情报及其对我国竞技体育核心竞争力的影响研究［D］. 上海体育学院博士学位论文，2010：124 - 125.

［29］梁建平，常金栋，董德龙. 竞技体育事业核心竞争力的研究［J］. 山东体育学院学报，2006，22（1）：25 - 27.

［30］鲁飞. 试论竞技体育的核心竞争力［J］. 中国体育科技，2007，43（3）：63 - 66.

［31］刘寒青，刘成，司虎克. 我国竞技体育部分优势项目核心竞争力的构成要素分析［J］. 天津体育学院学报，2011，26（5）：453 - 456.

［32］邓万金，刘永东. 中国竞技体育核心竞争力与竞技体育成绩的关联分析［J］. 北京体育大学学报，2011，34（2）：117 - 120.

［33］吴劲松，邓万金，张雪芹. 中国竞技体育核心竞争力的定义、构成及

特征［J］. 体育学刊，2012，19（3）：50 – 54.

[34] 祁明德，许晓音. 区域竞技体育核心竞争力培育研究［J］. 广州体育学院学报，2012，32（2）：9 – 13.

[35] 刘颖. 我国竞技体育优势项目核心竞争力的培育及研究［J］. 沈阳体育学院学报，2006，25（3）：1 – 3.

[36] 邓万金，张雪芹，简文森. 中国竞技体育核心竞争力培育途径与措施研究［J］. 南京体育学院学报，2011，25（3）：69 – 71.

[37] 姜爱林. 竞争力与国际竞争力的几个基本问题［J］. 经济纵横（理论探讨），2003，46（11）：48 – 53.

[38] 马金书. 西部地区产业竞争力研究［M］. 昆明：云南人民出版社，2004：28 – 31.

[39] 张金昌. 国际竞争力评价的理论与方法［M］. 北京：经济科学出版社，2002：34 – 35.

[40] 刘成，司虎克. 我国竞技体育优势项目与核心竞争力关系研究［J］. 北京体育大学学报，2010，33（6）：104 – 109.

[41] 罗智. 俄罗斯奥运各项目群体竞争格局研究［J］. 天津体育学院学报，2008，23（6）：474 – 477.

[42] 罗智. 比较优势理论在竞技体育中的应用研究［J］. 天津体育学院学报，2008，23（1）：21 – 25.

[43] 张元文. 我国备战第30届伦敦奥运会项目布局研究［J］. 中国体育科技，2010，46（4）：90 – 98.

[44] 罗智. 奥运会区域竞技格局的动态演变研究［J］. 体育与科学，2005，26（3）：68 – 72.

[45] 罗智. 广东省竞技势力研究［J］. 体育学刊，2003，10（3）：134 – 137.

[46] 王公法. 雅典奥运会俄罗斯竞技实力下滑的原因及其思考［J］. 海南大学学报：人文社会科学版，2007，25（3）：346 – 348.

[47] 冷雪. 奥运金牌战俄罗斯掉队 四大难题困扰沙皇帝国［EB/OL］. http://2012.qq.com/a/20120806/000532.htm.

[48] 田麦久. 国际竞技体育格局的"雅典重组"与中国竞技体育的科学发展［J］. 成都体育学院学报，2005，31（2）：1 – 6.

[49] 狂歌. 德国：奖牌数量连续下跌 夺牌项目过于集中［EB/OL］. http://www.china.com.cn/sports/zhuanti/2008ay/txt/2008 – 08/27/content_16340553.htm.

[50] 刘波. 德国体育体制研究对进一步完善我国体育体制的启示［J］. 北

京体育大学学报，20011，34（11）：5-9.
[51] 骆意. 第28届奥运会我国竞技体操比赛失败原因分析[J]. 广州体育学院学报，2005，25（3）：58-60.
[52] http：//2012.sohu.com/20120812/n350453457.shtml.
[53] 肖林鹏，李宗浩，裴立新. 中国竞技体育优先发展战略回顾与总结[J]. 上海体育学院学报，2002，26（2）：1-4.
[54] 于文谦，王乐. 当代中国竞技体育的非均衡发展[J]. 体育学刊，2008，15（9）：15-20.
[55] 陈慧敏. 中国竞技体育生产制度有效性评析[J]. 武汉体育学院学报，2010，44（6）：5-9.
[56] 祁明德，许晓音. 区域竞技体育核心竞争力培育研究[J]. 广州体育学院学报，2012，32（2）：9-13.
[57] 马向文. 中美俄20年奥运成绩变化及我国竞技体育战略抉择[J]. 武汉体育学院学报，2010，44（4）：49-54.
[58] 王宏江，刘青. 美国、澳大利亚和日本竞技体育管理模式研究[J]. 成都体育学院学报，2007，33（3）：7-11.
[59] 马向文. 中美俄奥运成绩变化分析[J]. 体育文化导刊，2010，32（5）：38-40.
[60] 缪佳. 德国体育和竞技体育发展的特点研究[J]. 体育与科学，2010，31（6）：68-70.
[61] 乔辰沐. 体操的特点[EB/OL]. http：//zhidao.baidu.com/.
[62] 矫镇红. 对我国优秀女子蹦床运动员专项身体素质结构及评价标准的研究[J]. 体育科学，2006，26（10）：59-64.
[63] 朱礼金. 训练学视角下蹦床比赛制胜规律的哲学思考与层次解析[J]. 中国体育科技，2013，49（5）：35-42.
[64] 李永坤，孙晓鹏. 中国女子竞技举重运动技术发展的现状及趋势[J]. 广州体育学院学报，2001，21（1）：107-109.
[65] 罗陵，谢勇. 国家举重队"科技攻关模式"的理论构建[J]. 广州体育学院学报，2006，26（3）：57-60.
[66] 徐洁. 跳水运动基本技术训练方法的探讨[J]. 南京体育学院学报：自然科学版，2005，4（2）：49-50.
[67] 师玉涛，刘颖，马馨，等. 我国优秀10 m跳台男子运动员下肢肌肉力量特征研究[J]. 中国体育科技，2010，46（3）：54-56.
[68] 中国新闻网."板台兼修"或成中国跳水队未来发展趋势[EB/OL].

http://www.chinanews.com/ty/2014/07-21/6409362.shtml.

[69] 唐建军. 乒乓球技术学习：理论解释与实际应用［J］. 北京体育大学学报，2006，29（2）：259-261.

[70] 孙俊. 对羽毛球运动项目制胜规律的探讨［J］. 南京体育学院学报：自然科学版，2007，6（1）：60-62.

[71] 林洪，阎超，何枫，等. 游泳运动技术优化与创新的研究［J］. 体育科学，2006，26（4）：40-57.

[72] 孙启元. 现代游泳技术训练发展方向［J］. 佳木斯教育学院学报，2013，20（10）：407-408.

[73] 隋文杰，邱华丽，王学峰. 对游泳专项运动特征的研究［J］. 湖北体育科技，2010，29（4）：445-446.

[74] 张莉清，刘大庆，李建. 花样游泳项目专项特点的研究［J］. 北京体育大学学报，2013，36（9）：118-124.

[75] 李跃敏，贺晓初. 花样游泳运动体能训练方法初探［J］. 体育与科学，2010，31（5）：86-89.

[76] 徐建方，张晓欢，冯连世，等. 训练监控方法与手段在花样游泳项目中的应用［J］. 中国体育科技，2012，48（5）：53-62.

[77] 卢刚. 核心区力量训练作为射击项目主要体能训练手段的研究［J］. 广州体育学院学报，2010，30（6）：61-63.

[78] 袁守龙. 对全运会周期射击赛事制度改革后训练学因素变化的研究［J］. 北京体育大学学报，2005，28（9）：1267-1269.

[79] 贾富池，李立，张忠新，等. 我国跆拳道运动研究述评［J］. 河北体育学院学报，2010，24（3）：69-73.

[80] 张会景. 我国跆拳道优秀女选手历届奥运会技战术特征研究［J］. 北京体育大学学报，2011，34（8）：126-128.

[81] 付超，潜沉香. 从第29届奥运会看竞技跆拳道的发展［J］. 广州体育学院学报，2010，30（1）：73-77.

[82] 范凯斌. 射箭运动核心竞技力研究［J］. 体育文化导刊，2009，27（8）：58-60.

[83] 王三保，刘大庆. 射箭项目制胜因素理论解析［J］. 北京体育大学学报，2012，35（10）：127-133.

[84] 张元文. 我国备战第30届伦敦奥运会项目布局研究［J］. 中国体育科技，2010，46（4）：90-98.

[85] 潘慧文，隗金水，邱燕春. 第27届奥运会金牌统计分析［J］. 广州

体育学院学报，2002，22（3）：17-20.

[86] 宋卫. 第28届奥运会各项目群体等级区域竞技格局研究[J]. 安徽体育科技，2007，28（2）：12-16.

[87] 王强，马志君. 第29届奥运会奖牌分布特征研究[J]. 牡丹江师范学院学报：自然科学版，2012，21（3）：27-28.

[88] 胡凯，王韵. 中国第23—30届奥运会金牌分布特征及优势项目的发展趋势[J]. 内蒙古体育科技，2013，26（1）：36-39.

[89] 腾讯奥运. 奥运革命之路——探究规则如何推动体育运动更快、更高、更强[EB/OL]. http://2012.qq.com/zt2012/rules/index.htm.

[90] 任保国，杜宏岩. 中国"奥运争光计划"竞技体育可持续发展战略研究[J]. 滨州学院学报，2006，22（6）：89-96.

[91] 张元文. 近10年奥运会中美竞技项目比较研究[J]. 中国体育科技，2013，49（5）：3-16.

[92] 邓万金. 我国竞技体育竞技实力格局嬗变研究[J]. 广州体育学院学报，2013，33（1）：54-57.

[93] 唐建军，苏丕仁. 中国乒乓球技术体系建构的科学认识及其操作过程[J]. 体育科学，2001，21（6）：38-40.

[94] 陈小平，于芬. 我国普通高校运动训练科学化的构想——以清华大学跳水队为例[J]. 中国体育科技，2003，39（3）：1-7.

[95] 刘建和，杨成波. 隔网对抗类项群（乒、羽、网、排）技术和打法演进过程的初步考察[J]. 成都体育学院学报，2005，31（2）：64-68.

[96] 李京诚，刘璐，徐守森. 国羽毛球队运动员比赛压力源与应对策略的质性研究[J]. 天津体育学院学报，2013，28（3）：185-188.

[97] 程勇民. 羽毛球男子双打多球训练规律的研究[J]. 中国体育科技，2006，42（1）：102-107.

[98] 程勇民，金花，周卫星. 羽毛球运动员战术意识测评及其多媒体训练系统的研制[J]. 广州体育学院学报，2009，29（2）：57-61.

附　　录

附件1：美国第27届至第30届奥运会奖牌细目表

美国2000年第27届悉尼奥运会奖牌细目表

金牌（39枚）					
序号	运动员	小项	大项	总数
1	小加里·哈尔、安东尼·埃尔文	男子50米自由泳	游泳	13枚
2	伦尼·克雷泽尔伯格	男子100米仰泳		
3	伦尼·克雷泽尔伯格	男子200米仰泳		
4	汤姆·马尔乔	男子200米蝶泳		
5	汤姆·多兰	男子400米混合泳		
6	美国男子4×100米队	男子4×100米混合泳接力		
7	布鲁克·贝内特	女子400米自由泳		
8	布鲁克·贝内特	女子800米自由泳		
9	梅根·库恩	女子100米蛙泳		
10	米斯蒂·海曼	女子200米蝶泳		
11	美国女子4×100米队	女子4×100米自由泳接力		
12	美国女子4×200米队	女子4×200米自由泳接力		
13	美国女子4×100米队	女子4×100米混合泳接力		
14	莫里斯·格林	男子100米	田径	10枚
15	迈克尔·约翰逊	男子400米		
16	安吉洛·泰勒	男子400米栏		
17	美国男子4×100米队	男子4×100米接力		
18	美国男子4×400米队	男子4×400米接力		

续上表

序号	运动员	小项	大项	总数
19	尼克·海松	男子撑竿跳高	田径	10枚
20	马里昂·琼斯	女子100米		
21	马里昂·琼斯	女子200米		
22	美国女子4×400米队	女子4×400米接力		
23	斯塔西·德拉吉拉	女子撑竿跳高		
24	美国男子篮球队	男子篮球	篮球	2枚
25	美国女子篮球队	女子篮球		
26	美国女子垒球队	女子垒球	垒球	2枚
27	美国男子垒球队	男子垒球		
28	维纳斯·威廉姆斯	女子单打	网球	2枚
29	维纳斯·威廉姆斯、塞雷纳·威廉姆斯	女子双打		
30	美国男子棒球队	男子棒球	棒球	1枚
31	马蒂·诺斯泰因	男子争先赛	自行车	1枚
32	大卫·奥康纳	三日个人赛	马术	1枚
33	南茜·约翰逊	女子气步枪	射击	1枚
34	劳拉·威尔金森	女子跳台	跳水	1枚
35	斯蒂文·洛佩斯	男子60公斤级	跆拳道	1枚
36	戴因、埃里克	男子	沙滩排球	1枚
37	塔拉·诺特	女子48公斤级	举重	1枚
38	鲁伦·加德纳	古典式130公斤级	摔跤	1枚
39	马克、马格努斯	混合"星"型	帆船	1枚
银牌（25枚）				
序号	运动员	小项	大项	总数
1	阿隆·佩尔索尔	男子200米仰泳	游泳	8枚
2	埃德·摩西	男子100米蛙泳		
3	汤姆·多兰	男子200米混合泳		
4	埃里克·芬特	男子400米混合泳		
5	美国男子4×100米队	男子4×100米自由泳接力		
6	美国男子4×200米队	男子4×200米自由泳接力		
7	黛安娜·芒兹	女子400米自由泳		
8	克里斯蒂·科沃尔	女子200米蛙泳		

续上表

序号	运动员	小项	大项	总数
9	阿尔文·哈里森	男子400米	田径	4枚
10	特伦斯·特拉梅尔	男子110米栏		
11	劳伦斯·约翰逊	男子撑竿跳高		
12	亚当·尼尔森	男子铅球		
13	萨米·汉森	自由式54公斤级	摔跤	3枚
14	布兰登·斯莱	自由式76公斤级		
15	马特·詹姆斯·林德兰德	古典式76公斤级		
16	保罗·福斯特、鲍勃·梅里克	男子"470"型	帆船	2枚
17	珍妮弗、拉瑟尔	女子"470"型		
18	里卡多·华莱斯	57公斤级	拳击	2枚
19	里卡多·威廉姆斯	63.5公斤级		
20	维克托·旺德利	男子个人	射箭	1枚
21	马丽·霍尔登	女子公路计时赛	自行车	1枚
22	美国女子击剑队	女子击剑	击剑	1枚
23	埃米莉·德里尔	女子现代五项	现代五项	1枚
24	泰德·默菲、塞巴斯蒂安·比亚	男子双人单桨无舵手	赛艇	1枚
25	美国女子水球队	女子水球	水球	1枚
铜牌（33枚）				
序号	运动员	小项	大项	总数
1	小加里·哈尔	男子100米自由泳	游泳	10枚
2	克里特·凯勒	男子400米自由泳		
3	克里斯·汤普森	男子1500米自由泳		
4	汤姆·威尔金斯	男子200米混合泳		
5	达拉·托雷斯	女子50米自由泳		
6	珍妮·汤普森、达拉·托雷斯	女子100米自由泳		
7	凯特琳·桑蒂诺	女子800米自由泳		
8	阿曼达·比尔德	女子200米蛙泳		
9	达拉·托雷斯	女子100米蝶泳		
10	克里斯蒂娜·托伊舍	女子200米混合泳		

续上表

序号	运动员	小项	大项	总数
11	马克·克里尔	男子 110 米栏	田径	6 枚
12	约翰·戈迪纳	男子铅球		
13	克里斯·哈芬斯	男子十项全能		
14	梅里萨·莫里森	女子 100 米栏		
15	美国女子 4×100 米队	女子 4×100 米接力		
16	马里昂·琼斯	女子跳远		
17	特里·布兰兹	自由式 58 公斤级	摔跤	3 枚
18	林肯·麦奇尔拉维	自由式 69 公斤级		
19	加雷特·罗尼	古典式 97 公斤级		
20	克莱伦斯·文森	54 公斤级	拳击	3 枚
21	杰尔梅因·泰勒	71 公斤级		
22	克拉里莱安·泰特	91 公斤级		
23	美国三日赛团体队	三日赛团体	马术	2 枚
24	美国盛装舞步团体队	盛装舞步团体		
25	米西·里安、卡伦·克拉夫特	女子双人单桨无舵手	赛艇	2 枚
26	克里斯汀、加内尔	女子轻量级双人双桨		
27	詹姆斯·格里夫斯	男子双向飞碟	射击	2 枚
28	金伯丽·罗德	女子双多向飞碟		
29	美国男子射箭团体队	男子团体	射箭	1 枚
30	兰斯·阿姆斯特朗	男子公路计时赛	自行车	1 枚
31	莫妮卡·塞莱斯	女子单打	网球	1 枚
32	切里尔·哈沃斯	女子 75 公斤以上级	举重	1 枚
33	乔纳森·麦齐、查里·麦齐	混合"49 人"型	帆船	1 枚

美国 2004 年第 28 届雅典奥运会奖牌细目表

金牌（35 枚）				
序号	运动员	小项	大项	总数
1	美国游泳男子队	游泳男子 4×100 米混合泳接力	游泳	12 枚
2	豪尔	游泳男子 50 米自由泳		
3	菲尔普斯	游泳男子 100 米蝶泳		
4	菲尔普斯	游泳男子 200 米个人混合泳		
5	佩尔索尔	游泳男子 200 米仰泳		
6	比尔德	游泳女子 200 米蛙泳		
7	美国游泳女子队	游泳女子 4×200 米自由泳接力		
8	美国游泳男子队	游泳男子 4×200 米自由泳接力		
9	菲尔普斯	游泳男子 200 米蝶泳		
10	佩尔索尔	游泳男子 100 米仰泳		
11	考芙琳	游泳女子 100 米仰泳		
12	菲尔普斯	游泳男子 400 米个人混合泳		
13	美国男子 4×400 米队	男子 4×400 米接力	田径	8 枚
14	美国女子 4×400 米队	女子 4×400 米接力		
15	蒂莫西	男子撑竿跳高		
16	克劳福德	男子 200 米		
17	菲利普斯	男子跳远		
18	海耶斯	女子 100 米栏		
19	瓦里纳	男子 400 米		
20	加特林	男子 100 米		
21	埃蒙斯	射击男子 50 米步枪卧射	射击	2 枚
22	洛德	射击女子飞碟双多向		
23	帕特森	体操女子个人全能	体操	2 枚
24	哈姆	体操男子个人全能		
25	美国女子篮球队	女子篮球	篮球	1 枚
26	美国女子足球队	女子足球	足球	1 枚
27	沃尔什、梅·特雷纳	女子沙滩排球	排球	1 枚
28	美国女子垒球队	女子垒球	垒球	1 枚

续上表

序号	运动员	小项	大项	总数
29	美国赛艇男子队	赛艇男子八人艇	赛艇	1 枚
30	弗尔斯特、伯恩哈姆	帆船帆板男子470级	帆船帆板	1 枚
31	汉密尔顿	公路自行车男子个人计时赛	自行车	1 枚
32	萨格尼斯	女子佩剑个人	击剑	1 枚
33	瓦德	拳击男子81公斤级	拳击	1 枚
34	桑德森	摔跤男子自由式84公斤级	摔跤	1 枚
35	洛佩兹	跆拳道男子负80公斤级	跆拳道	1 枚
银牌（39 枚）				
序号	运动员	小项	大项	总数
1	克菲勒泽格西	男子马拉松	田径	12 枚
2	美国男子4×100米队	男子4×100米接力		
3	史蒂文森	男子撑竿跳高		
4	特兰梅尔	男子110米栏		
5	威廉姆斯	男子200米		
6	莫菲特	男子跳远		
7	菲利克斯	女子200米		
8	克雷	男子十项全能		
9	哈里斯	男子400米		
10	海明威	男子跳高		
11	威廉姆斯	女子100米		
12	尼尔森	男子铅球		
13	美国游泳女子队	游泳女子4×100米混合泳接力	游泳	9 枚
14	简森	游泳男子1500米自由泳		
15	克罗克尔	游泳男子100米蝶泳		
16	罗赫蒂	游泳男子200米个人混合泳		
17	比尔德	游泳女子200米个人混合泳		
18	汉森	游泳男子100米蛙泳		
19	美国游泳女子队	游泳女子4×100米自由泳接力		
20	桑德诺	游泳女子400米个人混合泳		
21	文特	游泳男子400米个人混合泳		

续上表

序号	运动员	小项	大项	总数
22	哈姆	男子单杠	体操	6 枚
23	帕特森	女子平衡木		
24	休姆菲雷	女子高低杠		
25	海奇	女子跳马		
26	美国体操男子团体队	体操男子团体		
27	美国体操女子团体队	体操女子团体		
28	凯利	摔跤男子自由式 66 公斤级	摔跤	3 枚
29	阿巴斯	摔跤男子自由式 55 公斤级		
30	麦克曼	摔跤女子 63 公斤级		
31	美国队	马术障碍赛团体赛	马术	2 枚
32	瑟文森	马术三日赛个人赛		
33	洛维尔、奥杰尔特里	帆船帆板龙卷风型	帆船帆板	1 枚
34	阿卜达拉	跆拳道女子负 57 公斤级	跆拳道	1 枚
35	迪米特·巴里	公路自行车女子个人计时赛	自行车	1 枚
36	吉本斯	皮划艇激流回旋女子单人皮艇	皮划艇	1 枚
37	安蒂	射击男子 50 米步枪 3×40	射击	1 枚
38	美国赛艇女子队	赛艇女子八人艇	赛艇	1 枚
39	费什	网球男子单打	网球	1 枚
铜牌（29 枚）				
序号	运动员	小项	大项	总数
1	美国花样游泳队	花样游泳集体	游泳	10 枚
2	美国女子水球队	女子水球		
3	巴托希克、科兹洛娃	花样游泳双人		
4	蒙兹	游泳女子 800 米自由泳		
5	考芙琳	游泳女子 100 米自由泳		
6	汉森	游泳男子 200 米蛙泳		
7	菲尔普斯	游泳男子 200 米自由泳		
8	美国队	游泳男子 4×100 米自由泳接力		
9	桑德诺	游泳女子 400 米自由泳		
10	凯勒	游泳男子 400 米自由泳		
11	莫里森	女子 100 米栏	田径	5 枚
12	布鲁	男子 400 米		

续上表

序号	运动员	小项	大项	总数
13	格林	男子100米	田径	5枚
14	卡斯托	女子马拉松		
15	加特林	男子200米		
16	美国马术团体赛队	马术盛装舞步团体赛	马术	3枚
17	卡普勒	马术障碍赛个人赛		
18	美国马术团体赛队	马术三日赛团体赛		
19	加德纳	摔跤男子古典式120公斤级	摔跤	2枚
20	米兰达	摔跤女子48公斤级		
21	米拉比拉	场地自行车女子记分赛	自行车	2枚
22	尤里奇	公路自行车男子个人计时赛		
23	雅各布森	女子佩剑个人	击剑	1枚
24	库佩茨	女子高低杠	体操	1枚
25	佩德罗	柔道男子负73公斤级	柔道	1枚
26	美国男子篮球队	男子篮球	篮球	1枚
27	麦克匹克、扬斯	女子沙滩排球	排球	1枚
28	威廉姆斯	女子铁人三项	铁人三项	1枚
29	迪雷尔	拳击男子75公斤级	拳击	1枚

美国2008年第29届北京奥运会奖牌细目表

金牌（36枚）				
序号	运动员	小项	大项	总数
1	佩尔索尔、汉森等4人	男子4×100米混合泳接力	游泳	12枚
2	菲尔普斯	男子100米蝶泳		
3	索尼	女子200米蛙泳		
4	罗切特	男子200米仰泳		
5	菲尔普斯	男子200米个人混合泳		
6	菲尔普斯	男子200米蝶泳		
7	菲尔普斯、罗切特、伯恩斯7人	男子4×200米自由泳接力		
8	菲尔普斯	男子200米自由泳		
9	考芙琳	女子100米仰泳		

续上表

序号	运动员	小项	大项	总数
10	佩尔索尔	男子100米仰泳	游泳	12枚
11	菲尔普斯、韦伯、琼斯等7人	男子4×100米自由泳接力		
12	菲尔普斯	男子400米个人混合泳		
13	梅里特、A.泰勒、内维尔、瓦里纳	男子4×400米接力	田径	7枚
14	维恩博格、费利克斯等4人	女子4×400米接力		
15	克雷	男子十项全能		
16	梅里特	男子400米		
17	哈佩尔	女子100米栏		
18	布朗·特拉福顿	女子铁饼		
19	安杰罗·泰勒	男子400米栏		
20	罗杰斯、达豪瑟	男子团体赛	沙滩排球	2枚
21	沃尔什、梅·特雷纳	女子团体赛		
22	布泽尔、基德等12人	男子篮球	篮球	2枚
23	庞德克斯特、奥古斯塔斯等12人	女子篮球		
24	肖恩·约翰逊	女子平衡木	体操	2枚
25	柳金	女子个人全能		
26	汉考克	男子飞碟双向	射击	2枚
27	埃勒	男子飞碟双多向		
28	索罗、米特斯、兰波内等18人	女子	足球	1枚
29	鲍尔、鲁尼、普里迪等12人	男子排球	排球	1枚
30	V.威廉姆斯、S.威廉姆斯	女子双打	网球	1枚
31	劳拉·克劳特、比齐·马登等4人	公开团体赛	马术	1枚
32	唐尼克里夫	女子激光雷迪尔级	帆船	1枚
33	塞久多	男子55公斤级	摔跤	1枚
34	扎格尼斯	女子佩剑个人赛	击剑	1枚
35	卡法罗、绍普、古戴尔等9人	女子八人单桨有舵手	赛艇	1枚
36	K.阿姆斯特朗	女子个人计时赛	自行车	1枚

续上表

银牌（38 枚）				
序号	运动员	小项	大项	总数
1	考芙琳、索尼、马格努松等4人	女子4×100米混合泳接力	游泳	9枚
2	托雷斯	女子50米自由泳		
3	霍尔泽	女子200米仰泳		
4	佩尔索尔	男子200米仰泳		
5	丽贝卡·索尼	女子100米蛙泳		
6	格雷沃斯	男子100米仰泳		
7	马格努松	男子100米蝶泳		
8	霍夫	女子400米自由泳		
9	考芙琳、内梅尔等6人	女子4×100米自由泳接力		
10	大卫·佩恩	男子110米栏	田径	9枚
11	费利克斯	女子200米		
12	瓦里纳	男子400米		
13	克劳福德	男子200米		
14	托斯塔	女子400米栏		
15	斯图辛斯基	女子撑竿跳高		
16	克莱门特	男子400米栏		
17	方丹	女子七项全能		
18	坎特维尔	男子铅球		
19	柳金	女子平衡木	体操	6枚
20	霍顿	男子单杠		
21	柳金	女子高低杠		
22	肖恩·约翰逊	女子自由体操		
23	肖恩·约翰逊	女子个人全能		
24	肖恩·约翰逊、柳金等6人	女子团体赛		
25	莫豪斯、罗杰斯等4人	男子佩剑团体赛	击剑	3枚
26	克罗斯、斯马特、汤普森	女子花剑团体赛		
27	雅各布森	女子佩剑个人赛		

续上表

序号	运动员	小项	大项	总数
28	M. 埃蒙斯	男子 50 米步枪卧射	射击	2 枚
29	罗德	女子飞碟双向		
30	摩西、瓦雷拉斯等 13 人	男子水球	水球	2 枚
31	E. 阿姆斯特朗、佩特里等 12 人	女子水球		
32	迈克·戴	男子个人赛	自行车	1 枚
33	马克·洛佩兹	男子 68 公斤以下级	跆拳道	1 枚
34	Z. 莱利	公开芬兰人级	帆船	1 枚
35	奎雷特	女子单人双桨	赛艇	1 枚
36	迈尔斯（麦金莱克）	公开个人赛	马术	1 枚
37	恩纳玛尼、斯科特等 12 人	女子排球	排球	1 枚
38	门多萨、奥斯特曼等 14 人	女子	垒球	1 枚
铜牌（36 枚）				
序号	运动员	小项	大项	总数
1	考芙琳	女子 100 米自由泳	游泳	10 枚
2	罗切特	男子 200 米个人混合泳		
3	雷扎克	男子 100 米自由泳		
4	施密特、考芙琳、伯克尔、霍夫	女子 4×200 米自由泳接力		
5	考芙琳	女子 200 米个人混合泳		
6	范德凯伊	男子 200 米自由泳		
7	霍尔泽	女子 100 米仰泳		
8	霍夫	女子 400 米个人混合泳		
9	罗切特	男子 400 米个人混合泳		
10	詹森	男子 400 米自由泳		
11	大卫·奥利弗	男子 110 米栏	田径	7 枚
12	内维尔	男子 400 米		
13	迪克斯	男子 200 米		
14	理查德兹	女子 400 米		
15	B. 杰克逊	男子 400 米栏		
16	迪克斯	男子 100 米		
17	弗拉纳甘	女子 10000 米		

续上表

序号	运动员	小项	大项	总数
18	多尼·罗宾逊	男子个人赛	自行车	3 枚
19	雷菲默	男子个人计时赛		
20	金特娜	女子个人赛		
21	斯蒂文·洛佩兹	男子 80 公斤级以下	跆拳道	2 枚
22	戴安娜·洛佩兹	女子 57 公斤级以下		
23	柳金	女子自由体操	体操	2 枚
24	霍顿、谭凯文、斯普林等 6 人	男子团体赛		
25	沃德、扎古尼斯、雅各布森	男子佩剑团体赛	击剑	2 枚
26	沃德	女子佩剑个人赛		
27	科格戴尔	女子飞碟多向	射击	2 枚
28	贾森·特纳	男子 10 米气手枪		
29	米勒	女子 63 公斤级	摔跤	2 枚
30	惠勒	男子 96 公斤级		
31	马登（奥森蒂克）	公开个人赛	马术	1 枚
32	B. 布莱恩、M. 布莱恩	男子双打	网球	1 枚
33	唐纳德、尼克斯、马森等 24 人	男子棒球	棒球	1 枚
34	维尔德	男子 91 公斤级	拳击	1 枚
35	霍普曼、施诺布里奇等 9 人	男子八人单桨有舵手	赛艇	1 枚
36	罗塞	女子 70 公斤级	柔道	1 枚

美国 2012 年第 30 届伦敦奥运会奖牌细目表

金牌（46 枚）				
序号	运动员	小项	大项	总数
1	富兰克林、丽贝卡·索尼等 8 人	女子 4×100 米混合泳接力	游泳	16 枚
2	格里夫斯、布伦丹·汉森等 8 人	男子 4×100 米混合泳接力		
3	富兰克林	女子 200 米仰泳		
4	菲尔普斯	男子 100 米蝶泳		
5	勒德基	女子 800 米自由泳		
6	丽贝卡·索尼	女子 200 米蛙泳		
7	克拉里	男子 200 米仰泳		

续上表

序号	运动员	小项	大项	总数
8	菲尔普斯	男子 200 米个人混合泳	游泳	16 枚
9	阿德里安	男子 100 米自由泳		
10	富兰克林、沃尔默、弗里兰等 6 人	女子 4×200 米自由泳接力		
11	埃里森·施密特	女子 200 米自由泳		
12	罗切特、C.戴尔、布伦斯等 7 人	男子 4×200 米自由泳接力		
13	富兰克林	女子 100 米仰泳		
14	格里夫斯	男子 100 米仰泳		
15	沃尔默	女子 100 米蝶泳		
16	罗切特	男子 400 米个人混合泳		
17	特罗特、菲利克斯、迈克罗里等 6 人	女子 4×400 米接力	田径	9 枚
18	麦迪逊、菲利克斯、奈特等 6 人	女子 4×100 米接力		
19	C.泰勒	男子三级跳远		
20	伊顿	男子十项全能		
21	梅里特	男子 110 米栏		
22	里瑟	女子跳远		
23	菲利克斯	女子 200 米		
24	苏尔	女子撑竿跳高		
25	理查兹	女子 400 米		
26	莱斯曼	女子自由体操	体操	3 枚
27	道格拉斯	女子个人全能		
28	道格拉斯、马罗尼、莱斯曼等 5 人	女子团体		
29	格雷	女子 50 米步枪三姿	射击	3 枚
30	汉考克	男子飞碟双向		
31	金伯丽·罗德	女子飞碟双向		
32	小威廉姆斯、大威廉姆斯	女子双打	网球	3 枚
33	小威廉姆斯	女子单打		
34	迈克·布赖恩、鲍勃·布赖恩	男子双打		

续上表

序号	运动员	小项	大项	总数
35	瓦尔内	男子自由式96公斤级	摔跤	2枚
36	布罗斯	男子自由式74公斤级		
37	钱德勒、凯文·杜兰特等12人	男子篮球	篮球	2枚
38	沃伦、奥古斯托斯、伯德等12人	女子篮球		
39	鲍迪亚	男子单人10米跳台	跳水	1枚
40	B.阿姆斯特朗、佩特里等14人	女子水球	水球	1枚
41	索洛、兰博尼、奥哈拉等18人	女子足球	足球	1枚
42	沃尔什、梅·特雷纳	女子沙滩排球	沙滩排球	1枚
43	西尔兹	女子中量级（75公斤）	拳击	1枚
44	卡法罗、弗朗西娅、洛夫格林等9人	女子八人单桨	赛艇	1枚
45	K.哈里森	女子-78公斤级	柔道	1枚
46	阿姆斯特朗	女子个人计时赛	自行车	1枚
银牌（29枚）				
序号	运动员	小项	大项	总数
1	戴普斯、帕顿、基蒙斯等6人	男子4×100米接力	田径	13枚
2	巴雷特	女子跳高		
3	内卢姆、曼斯、麦奎等5人	男子4×400米接力		
4	克雷	男子三级跳远		
5	哈迪	男子十项全能		
6	贾森·理查德森	男子110米栏		
7	德莫斯	女子400米栏		
8	哈珀	女子100米栏		
9	曼萨诺	男子1500米		
10	基纳德	男子跳高		
11	廷斯里	男子400米栏		
12	鲁普	男子10000米		
13	杰特尔	女子100米		

续上表

序号	运动员	小项	大项	总数
14	H.安德森	女子10公里马拉松游泳	游泳	9枚
15	C.琼斯	男子50米自由泳		
16	罗切特	男子200米个人混合泳		
17	菲尔普斯	男子200米蝶泳		
18	索曼	男子100米仰泳		
19	丽贝卡·索尼	女子100米蛙泳		
20	埃里森·施密特	女子400米自由泳		
21	阿德里安、菲尔普斯、C.琼斯等8人	男子4×100米自由泳接力		
22	贝塞尔	女子400米个人混合泳		
23	哈默尔	女子全能	自行车	2枚
24	鲍什、哈默尔、塔马约	女子团体追逐赛		
25	艾普若·罗斯、珍妮弗·凯西	女子沙滩排球	沙滩排球	1枚
26	斯科特、汉尼夫、伯格等12人	女子排球	排球	1枚
27	马罗尼	女子跳马	体操	1枚
28	布赖恩特、约翰斯顿	女子双人3米跳板	跳水	1枚
29	伍基、埃里森、卡明斯基	男子团体	射箭	1枚
铜牌（29枚）				
序号	运动员	小项	大项	总数
1	杰特尔	女子200米	田径	7枚
2	德罗奇	女子跳远		
3	威尔斯	女子100米栏		
4	加特林	男子100米		
5	特罗特	女子400米		
6	克雷	男子跳远		
7	霍法	男子铅球		

续上表

序号	运动员	小项	大项	总数
8	贝塞尔	女子 200 米仰泳	游泳	6 枚
9	罗切特	男子 200 米仰泳		
10	勒夫伦茨	女子 200 米个人混合泳		
11	布伦丹·汉森	男子 100 米蛙泳		
12	范德凯伊	男子 400 米自由泳		
13	富兰克林、哈迪、尼亚尔等 6 人	女子 4×100 米自由泳接力		
14	杜麦斯、伊普森	男子双人 3 米跳板	跳水	2 枚
15	布蒂亚、麦克克罗里	男子双人 10 米跳台		
16	C. 斯科特	男子自由式 60 公斤级	摔跤	2 枚
17	陈美玲	女子自由式 48 公斤级		
18	莱斯曼	平衡木	体操	2 枚
19	达内尔·莱瓦	男子个人全能		
20	奥卡尔、鲁梅尔、C. 科尔、古尔特	男子四人单桨	赛艇	2 枚
21	N. 德尔、K. 科勒、卡尔莫、马尔特里	女子四人双桨		
22	麦克菲尔森	女子 –67 公斤级	跆拳道	2 枚
23	T. 詹宁斯	男子 –68 公斤级		
24	艾斯帕萨	女子蝇量级（51 公斤）	拳击	1 枚
25	马修·埃蒙斯	男子 50 米步枪三姿	射击	1 枚
26	雷蒙德、迈克·布赖恩	混合双打	网球	1 枚
27	古尔德	女子越野赛	自行车	1 枚
28	赫尔利、劳伦斯、斯坎南、赫尔利	女子重剑团体	击剑	1 枚
29	马罗伊	女子 –57 公斤级	柔道	1 枚

附件2：俄罗斯第27届至第30届奥运会奖牌细目表

俄罗斯2000年第27届悉尼奥运会奖牌细目表

金牌（32枚）				
序号	运动员	小项	大项	总数
1	扎莫洛德奇科娃·埃琳娜	女子自由体操	体操	7枚
2	扎莫洛德奇科娃·埃琳娜	女子跳马		
3	霍尔金娜·斯韦特兰娜	女子高低杠		
4	涅莫夫·阿莱克斯	男子个人全能		
5	涅莫夫·阿莱克斯	男子单杠		
6	巴尔斯卢科娃·尤利亚	女子个人全能		
7	俄罗斯女子团体队	女子团体		
8	穆索贝斯·大卫	男子130公斤级自由式	摔跤	6枚
9	萨莫格切夫·瓦特雷斯	男子63公斤级古典式		
10	奥马诺夫·穆拉德	男子63公斤级自由式摔跤		
11	卡达诺夫·穆拉特	男子76公斤级古典式摔跤		
12	塞蒂夫·亚当	男子85公斤级自由式摔跤		
13	穆塔塞利耶夫·塞德	男子97公斤级自由式		
14	俄罗斯女子团体队	女子团体重剑	击剑	3枚
15	科洛巴科夫·帕维尔	男子单人重剑		
16	俄罗斯男子团体队	男子团体佩剑		
17	派华露娃·伊里娜	女子400米栏	田径	3枚
18	耶利西娜·耶利娜	女子跳高		
19	克留金·塞尔格	男子跳高		
20	塞托夫·奥莱格	男子67公斤级	拳击	2枚
21	雷比泽科·亚历桑德拉	男子81公斤级		
22	俄罗斯女子双人队	女子双人	花样游泳	2枚
23	俄罗斯女子团体队	女子团体		

续上表

序号	运动员	小项	大项	总数
24	俄罗斯女子双人队	女子双人3米跳板	跳水	2枚
25	俄罗斯男子双人队	男子双人10米跳台		
26	卡拉瓦耶娃·伊莉娜	女子个人	蹦床	2枚
27	莫斯卡伦高·阿莱克斯德尔	男子个人		
28	阿利费伦高·瑟格	男子25米手枪速射	射击	1枚
29	俄罗斯男子手球队	男子手球	手球	1枚
30	斯瓦科夫斯基·蒂米特里	男子个人	现代五项	1枚
31	卡费尔尼科夫	男子单打	网球	1枚
32	埃基穆夫·维亚切斯拉夫	公路自行车男子个人计时赛	自行车	1枚

银牌（28枚）

序号	运动员	小项	大项	总数
1	俄罗斯女子团体队	女子团体	体操	5枚
2	洛巴兹尼丘克·埃卡特里娜	女子平衡木		
3	霍尔金娜·斯韦特兰娜	女子自由体操		
4	涅莫夫·阿莱克斯	男子自由体操		
5	邦达连科·亚利克斯	男子跳马		
6	普霍露娃·耶利娜	女子七项全能	田径	4枚
7	雷贝德娃·塔亚娜	女子三级跳		
8	佩里申科·拉里萨	女子铅球		
9	库泽科娃·奥尔加	女子链球		
10	戈尔多比纳·塔田娜	女子50米小口径自选步枪	射击	3枚
11	德米娜·斯沃特兰纳	女子双向飞碟		
12	哈季贝科夫·阿尔滕	男子10米气步枪		
13	马拉卡贝科夫·莱姆库	男子54公斤级	拳击	3枚
14	盖达贝科夫·盖达尔贝克	男子75公斤级		
15	伊布拉穆夫·索坦可汗	男子91公斤级		
16	卡雷琳·阿莱科桑德	男子130公斤级古典式	摔跤	2枚
17	吉蒂诺夫·阿尔森	男子69公斤级自由式		
18	俄罗斯女子排球队	女子排球	排球	2枚
19	俄罗斯男子排球队	男子排球		

续上表

序号	运动员	小项	大项	总数
20	波波娃·瓦论蒂娜	女子63公斤级	举重	1枚
21	俄罗斯男子水球队	男子水球	水球	1枚
22	俄罗斯男子双人队	男子双人3米跳板	跳水	1枚
23	波波夫·阿莱科桑德	男子100米自由泳	游泳	1枚
24	奥帕雷夫·马克西姆	男子500米单人划艇	皮划艇	1枚
25	戴蒙蒂耶娃·埃琳娜	女子单打	网球	1枚
26	格里切娜·奥科莎娜	场地自行车女子争先赛	自行车	1枚
27	伊万诺娃·纳塔莉亚	女子67公斤以上级	跆拳道	1枚
28	巴罗里特娃·里奥波娃	女子48公斤级	柔道	1枚

铜牌（28枚）

序号	运动员	小项	大项	总数
1	普杜露娃·埃琳娜	女子平衡木	体操	6枚
2	洛巴兹尼丘克·埃卡特里娜	女子跳马		
3	涅莫夫·阿莱克斯	男子双杠		
4	俄罗斯男子团体队	男子团体		
5	涅莫夫·阿莱克斯	男子鞍马		
6	卡巴伊娃·阿利娜	女子个人全能		
7	俄罗斯女子4×400米队	女子4×400米接力	田径	5枚
8	安治耶夫·瓦拉迪米尔	男子20公里竞走		
9	卡普斯汀·丹尼斯	男子三级跳		
10	塔拉索夫·马克斯米	男子撑竿跳		
11	马卡洛夫·塞尔格	男子标枪		
12	切梅尔金·安德烈	男子105公斤以上级	举重	2枚
13	佩罗夫·阿莱克斯	男子94公斤级		
14	菲克里斯托娃·玛利亚	女子50米小口径自选步枪	射击	2枚
15	阿列尼科夫·埃弗格尼	男子10米气步枪		
16	德贾马罗迪诺夫·凯米尔	男子57公斤级	拳击	2枚
17	马莱汀·亚利桑德罗	男子60公斤级		
18	特梅诺夫·特梅尔兰	男子100公斤以上级	柔道	2枚
19	斯特皮·伊洛利	男子100公斤级		

续上表

序号	运动员	小项	大项	总数
20	史莉奥莎莉娃·奥尔加	场地自行车女子记分赛	自行车	2枚
21	马尔科夫·阿雷克塞	场地自行车男子记分赛		
22	萨乌丁·蒂米特里	男子10米跳台	跳水	2枚
23	萨乌丁·蒂米特里	男子3米跳板		
24	俄罗斯女子四人队	女子四人双桨无舵手	赛艇	1枚
25	俄罗斯女子水球队	女子水球	水球	1枚
26	史诺德诺夫·罗曼	男子100米蛙泳	游泳	1枚
27	舍甫申科·蒂米特里	男子单人花剑	击剑	1枚
28	格鲁切科夫·阿莱克斯	男子69公斤级古典式	摔跤	1枚

俄罗斯2004年第28届雅典奥运会奖牌细目表

金牌（27枚）				
序号	运动员	小项	大项	总数
1	博尔扎科夫斯基	男子800米	田径	6枚
2	斯雷萨伦科	女子跳高		
3	库岑科娃	女子链球		
4	伊辛巴耶娃	女子撑竿跳高		
5	莱贝德娃	女子跳远		
6	萨多娃	女子铁饼		
7	加特萨洛夫	摔跤男子自由式96公斤级	摔跤	5枚
8	萨蒂耶夫	摔跤男子自由式74公斤级		
9	巴蒂罗夫	摔跤男子自由式55公斤级		
10	巴罗耶夫	摔跤男子古典式120公斤级		
11	米西恩	摔跤男子古典式84公斤级		
12	加尔金娜	射击女子50米步枪3×20	射击	3枚
13	内斯特鲁耶夫	射击男子50米手枪慢射		
14	阿里波夫	射击男子飞碟多向		
15	波维特金	拳击男子91公斤以上级	拳击	3枚
16	蒂切琴科	拳击男子57公斤级		
17	盖达贝科夫	拳击男子75公斤级		

续上表

序号	运动员	小项	大项	总数
18	俄罗斯队	花样游泳集体	游泳	2 枚
19	达维多娃、叶尔马科娃	花样游泳双人		
20	卡巴耶娃	艺术体操个人全能	体操	2 枚
21	俄罗斯艺术体操队	艺术体操集体全能		
22	斯鲁萨列娃	场地自行车女子记分赛	自行车	2 枚
23	伊格纳耶夫	场地自行车男子记分赛		
24	莫伊谢夫	男子现代五项	现代五项	1 枚
25	贝雷斯托夫	举重男子 105 公斤级	举重	1 枚
26	弗得罗弗特斯弗等 4 人	赛艇男子四人双桨	赛艇	1 枚
27	俄罗斯女子重剑团体队	女子重剑团体	击剑	1 枚
银牌（27 枚）				
序号	运动员	小项	大项	总数
1	俄罗斯女子 4×400 米队	女子 4×400 米接力	田径	7 枚
2	托马索娃	女子 1500 米		
3	俄罗斯女子 4×100 米队	女子 4×100 米接力		
4	希马吉娜	女子跳远		
5	尼泽格罗多夫	男子 50 公里竞走		
6	费奥法诺娃	女子撑竿跳高		
7	伊万诺娃	女子 20 公里竞走		
8	内斯特鲁耶夫	射击男子 10 米气手枪	射击	4 枚
9	加尔金娜	射击女子 10 米气步枪		
10	波利亚科夫	射击男子 25 米手枪速射		
11	布林诺夫	射击男子 10 米移动靶		
12	霍尔金娜	体操女子个人全能	体操	3 枚
13	莫斯卡伦科	蹦床男子个人		
14	恰希娜	艺术体操个人全能		
15	冈查罗娃、科尔图诺娃	跳水女子双人 10 米跳台	游泳	3 枚
16	科马洛娃	游泳女子 200 米仰泳		
17	帕卡琳娜、伊莲娜	跳水女子双人 3 米跳板		

续上表

序号	运动员	小项	大项	总数
18	马梅达列夫	摔跤男子古典式 55 公斤级	摔跤	2 枚
19	曼尼欧洛娃	摔跤女子 72 公斤级		
20	扎博洛特纳娅	举重女子 75 公斤级	举重	2 枚
21	阿卡耶夫	举重男子 94 公斤级		
22	特梅诺夫	柔道男子 100 公斤以上级	柔道	2 枚
23	马卡罗夫	柔道男子负 73 公斤级		
24	阿巴索娃	场地自行车女子争先赛	自行车	2 枚
25	埃基莫夫	公路自行车男子个人计时赛		
26	俄罗斯女子排球队	女子排球	排球	1 枚
27	克斯托德洛德、科瓦列夫	皮划艇男子双人划艇 1000 米	皮划艇	1 枚
铜牌（38 枚）				
序号	运动员	小项	大项	总数
1	马卡罗夫	男子标枪	田径	7 枚
2	安特尤科	女子 400 米		
3	科托娃	女子跳远		
4	沃耶沃丁	男子 50 公里竞走		
5	莱贝德娃	女子三级跳远		
6	博肯亚	男子三级跳远		
7	克里维约娃	女子铅球		
8	皮萨列夫斯基	举重男子 105 公斤级	举重	5 枚
9	特尤金	举重男子 94 公斤级		
10	波波娃	举重女子 75 公斤级		
11	佩里佩琴诺夫	举重男子 77 公斤级		
12	卡萨耶娃	举重女子 69 公斤级		
13	萨日多夫	摔跤男子自由式 84 公斤级	摔跤	3 枚
14	莫塔扎列夫	摔跤男子自由式 66 公斤级		
15	萨莫加切夫	摔跤男子古典式 74 公斤级		
16	冬古扎什维利	柔道女子 78 公斤以上级	柔道	3 枚
17	塔奥夫	柔道男子负 90 公斤级		
18	诺索夫	柔道男子负 81 公斤级		

续上表

序号	运动员	小项	大项	总数
19	阿利菲伦科	射击男子 25 米手枪速射	射击	3 枚
20	列金	射击男子 10 米移动靶		
21	伊萨科夫	射击男子 10 米气手枪		
22	塞托夫	拳击男子 69 公斤级	拳击	3 枚
23	卡拉切夫	拳击男子 60 公斤级		
24	卡扎科夫	拳击男子 48 公斤级		
25	俄罗斯队	男子水球	游泳	3 枚
26	帕卡琳娜	跳水女子 3 米跳板		
27	萨乌丁	跳水男子 3 米跳板		
28	俄罗斯男子花剑团体队	男子花剑团体	击剑	3 枚
29	科罗布科夫	男子重剑个人		
30	俄罗斯男子佩剑团体队	男子佩剑团体		
31	科斯托格罗德、科瓦列夫	皮划艇男子双人划艇 500 米	皮划艇	2 枚
32	奥帕列夫	皮划艇男子单人划艇 500 米		
33	帕夫洛娃	女子跳马	体操	2 枚
34	俄罗斯体操女子团体队	体操女子团体		
35	俄罗斯男子排球队	男子排球	排球	1 枚
36	斯尤萨耶娃	公路自行车女子大组赛	自行车	1 枚
37	俄罗斯女子篮球队	女子篮球	篮球	1 枚
38	俄罗斯男子手球队	男子手球	手球	1 枚

俄罗斯 2008 年第 29 届北京奥运会奖牌细目表

金牌（23 枚）				
序号	运动员	小项	大项	总数
1	穆拉多夫	男子 96 公斤级	摔跤	6 枚
2	塞蒂耶夫	男子 74 公斤级		
3	巴蒂罗夫	男子 60 公斤级		
4	库什托夫	男子 96 公斤级		
5	曼吉耶夫	男子 55 公斤级		
6	阿尔比耶夫	男子 60 公斤级		

续上表

序号	运动员	小项	大项	总数
7	波尔亚科娃、费多里娃等4人	女子4×100米接力	田径	6枚
8	卡尼斯金娜	女子20公里竞走		
9	希尔诺夫	男子跳高		
10	伊辛巴耶娃	女子撑竿跳高		
11	萨米托娃	女子3000米障碍赛		
12	博尔钦	男子20公里竞走		
13	阿利伊丘克、加夫里连科等6人	女子集体项目	体操	2枚
14	卡纳耶娃	女子个人全能		
15	蒂什琴科	男子60公斤级	拳击	2枚
16	查克基耶夫	男子91公斤级		
17	达维多娃、叶尔马科娃等9人	女子团体赛	花样游泳	2枚
18	达维多娃、叶尔马科娃	女子双人		
19	奥帕莱夫	男子单人划艇500米	皮划艇	1枚
20	莫伊塞耶夫	男子个人赛	现代五项	1枚
21	伊尔琴科	女子10公里公开水域	游泳	1枚
22	德门蒂耶娃	女子单打	网球	1枚
23	博伊科、拉莫诺娃等4人	女子花剑团体赛	击剑	1枚
银牌（21枚）				
序号	运动员	小项	大项	总数
1	古什奇娜、利特维诺娃等4人	女子4×400米接力	田径	5枚
2	莱贝德娃	女子跳远		
3	卢克亚年科	男子撑竿跳高		
4	阿巴库莫娃	女子标枪		
5	莱贝德娃	女子三级跳远		
6	奇吉谢夫	男子+105公斤级	举重	4枚
7	科洛科夫	男子105公斤级		
8	斯里文科	女子69公斤级		
9	莎尼诺娃	女子58公斤级		

续上表

序号	运动员	小项	大项	总数
10	帕卡琳娜	女子3米跳板	跳水	3枚
11	萨乌丁、库纳科夫	男子双人3米跳板		
12	帕卡琳娜、波兹尼亚科娃	女子双人3米跳板		
13	阿克梅多夫	男子120公斤级	摔跤	3枚
14	卡塔舍娃	女子63公斤级		
15	巴罗耶夫	男子120公斤级		
16	帕德琳娜	女子10米气手枪	射击	2枚
17	加尔金娜	女子10米气步枪		
18	苏斯里娜等14人	女子手球	手球	1枚
19	尤金、科斯托格罗德	男子双人划艇500米	皮划艇	1枚
20	萨芬娜	女子单打	网球	1枚
21	罗宾采夫、拉古诺夫等5人	男子4×200米自由泳接力	游泳	1枚

铜牌（29枚）

序号	运动员	小项	大项	总数
1	奇切罗娃	女子跳高	田径	7枚
2	戴尔丁、弗罗洛夫等4人	男子4×400米接力		
3	尼热戈罗多夫	男子50公里竞走		
4	里巴科夫	男子跳高		
5	费奥法诺娃	女子撑竿跳高		
6	沃尔科娃	女子3000米障碍赛		
7	切诺娃	女子七项全能		
8	卡伦蒂耶娃	女子越野赛	自行车	3枚
9	伊戈纳特耶夫、A.马尔科夫	男子麦迪逊赛		
10	科罗布内夫	男子公路赛		
11	拉皮科夫	男子105公斤级	举重	3枚
12	阿卡耶夫	男子94公斤级		
13	埃弗茨尤基娜	女子75公斤级		
14	加尔佩林	男子10米跳台	跳水	2枚
15	加尔佩林、D.多布罗斯科克	男子双人10米跳台		

续上表

序号	运动员	小项	大项	总数
16	科托耶夫	男子 84 公斤级	摔跤	2 枚
17	库杜科夫	男子 55 公斤级		
18	维亚恰宁	男子 200 米仰泳	游泳	2 枚
19	维亚恰宁	男子 100 米仰泳		
20	伊萨科夫	男子 50 米手枪慢射	射击	2 枚
21	阿利波夫	男子飞碟多向		
22	戈洛苏茨科夫	男子跳马	体操	2 枚
23	戈洛苏茨科夫	男子自由体操		
24	兹沃娜列娃	女子单打	网球	1 枚
25	库兹涅佐夫、拉里奥诺夫	男子双人划艇	皮划艇	1 枚
26	巴德诺夫	男子个人赛	射箭	1 枚
27	科尔涅耶夫等 12 人	男子排球	排球	1 枚
28	巴拉克辛	男子 51 公斤级	拳击	1 枚
29	库津娜、拉赫马图林娜等 12 人	女子篮球	篮球	1 枚

俄罗斯 2012 年第 30 届伦敦奥运会奖牌细目表

金牌（24 枚）				
序号	运动员	小项	大项	总数
1	萨维诺娃	女子 800 米	田径	8 枚
2	拉什马诺娃	女子 20 公里竞走		
3	科德亚普金	男子 50 公里竞走		
4	奇切洛娃	女子跳高		
5	莱森科	女子链球		
6	安特尤克	女子 400 米栏		
7	尤科霍夫	男子跳高		
8	扎里波娃	女子 3000 米障碍		
9	弗拉索夫	男子古典式 74 公斤级	摔跤	5 枚
10	库加耶夫	男子古典式 84 公斤级		
11	沃罗贝娃	女子自由式 72 公斤级		
12	奥塔苏尔塔诺夫	男子自由式 55 公斤级		
13	波斯蒂加、季亚琴科	男子双人皮艇 200 米		

续上表

序号	运动员	小项	大项	总数
14	达维多娃、格洛莫娃等9人	集体项目	花样游泳	3枚
15	伊什琴科、罗马什娜	双人项目		
16	卡纳耶娃	个人全能		
17	伊萨耶夫	男子-73公斤级	柔道	3枚
18	格拉斯坦	男子-60公斤级		
19	凯布拉耶夫	男子-100公斤级		
20	布里兹纽克等6人	集体全能	体操	2枚
21	穆斯塔芬娜	高低杠		
22	扎哈罗夫	男子单人3米跳板	跳水	1枚
23	梅克霍特切夫	男子轻重量级（81公斤）	拳击	1枚
24	阿帕利科夫、赫特伊等12人	男子排球	排球	1枚

银牌（26枚）

序号	运动员	小项	大项	总数
1	古什金娜、科里沃莎普卡等6人	女子4×400米接力	田径	5枚
2	卡尼斯金娜	女子20公里竞走		
3	E.索科洛娃	女子跳远		
4	科洛德科	女子铅球		
5	皮什查尼科娃	女子铁饼		
6	克什里娜	女子+75公斤级	举重	5枚
7	A.伊万诺夫	男子94公斤级		
8	扎波洛特娜亚	女子75公斤级		
9	阿乌卡多夫	男子85公斤级		
10	查鲁卡耶娃	女子63公斤级		
11	德米特里耶娃	个人全能	体操	4枚
12	科莫娃	女子个人全能		
13	阿布里亚辛	男子跳马		
14	阿法纳斯耶娃、格里什娜等5人	女子团体		
15	奥奇加娃	女子轻量级（60公斤）	拳击	2枚
16	托尔洛波娃	女子中量级（75公斤）		

续上表

序号	运动员	小项	大项	总数
17	库杜科夫	男子自由式 60 公斤级	摔跤	2 枚
18	托特洛夫	男子古典式 96 公斤级		
19	A. 祖埃娃	女子 200 米仰泳	游泳	2 枚
20	科罗特什金	男子 100 米蝶泳		
21	德日格拉佐娃、加芙金诺娃等 4 人	女子花剑团体	击剑	2 枚
22	维利卡亚	女子佩剑个人		
23	莎拉波娃	女子单打	网球	1 枚
24	米卡耶林	男子 +100 公斤级	柔道	1 枚
25	库兹涅佐夫、扎哈罗夫	男子双人 3 米跳板	跳水	1 枚
26	乌沙科夫	男子	蹦床	1 枚

铜牌（32 枚）

序号	运动员	小项	大项	总数
1	波伊斯托格娃	女子 800 米	田径	5 枚
2	什科琳娜	女子跳高		
3	伊辛巴耶娃	女子撑竿跳高		
4	佩特罗娃·阿尔希波娃	女子马拉松		
5	切诺娃	女子七项全能		
6	马科夫	男子自由式 120 公斤级	摔跤	5 枚
7	特萨古什	男子自由式 74 公斤级		
8	沃洛索娃	女子自由式 63 公斤级		
9	库拉马戈默多夫	男子古典式 60 公斤级		
10	塞曼诺夫	男子古典式 55 公斤级		
11	阿布里亚辛	男子自由体操	体操	4 枚
12	帕塞卡	女子跳马		
13	穆斯塔芬娜	女子自由体操		
14	穆斯塔芬娜	女子个人全能		
15	阿洛里安	男子蝇量级（52 公斤）	拳击	3 枚
16	扎姆科沃伊	男子次重量级（69 公斤）		
17	阿拉佩特扬	男子次蝇量级（49 公斤）		

续上表

序号	运动员	小项	大项	总数
18	扎贝林斯卡亚	女子个人计时赛	自行车	2枚
19	扎贝林斯卡亚	女子公路赛		
20	巴里什尼科娃	女子+67公斤级	跆拳道	2枚
21	丹尼森科	男子-58公斤级		
22	施蒂尔	男子单人划艇200米	皮划艇	2枚
23	克罗瓦什科夫、佩乌金	男子双人划艇1000米		
24	埃菲莫娃	女子200米蛙泳	游泳	2枚
25	格雷琴、鲁宾采夫等6人	男子4×100米自由泳接力		
26	阿尔贝戈夫	男子+105公斤级	举重	1枚
27	基里连科、佩特洛娃	女子双打	网球	1枚
28	尼冯托夫	男子-81公斤级	柔道	1枚
29	莫辛	男子飞碟双多向	射击	1枚
30	科瓦列夫	男子佩剑个人	击剑	1枚
31	索罗基娜、维斯洛娃	女子双打	羽毛球	1枚
32	舍维德、莫兹戈夫等12人	男子篮球	篮球	1枚

附件3：德国第27届至第30届奥运会奖牌细目表

德国2000年第27届悉尼奥运会奖牌细目表

金牌（13枚）				
序号	运动员	小项	大项	总数
1	安德烈亚斯·迪特默尔	男子1000米单人划艇	皮划艇	4枚
2	托马斯·施密特	男子单人皮艇障碍回转		
3	比尔吉特·费舍尔、卡特琳·瓦格纳	女子500米双人皮艇		
4	德国女子四人皮艇	女子500米四人皮艇		
5	罗伯特·巴特科	男子个人追逐赛	自行车	3枚
6	德国男子团体队	男子团体追逐赛		
7	扬·乌尔里希	男子公路个人赛		
8	尼尔斯·舒曼	男子800米	田径	2枚
9	海克·德雷克斯勒	女子跳远		
10	德国障碍赛团体队	障碍赛团体	马术	2枚
11	德国盛装舞步团体队	盛装舞步团体		
12	雅娜·西埃姆、卡斯琳·博伦	女子双人双桨	赛艇	2枚
13	德国女子四人双桨队	女子四人双桨		
银牌（17枚）				
序号	运动员	小项	大项	总数
1	斯蒂凡·尼姆克	男子计时赛	自行车	4枚
2	扬斯·莱曼	男子个人追逐赛		
3	扬·乌尔里希	男子公路计时赛		
4	汉卡·库普弗纳盖尔	女子公路个人赛		
5	拉尔夫·比斯多夫	男子花剑个人	击剑	2枚
6	里塔·科内格	女子花剑个人		
7	马克·胡斯特	男子85公斤级	举重	2枚
8	隆尼·韦勒	男子105公斤以上级		

续上表

序号	运动员	小项	大项	总数
9	阿梅丽·卢克斯	女子帆板	帆船	2 枚
10	德国混合"索林"型队	混合"索林"型		
11	伊萨贝尔·韦尔特	盛装舞步个人	马术	1 枚
12	瓦莱莉、克劳迪娅格	女子轻量级双人双桨	赛艇	1 枚
13	费萨尔·埃布努塔利布	男子 60 公斤级	跆拳道	1 枚
14	托米·哈斯	男子单打	网球	1 枚
15	斯蒂凡·伍科维奇	男子	铁人三项	1 枚
16	拉尔斯·里德尔	男子铁饼	田径	1 枚
17	德国男子四人皮艇队	男子 1000 米四人皮艇	皮划艇	1 枚
铜牌（26 枚）				
序号	运动员	小项	大项	总数
1	罗纳德·拉乌赫、蒂姆·维斯科特	男子 500 米双人皮艇	皮划艇	3 枚
2	安德烈亚斯·迪特默尔	男子 500 米单人划艇		
3	斯蒂芬·乌泰斯、拉尔斯·科贝尔	男子 1000 米双人划艇		
4	扬斯·菲德勒	男子争先赛	自行车	3 枚
5	扬斯·菲德勒	男子凯林赛		
6	安德烈亚斯·克勒登	男子公路个人赛		
7	维拉德克·科特尼	男子佩剑个人	击剑	3 枚
8	德国男子佩剑团体队	男子佩剑团体		
9	德国女子花剑团体队	女子花剑团体		
10	德国男子四人双桨队	男子四人双桨	赛艇	3 枚
11	卡特琳·鲁茨乔	女子单人双桨		
12	马塞尔·哈克尔	男子单人双桨		
13	施蒂夫·特洛克	男子 100 米仰泳	游泳	3 枚
14	德国男子 4×100 米队	男子 4×100 米混合泳接力		
15	德国女子 4×200 米队	女子 4×200 米自由泳接力		
16	阿斯特里德·孔贝尔努斯	女子铅球	田径	2 枚
17	基尔斯滕·穆恩乔夫	女子链球		
18	扬·亨佩尔、海科·迈耶	男子跳台双人	跳水	2 枚
19	多尔特·林德内尔	女子跳板		

续上表

序号	运动员	小项	大项	总数
20	德国女子团体队	女子团体	射箭	1枚
21	塞巴斯蒂安·科贝尔	男子81～91公斤级	拳击	1枚
22	乌拉·萨尔茨格贝尔	盛装舞步个人	马术	1枚
23	安·玛利亚·格拉丹特	女子48公斤级	柔道	1枚
24	约尔格·阿曼、阿克塞尔·哈格	男子沙滩排球	沙滩排球	1枚
25	罗兰德·盖布勒尔	混合"龙卷风"型	帆船	1枚
26	亚历山大·莱因波尔德	自由式76公斤级	摔跤	1枚

德国2004年第28届雅典奥运会奖牌细目表

序号	运动员	小项	大项	总数
金牌（14枚）				
1	劳赫、维斯克伊特	皮划艇男子双人皮艇500米	皮划艇	4枚
2	迪特梅尔	皮划艇男子单人划艇500米		
3	吉列、维伦泽克	皮划艇男子双人划艇1000米		
4	德国皮划艇女子	皮划艇女子4人皮艇500米		
5	伯隆、艾维斯、鲁泽、艾尔	赛艇女子四人双桨	赛艇	2枚
6	斯托姆波罗斯基	赛艇女子单人双桨		
7	德国盛装舞步团体队	马术盛装舞步团体赛	马术	2枚
8	德国障碍赛团体队	马术障碍赛团体赛		
9	库泽尔	射击男子10米移动靶	射击	2枚
10	舒曼	射击男子25米手枪速射		
11	博尼什	柔道女子负57公斤级	柔道	1枚
12	多格纳泽	蹦床女子个人	体操	1枚
13	德国自行车男子团体队	场地自行车男子团体争先赛	自行车	1枚
14	德国女子曲棍球队	女子曲棍球	曲棍球	1枚
银牌（16枚）				
1	费斯切尔、莱恩哈德特	皮划艇女子双人皮艇500米	皮划艇	4枚
2	德国皮划艇男子队	皮划艇男子4人皮艇1000米		
3	迪特玛尔	皮划艇男子单人划艇1000米		
4	贝克尔、汉斯	皮划艇激流回旋男子双人划艇		

续上表

序号	运动员	小项	大项	总数
5	雷默、布拉斯博格	赛艇女子轻量级双人双桨	赛艇	2枚
6	瓦勒斯卡、奥佩尔特	赛艇女子双人双桨		
7	内里乌斯	女子标枪	田径	2枚
8	克雷内特	女子铅球		
9	德国游泳男子队	游泳男子4×100米混合泳接力	游泳	2枚
10	维尔斯、施伦博格	跳水男子双人3米跳板		
11	萨兹格伯	马术盛装舞步个人赛	马术	1枚
12	基弗、舒特勒	网球男子双打	网球	1枚
13	德国女子重剑团体队	女子重剑团体	击剑	1枚
14	拉什	射击男子50米步枪卧射	射击	1枚
15	阿恩特	公路自行车女子大组赛	自行车	1枚
16	德国男子手球队	男子手球	手球	1枚
铜牌（18枚）				
序号	运动员	小项	大项	总数
1	布赫舒尔特	游泳女子200米仰泳	游泳	4枚
2	德国游泳女子队	游泳女子4×100米混合泳接力		
3	波尔斯卡	游泳女子200米蛙泳		
4	德国游泳女子队	游泳女子4×200米自由泳接力		
5	沃尔夫	场地自行车男子争先赛	自行车	4枚
6	福尔斯特	场地自行车男子记分赛		
7	斯皮茨	山地自行车女子越野赛		
8	尼姆科	场地自行车男子1公里计时赛		
9	尤拉克	柔道男子负100公斤级	柔道	3枚
10	马蒂亚斯	柔道女子负48公斤级		
11	博海姆	柔道女子负70公斤级		
12	塔伊伯特	拳击男子57公斤级	拳击	2枚
13	拉希莫夫	拳击男子51公斤级		
14	德国男子曲棍球队	男子曲棍球	曲棍球	1枚
15	德国女子足球队	女子足球	足球	1枚
16	普范穆伊勒	皮划艇激流回旋男子单人划艇	皮划艇	1枚

续上表

序号	运动员	小项	大项	总数
17	德国男子重剑团体队	男子重剑团体	击剑	1 枚
18	斯特赫里克	蹦床男子个人	体操	1 枚

德国 2008 年第 29 届北京奥运会奖牌细目表

金牌（16 枚）				
序号	运动员	小项	大项	总数
1	亚历山大·格林	男子单人皮艇	皮划艇	3 枚
2	范妮·菲舍尔等 4 人	女子四人皮艇 500 米		
3	马丁·霍尔施泰因、安德烈亚斯	男子双人皮艇 1000 米		
4	彼得·汤姆森等 5 人	三项赛团体赛	马术	3 枚
5	欣里希·彼得·罗迈克	三项赛个人赛		
6	海克·克默尔等 3 人	盛装舞步团体赛		
7	本亚明·克莱布林克	男子花剑个人	击剑	2 枚
8	布丽塔·海德曼	女子重剑个人		
9	布丽塔·斯特芬	女子 100 米自由泳	游泳	2 枚
10	布丽塔·斯特芬	女子 50 米自由泳		
11	马蒂亚斯·维特豪斯等 18 人	男子曲棍球	曲棍球	1 枚
12	扎比内·施皮茨	女子越野赛	自行车	1 枚
13	莱娜·舍内博恩	女子个人	现代五项	1 枚
14	马蒂亚斯·施泰纳	男子 105 公斤以上级	举重	1 枚
15	扬·弗勒德诺	男子项目	铁人三项	1 枚
16	奥勒·比朔夫	男子 81 公斤级	柔道	1 枚
银牌（10 枚）				
序号	运动员	小项	大项	总数
1	克里斯蒂安·吉勒、托马斯	男子双人划艇 1000 米	皮划艇	2 枚
2	罗纳德·劳厄、蒂姆·维斯克特	男子双人皮艇 500 米		
3	米尔科·恩利希	男子古典式 96 公斤级	摔跤	1 枚
4	拉尔夫·许曼	男子 25 米手枪速射	射击	1 枚
5	罗格·克卢格	男子记分赛	自行车	1 枚
6	奥克萨娜·亚历山德罗芙娜	女子跳马	体操	1 枚

续上表

序号	运动员	小项	大项	总数
7	帕特里克·豪斯丁、萨沙·克莱因	男子10米双人跳台	跳水	1枚
8	安妮卡特琳、克里斯蒂亚娜	女子双人双桨	赛艇	1枚
9	伊莎贝尔·沃思	盛装舞步个人赛	马术	1枚
10	蒂莫·波尔、迪米特里等3人	男子团体	乒乓球	1枚

铜牌（15枚）

序号	运动员	小项	大项	总数
1	吕茨·阿尔特波斯特等4人	男子四人皮艇1000米	皮划艇	3枚
2	卡特琳·瓦格纳-奥古斯丁	女子单人皮艇500米		
3	克里斯蒂安·吉勒、托马斯	男子双人划艇500米		
4	道尔吉苏伦·蒙赫巴亚尔	女子25米手枪	射击	3枚
5	克里斯蒂娜·布林克尔	女子飞碟双向		
6	克里斯蒂安·赖茨	男子25米手枪速射		
7	西蒙娜·劳德尔等18人	女子足球	足球	1枚
8	勒内·恩德斯等3人	男子团体竞速赛	自行车	1枚
9	法比安·汉比兴	男子单杠	体操	1枚
10	迪特·科齐安、海克·菲舍尔	女子3米双人跳板	跳水	1枚
11	布丽塔·奥佩尔特等4人	女子四人双桨	赛艇	1枚
12	托马斯·卢尔茨	男子10公里马拉松	游泳	1枚
13	海克·克默尔	盛装舞步个人赛	马术	1枚
14	扬·彼得·佩科尔特、汉内斯	快速艇-49人级	帆船	1枚
15	克里斯蒂娜·奥贝格福尔	女子标枪	田径	1枚

德国2012年第30届伦敦奥运会奖牌细目表

金牌（11枚）

序号	运动员	小项	大项	总数
1	克雷奇默、库斯切拉	男子双人划艇1000米	皮划艇	3枚
2	韦伯、迪特泽	女子双人皮艇500米		
3	布伦德尔	男子单人划艇1000米		

续上表

序号	运动员	小项	大项	总数
4	K.舒尔茨、P.温德、舍沃夫、格罗哈曼	男子四人双桨	赛艇	2 枚
5	亚当斯基、库夫内等 9 人	男子八人单桨		
6	汤姆森、施赖德、克林克等 5 人	团体三项赛	马术	2 枚
7	荣格	个人三项赛		
8	M.穆勒、海纳、福斯特等 16 人	男子曲棍球	曲棍球	1 枚
9	哈丁	男子铁饼	田径	1 枚
10	布林克、雷克曼	沙滩排球	排球	1 枚
11	沃格尔、维尔特	女子团体争先赛	自行车	1 枚
银牌（19 枚）				
序号	运动员	小项	大项	总数
1	施皮茨	女子越野赛	自行车	4 枚
2	列维	男子凯林赛		
3	阿伦特	女子个人计时赛		
4	马丁	男子个人计时赛		
5	奥托	男子撑竿跳高	田径	4 枚
6	奥博格福尔	女子标枪		
7	施瓦茨科夫	女子七项全能		
8	斯托尔	男子铅球		
9	汉布钦	男子单杠	体操	3 枚
10	纳亚	男子双杠		
11	纳亚	男子个人全能		
12	莱昂哈特、韦伯等 5 人	女子四人皮艇 500 米	皮划艇	2 枚
13	塔斯蒂斯	男子单人划艇		
14	蒂勒	女子-70 公斤级	柔道	2 枚
15	比绍夫	男子-81 公斤级		
16	施耐德、斯皮尔赫、兰格汉伯格	团体盛装舞步赛	马术	1 枚
17	海德曼	女子重剑个人	击剑	1 枚

续上表

序号	运动员	小项	大项	总数
18	A.泰勒、巴、J.里克特、欧皮特	女子四人双桨	赛艇	1枚
19	卢尔茨	男子10公里马拉松游泳	游泳	1枚

铜牌（14枚）				
序号	运动员	小项	大项	总数
1	霍夫	男子单人皮艇1000米	皮划艇	3枚
2	艾格纳	男子单人皮艇		
3	霍尔斯坦、伊赫尔	男子双人皮艇1000米		
4	斯塔尔	女子标枪	田径	3枚
5	霍兹德普	男子撑竿跳高		
6	海德勒	女子链球		
7	托尔泽	男子+100公斤级	柔道	2枚
8	彼得斯	男子–100公斤级		
9	波尔、奥恰洛夫、斯泰格	男子团体	乒乓球	2枚
10	奥恰洛夫	男子单打		
11	奥夫拉斯	个人三项赛	马术	1枚
12	恩德斯、弗尔斯特曼、列维	男子团体争先赛	自行车	1枚
13	巴赫曼、约皮什等4人	男子花剑团体	击剑	1枚
14	弗洛姆	女子–67公斤级	跆拳道	1枚

附件4：中国第27届至第30届奥运会奖牌细目表

中国2000年第27届悉尼奥运会奖牌细目表

金牌（28枚）				
序号	运动员	小项	大项	总数
1	田亮	男子10米跳台	跳水	5枚
2	熊倪	男子3米跳板		
3	熊倪、肖海亮	男子3米跳板双人		
4	李娜、桑雪	女子10米跳台双人		
5	伏明霞	女子3米跳板		
6	占旭刚	男子77公斤级	举重	5枚
7	杨霞	女子53公斤级		
8	陈晓敏	女子63公斤级		
9	林伟宁	女子69公斤级		
10	丁美媛	女子75公斤以上级		
11	孔令辉	男子单打	乒乓球	4枚
12	王励勤、阎森	男子双打		
13	王楠	女子单打		
14	王楠、李菊	女子双打		
15	吉新鹏	男子单打	羽毛球	4枚
16	龚智超	女子单打		
17	葛菲、顾俊	女子双打		
18	张军、高凌	混合双打		
19	蔡亚林	男子10米气步枪	射击	3枚
20	杨凌	男子10米移动靶		
21	陶璐娜	女子10米气手枪		
22	中国男子体操队	男子团体	体操	3枚
23	李小鹏	男子双杠		
24	刘璇	女子平衡木		

续上表

序号	运动员	小项	大项	总数
25	唐琳	女子78公斤级	柔道	2枚
26	袁华	女子78公斤以上级		
27	陈中	女子67公斤以上级	跆拳道	1枚
28	王丽萍	女子20公里竞走	田径	1枚

<table>
<tr><td colspan="5">银牌（16枚）</td></tr>
<tr><td>序号</td><td>运动员</td><td>小项</td><td>大项</td><td>总数</td></tr>
<tr><td>1</td><td>胡佳</td><td>男子10米跳台</td><td rowspan="5">跳水</td><td rowspan="5">5枚</td></tr>
<tr><td>2</td><td>田亮、胡佳</td><td>男子10米跳台双人</td></tr>
<tr><td>3</td><td>李娜</td><td>女子10米跳台</td></tr>
<tr><td>4</td><td>郭晶晶</td><td>女子3米跳板</td></tr>
<tr><td>5</td><td>郭晶晶、伏明霞</td><td>女子3米跳板双人</td></tr>
<tr><td>6</td><td>刘国梁、孔令辉</td><td>男子双打</td><td rowspan="3">乒乓球</td><td rowspan="3">3枚</td></tr>
<tr><td>7</td><td>李菊</td><td>女子单打</td></tr>
<tr><td>8</td><td>杨影、孙晋</td><td>女子双打</td></tr>
<tr><td>9</td><td>杨威</td><td>男子个人全能</td><td rowspan="2">体操</td><td rowspan="2">2枚</td></tr>
<tr><td>10</td><td>凌洁</td><td>女子高低杠</td></tr>
<tr><td>11</td><td>王义夫</td><td>男子气手枪</td><td rowspan="2">射击</td><td rowspan="2">2枚</td></tr>
<tr><td>12</td><td>陶璐娜</td><td>女子运动手枪</td></tr>
<tr><td>13</td><td>黄楠雁、杨维</td><td>女子双打</td><td>羽毛球</td><td>1枚</td></tr>
<tr><td>14</td><td>吴文雄</td><td>男子56公斤级</td><td>举重</td><td>1枚</td></tr>
<tr><td>15</td><td>李淑芳</td><td>女子63公斤级</td><td>柔道</td><td>1枚</td></tr>
<tr><td>16</td><td>中国男子花剑队</td><td>男子花剑团体</td><td>击剑</td><td>1枚</td></tr>
<tr><td colspan="5">铜牌（15枚）</td></tr>
<tr><td>序号</td><td>运动员</td><td>小项</td><td>大项</td><td>总数</td></tr>
<tr><td>1</td><td>中国女子体操队</td><td>女子团体</td><td rowspan="3">体操</td><td rowspan="3">3枚</td></tr>
<tr><td>2</td><td>刘璇</td><td>女子全能</td></tr>
<tr><td>3</td><td>杨云</td><td>女子高低杠</td></tr>
<tr><td>4</td><td>夏煊泽</td><td>男子单打</td><td rowspan="3">羽毛球</td><td rowspan="3">3枚</td></tr>
<tr><td>5</td><td>叶钊颖</td><td>女子单打</td></tr>
<tr><td>6</td><td>高崚、秦艺源</td><td>女子双打</td></tr>
</table>

续上表

序号	运动员	小项	大项	总数
7	牛志远	男子10米移动靶	射击	3枚
8	高静	女子气步枪		
9	高娥	女子多向飞碟		
10	刘国梁	男子单打	乒乓球	1枚
11	张湘祥	男子56公斤级	举重	1枚
12	盛泽田	男子自由式58公斤级	摔跤	1枚
13	刘玉香	女子52公斤级	柔道	1枚
14	中国女子重剑队	女子重剑团体	击剑	1枚
15	姜翠华	女子500米计时赛	自行车	1枚

中国2004年第28届雅典奥运会奖牌细目表

金牌（32枚）				
序号	运动员	小项	大项	总数
1	郭晶晶、吴敏霞	女子双人3米板	跳水	6枚
2	田亮、杨景辉	男子双人10米跳台		
3	劳丽诗、李婷	女子双人10米跳台		
4	彭勃	男子3米跳板		
5	郭晶晶	女子3米跳板		
6	胡佳	男子10米跳台		
7	陈艳青	女子58公斤级	举重	5枚
8	石智勇	男子62公斤级		
9	张国政	男子69公斤级		
10	刘春红	女子69公斤级		
11	唐功红	女子75公斤以上级		
12	杜丽	女子10米气步枪	射击	4枚
13	王义夫	男子10米气手枪		
14	朱启南	男子10米气步枪		
15	贾占波	男子步枪3×40		

续上表

序号	运动员	小项	大项	总数
16	张宁	女子单打	羽毛球	3枚
17	张军、高凌	混合双打		
18	张洁雯、杨维	女子双打		
19	王楠、张怡宁	女子双打	乒乓球	3枚
20	马琳、陈杞	男子双打		
21	张怡宁	女子单打		
22	罗微	女子67公斤	跆拳道	2枚
23	陈中	女子67公斤以上级		
24	刘翔	110米栏	田径	2枚
25	邢慧娜	女子10000米		
26	冼东妹	女子52公斤级	柔道	1枚
27	罗雪娟	女子100米蛙泳	游泳	1枚
28	李婷、孙甜甜	女子双打	网球	1枚
29	滕海滨	鞍马	体操	1枚
30	王旭	女子自由式72公斤级	摔跤	1枚
31	孟关良、杨文军	男子双人划艇500米	皮划艇	1枚
32	中国女排	女子排球	排球	1枚
银牌（17枚）				
序号	运动员	小项	大项	总数
1	吴美锦	男子56公斤级	举重	3枚
2	乐茂盛	男子62公斤级		
3	李卓	女子48公斤级		
4	男子团体	男子花剑团体	击剑	3枚
5	王磊	男子重剑个人		
6	谭雪	女子佩剑个人		
7	李杰	男子10米气步枪	射击	2枚
8	魏宁	女子飞碟双向		
9	吴敏霞	女子3米跳板	跳水	2枚
10	劳丽诗	女子10米跳台		
11	殷剑	女子DⅡ型帆板	帆船	1枚

续上表

序号	运动员	小项	大项	总数
12	高凌、黄穗	女子双打	羽毛球	1 枚
13	王皓	男子单打	乒乓球	1 枚
14	江永华	女子 500 米计时赛	自行车	1 枚
15	刘霞	女子 70～78 公斤级	柔道	1 枚
16	女子团体	女子团体（距靶盘 70 米）	射箭	1 枚
17	女子 4×200 米团队	女子 4×200 米自由泳接力	游泳	1 枚
铜牌（14 枚）				
序号	运动员	小项	大项	总数
1	高峰	女子 48 公斤级	柔道	3 枚
2	秦东亚	女子 63～70 公斤级		
3	孙福明	女子 +78 公斤级		
4	王正	男子飞碟双多向	射击	3 枚
5	王成意	女子 50 米步枪 3 种姿势		
6	高娥	女子飞碟双多向个人		
7	王励勤	男子单打	乒乓球	2 枚
8	牛剑锋、郭跃	女子双打		
9	李小鹏	男子双杠	体操	2 枚
10	张楠	女子个人全能		
11	田亮	男子 10 米跳台	跳水	1 枚
12	邹市明	男子 -48 公斤级	拳击	1 枚
13	周蜜	女子单打	羽毛球	1 枚
14	黄姗汕	女子个人赛	蹦床	1 枚

中国 2008 年第 29 届北京奥运会奖牌细目表

金牌（51 枚）				
序号	运动员	小项	大项	总数
1	肖钦	男子鞍马	体操	9 枚
2	邹凯	男子单杠		
3	陈一冰	男子吊环		
4	杨威	男子个人全能		

续上表

序号	运动员	小项	大项	总数
5	李小鹏	男子双杠	体操	9 枚
6	中国男子团体队	男子团体		
7	邹凯	男子自由体操		
8	何可欣	女子高低杠		
9	中国女子团体队	女子团体		
10	龙清泉	男子 56 公斤级	举重	8 枚
11	张湘祥	男子 62 公斤级		
12	廖辉	男子 69 公斤级		
13	陆永	男子 85 公斤级		
14	陈燮霞	女子 48 公斤级		
15	陈艳青	女子 58 公斤级		
16	刘春红	女子 69 公斤级		
17	曹磊	女子 75 公斤级		
18	林跃、火亮	男子 10 米双人跳台	跳水	7 枚
19	王峰、秦凯	男子 3 米双人跳板		
20	何冲	男子 3 米跳板		
21	王鑫、陈若琳	女子 10 米双人跳台		
22	陈若琳	女子 10 米跳台		
23	郭晶晶、吴敏霞	女子 3 米双人跳板		
24	郭晶晶	女子 3 米跳板		
25	庞伟	男子 10 米气手枪	射击	5 枚
26	邱健	男子 50 米步枪三种姿势		
27	郭文珺	女子 10 米气手枪		
28	陈颖	女子 25 米手枪		
29	杜丽	女子 50 米步枪三种姿势		
30	马琳	男子单打	乒乓球	4 枚
31	中国男子团体队	男子团体		
32	张怡宁	女子单打		
33	中国女子团体队	女子团体		

续上表

序号	运动员	小项	大项	总数
34	林丹	男子单打	羽毛球	3枚
35	张宁	女子单打		
36	杜婧、于洋	女子双打		
37	冼东妹	女子52公斤级	柔道	3枚
38	杨秀丽	女子78公斤级		
39	佟文	女子78公斤以上级		
40	陆春龙	男子项目	蹦床	2枚
41	何雯娜	女子项目		
42	邹市明	男子轻量级（48公斤级）	拳击	2枚
43	张小平	男子轻重量级（81公斤级）		
44	殷剑	女子帆板	帆船	1枚
45	仲满	男子佩剑个人	击剑	1枚
46	孟关良、杨文军	男子双人划艇500米	皮划艇	1枚
47	中国女子4人队	女子四人双桨	赛艇	1枚
48	张娟娟	女子个人	射箭	1枚
49	王娇	女子自由式-72公斤级	摔跤	1枚
50	吴静钰	女子49公斤级	跆拳道	1枚
51	刘子歌	女子200米蝶泳	游泳	1枚
银牌（21枚）				
序号	运动员	小项	大项	总数
1	张琳	男子400米自由泳	游泳	3枚
2	焦刘洋	女子200米蝶泳		
3	女子4×200米团体队	女子4×200米自由泳接力		
4	王皓	男子单打	乒乓球	2枚
5	王楠	女子单打		
6	蔡赟、傅海峰	男子双打	羽毛球	2枚
7	谢杏芳	女子单打		
8	朱启南	男子10米气步枪	射击	2枚
9	谭宗亮	男子50米手枪		

续上表

序号	运动员	小项	大项	总数
10	常永祥	男子古典式 74 公斤级	摔跤	2 枚
11	许莉	女子自由式 55 公斤级		
12	中国女子佩剑团队	女子佩剑团体	击剑	1 枚
13	杨威	男子全能	体操	1 枚
14	李宏利	男子 77 公斤级	举重	1 枚
15	中国女子曲棍球队	女子项目	曲棍球	1 枚
16	张志磊	男子超重量级（91 公斤以上级）	拳击	1 枚
17	吴优、高玉兰	女子双人单桨	赛艇	1 枚
18	王洁、田佳	女子	沙滩排球	1 枚
19	中国女子射箭团体队	女子团体	射箭	1 枚
20	周吕鑫	男子 10 米跳台	跳水	1 枚
21	女子艺术团体队	集体全能	艺术体操	1 枚

铜牌（28 枚）

序号	运动员	小项	大项	总数
1	杨伊琳	女子个人全能	体操	4 枚
2	程菲	女子平衡木		
3	程菲	女子跳马		
4	杨伊琳	高低杠		
5	何汉斌、于洋	混合双打	羽毛球	3 枚
6	陈金	男子单打		
7	魏铁力、张亚雯	女子双打		
8	秦凯	男子 3 米跳板	跳水	3 枚
9	王鑫	女子 10 米跳台		
10	吴敏霞	女子 3 米跳板		
11	郭跃	女子单打	乒乓球	2 枚
12	王励勤	男子单打		
13	庞佳颖	女子 200 米自由泳	游泳	2 枚
14	女子 4×100 米团体队	女子 4×100 米混合泳接力		
15	张文秀	女子链球	田径	2 枚
16	周春秀	女子马拉松		

续上表

序号	运动员	小项	大项	总数
17	董栋	男子项目	蹦床	1 枚
18	晏紫、郑洁	女子双打	网球	1 枚
19	徐莉佳	女子单人艇－激光雷迪尔级	帆船	1 枚
20	花样游泳团体队	集体项目	花样游泳	1 枚
21	中国女子排球队	女子	排球	1 枚
22	哈那提斯拉木	男子次中量级 69 公斤级	拳击	1 枚
23	许岩	女子 57 公斤级	柔道	1 枚
24	薛晨、张希	女子	沙滩排球	1 枚
25	胡斌渊	男子飞碟双多向	射击	1 枚
26	男子团体射箭	男子团体	射箭	1 枚
27	朱国	男子 80 公斤级	跆拳道	1 枚
28	郭爽	女子争先赛	自行车	1 枚

中国 2012 年第 30 届伦敦奥运会奖牌细目表

金牌（38 枚）				
序号	运动员	小项	大项	总数
1	吴敏霞、何姿	女子双人 3 米跳板	跳水	6 枚
2	曹缘、张雁全	男子双人 10 米跳台		
3	陈若琳、汪皓	女子双人 10 米跳台		
4	秦凯、罗玉通	男子双人 3 米跳板		
5	吴敏霞	女子 3 米跳板		
6	陈若琳	女子 10 米跳台		
7	王明娟	女子 48 公斤级	举重	5 枚
8	李雪英	女子 58 公斤级		
9	林清峰	男子 69 公斤级		
10	吕小军	男子 77 公斤级		
11	周璐璐	女子 +75 公斤级		
12	孙杨	男子 400 米自由泳	游泳	5 枚
13	孙杨	男子 1500 米自由泳		
14	叶诗文	女子 400 米个人混合泳		
15	叶诗文	女子 200 米个人混合泳		
16	焦刘洋	女子 200 米蝶泳		

续上表

序号	运动员	小项	大项	总数
17	张楠、赵芸蕾	混合双打	羽毛球	5 枚
18	李雪芮	女子单打		
19	田卿、赵芸蕾	女子双打		
20	林丹	男子单打		
21	蔡赟、傅海峰	男子双打		
22	男子团体队	男子团体	体操	4 枚
23	邹凯	男子自由体操		
24	冯喆	男子双杠		
25	邓琳琳	女子平衡木		
26	李晓霞	女子单打	乒乓球	4 枚
27	张继科	男子单打		
28	李晓霞、丁宁、郭跃	女子团体		
29	张继科、王皓、马龙	男子团体		
30	易思玲	女子10米气步枪	射击	2 枚
31	郭文珺	女子10米气手枪		
32	雷声	男子花剑个人	击剑	2 枚
33	女子团体	女子重剑团体		
34	董栋	男子单人	蹦床	1 枚
35	陈定	男子20公里竞走	田径	1 枚
36	徐莉佳	女子单人艇	帆船	1 枚
37	吴静钰	女子–49公斤级	跆拳道	1 枚
38	邹市明	男子次轻量级（49公斤）	拳击	1 枚
银牌（27枚）				
序号	运动员	小项	大项	总数
1	何姿	女子3米跳板	跳水	3 枚
2	秦凯	男子3米跳板		
3	邱波	男子10米跳台		
4	陈一冰	男子吊环	体操	3 枚
5	何可欣	女子高低杠		
6	眭禄	女子平衡木		

续上表

序号	运动员	小项	大项	总数
7	魏宁	女子飞碟双向	射击	2 枚
8	陈颖	女子 25 米手枪		
9	陆滢	女子 100 米蝶泳	游泳	2 枚
10	孙杨	男子 200 米自由泳		
11	吴景彪	男子 56 公斤级	举重	2 枚
12	陆浩杰	男子 77 公斤级		
13	丁宁	女子单打	乒乓球	2 枚
14	王皓	男子单打		
15	徐晨、马晋	混合双打	羽毛球	2 枚
16	王仪涵	女子单打		
17	中国女子团体队员	女子团体竞速赛	自行车	2 枚
18	郭爽	女子凯林赛		
19	徐东香、黄文仪	女子轻量级双人双桨	赛艇	1 枚
20	黄珊汕	女子	蹦床	1 枚
21	景瑞雪	女子自由式 63 公斤级	摔跤	1 枚
22	任灿灿	女子特轻量级（51 公斤）	拳击	1 枚
23	侯玉琢	女子 –57 公斤级	跆拳道	1 枚
24	女子团体队	团体	花样游泳	1 枚
25	曹忠荣	男子	现代五项	1 枚
26	女子团体队员	女子团体	射箭	1 枚
27	徐丽丽	女子 –63 公斤级	柔道	1 枚
铜牌（23 枚）				
序号	运动员	小项	大项	总数
1	王镇	男子 20 公里竞走	田径	5 枚
2	李艳凤	女子铁饼		
3	司天峰	男子 50 公里竞走		
4	切阳什姐	女子 20 公里竞走		
5	巩立姣	女子铅球		

续上表

序号	运动员	小项	大项	总数
6	中国男子团体队员	男子 4×200 米自由泳接力	游泳	3 枚
7	唐奕	女子 100 米自由泳		
8	李玄旭	女子 400 米个人混合泳		
9	丁峰	男子 25 米手枪速射	射击	3 枚
10	王智伟	男子 50 米手枪		
11	喻丹	女子 10 米气步枪		
12	陆春龙	男子	蹦床	2 枚
13	何雯娜	女子		
14	谌龙	男子单打	羽毛球	1 枚
15	邹凯	男子单杠	体操	1 枚
16	黄雪辰、刘鸥	双人花样游泳	花样游泳	1 枚
17	郭爽	女子竞速赛	自行车	1 枚
18	何冲	男子 3 米跳板	跳水	1 枚
19	李金子	女子中量级（75 公斤）	拳击	1 枚
20	孙玉洁	女子重剑个人	击剑	1 枚
21	刘哮波	男子 +80 公斤级	跆拳道	1 枚
22	佟文	女子 +78 公斤级	柔道	1 枚
23	戴小祥	男子个人	射箭	1 枚

附件 5：第 27 届至第 30 届奥运会具体设项情况

第 27 届至第 30 届奥运会比赛项目数目表

（单位：项）

比赛项目	第 27 届	第 28 届	第 29 届	第 30 届
田径	46	46	47	47
游泳	32	32	34（含水域游泳 2 项）	34（含水域游泳 2 项）
跳水	8	8	8	8
花样游泳	2	2	3	3
水球	1	1	2	2
体操	14	14	14	14
艺术体操	2	2	2	2
蹦床	2	2	2	2
自行车	18	18	18	18
射击	17	17	15	15
皮划艇	16	16	16	16
摔跤	16	16	18	18
举重	15	15	15	15
赛艇	14	14	14	14
柔道	14	14	14	14
拳击	12	12	11	13
帆船	10	10	11	10
击剑	10	10	10	10
跆拳道	8	8	8	8
马术	6	6	6	6

续上表

比赛项目	第 27 届	第 28 届	第 29 届	第 30 届
羽毛球	5	5	5	5
网球	4	4	4	5
乒乓球	4	4	4	4
射箭	4	4	4	4
篮球	2	2	2	2
足球	2	2	2	2
排球	2	2	2	2
沙滩排球	2	2	2	2
手球	2	2	2	2
曲棍球	2	2	2	2
现代五项	2	2	2	2
铁人三项	2	2	2	2
棒球	1	1	1	0
垒球	1	1	1	0

附件6：关于中国竞技体育核心竞争力动态链管理体系的问卷

关于中国竞技体育核心竞争力动态链管理体系的专家调查问卷

尊敬的专家：

  您好！

  中国竞技体育核心竞争力动态链管理体系研究，是加强竞技体育管理的现实需要，是促进竞技体育整体水平的客观需求，更是实现我国竞技体育强国梦的必然选择。它有效反映了中国竞技体育可持续性、良性发展的现实利益和要求，避免造成人才、精力、资金上的巨大浪费，最终促使竞技体育科学化发展。所以，加强中国竞技体育核心竞争力动态链管理体系研究，对于实现中国竞技体育水平的长足发展具有非常重要的现实意义。

  问卷仅作课题研究之用，研究中不会透露您的任何私密信息。若您有任何问题欢迎随时和我联系！

  您的意见和建议将作为重要的参考依据，非常感谢您在百忙之中抽空填答！

国家社会科学基金项目研究课题小组
电子邮箱：gtdengwanjin@126.com
2013年10月

您的姓名_____　　职称或职务_____　　年龄____　　工作单位_____

一、填表说明

1. 请您在相应的"□"上打"√"；
2. 请您在相应的栏目上打"√"；
3. 若您有补充的内容和建议，烦请在补充栏内或"_____"填上。

二、注释与定义

  竞争力是竞争优势的基础与源泉，而竞争优势是核心竞争力的动力与根本。竞争力是竞争优势的必要条件，但并非其充分乃至充要条件；竞争优势是核心竞争力的必要条件，但也非其充分乃至充要条件。竞技体育如果没有具备竞争力，必然无法形成竞技体育竞争优势，没有形成竞技体育竞争优势，就根本不可能构建竞技体育核心竞争力。在竞技体育舞台，某个项目不是只要具备了竞争力，就能形成竞争优势，不是只要形成了竞争优势，就能构建核心竞争力，而是具备了竞争力，才有可能形成竞争优势，形成了竞争优势，才有可能构建核心竞争力。基于此逻辑关系，本研究界定竞技体育核心竞争力的定义分为三步：第一步即对竞技体育竞争力的分析。以奥运会为研究平台，选取体育强国在奥运会上的金牌项目和奖牌项目（实力的代表）作为研究对象，通过纵向分析初步筛选出各国比较优势指数超过1的竞技体育项目。第二步即对竞技体育竞争优势的分析。在第一步分析的基础上，选取在连续4届或在3届奥运会上比较优势指数均超过1的项目作为分析对象，通过与其他体育强国的横向对比分析，确定各国竞技体育核心实力项目。第三步即对竞技体育核心竞争力的分析。在第二步分析的基础上，将各国竞技体育核心实力项目置于一个研究整体，通过各国竞技体育核心实力项目的横纵向立体性分析，界定各国竞技体育核心竞争力的组成要素。

1. 竞争是两个或两个以上的个人或集团在一定范围内为夺取他们所共同需要的对象而展开较量的过程。

2. 竞技体育竞争力是指竞争主体在与其他竞争对手的竞争过程中，为追求最佳竞技成绩所表现出来的优势能力，是为保持自身的持续发展而获取更多社会价值的能力。

3. 竞争优势是指在竞争过程中，通过自身要素的优化及与外部环境的交互作用，在有限的资源中获得的相对于竞争对手的独特性赛场位势。

4. 竞技体育核心竞争力是指作为主体层的比较优势指数强的项目和作为支撑层的比较优势指数较强的项目在较长时间内的世界最高竞技舞台上所表现出来的一种竞争实力。

5. 竞技体育动态链管理体系是以奥运会竞赛为导向的项目创新管理机制、以人力资源集优为导向的人才梯队建设培养机制、以主体层和支撑层为结构导向的双元动态管理机制、以科研服务与技战术创新交互为导向的支撑保障管理机制、以竞技体育核心竞争力为发展导向的可持续发展培育机制等相互交融的内外部管理链的统一。

三、调查问题

1. 您认为"中国竞技体育核心竞争力动态链管理体系研究"是否有

意义？

　　□ 非常有意义　　□ 比较有意义　　□ 一般　　□ 比较不重要　　□ 没意义

　　2. 您认为"竞技体育核心竞争力"概念界定的逻辑（竞争 ⇒ 竞技体育竞争力 ⇒ 竞争优势 ⇒ 三者之间的联系与区别 ⇒ 竞技体育核心竞争力）和定义是否科学？

　　□ 非常科学　　□ 比较科学　　□ 一般　　□ 比较不科学　　□ 不科学

　　3. 您认为"竞技体育核心竞争力"推导路径（单届奥运会比较优势指数超过 1 的项目 ⇒ 4 届或 3 届奥运会比较优势指数超过 1 的项目 ⇒ 与其他体育强国相比，比较优势指数突出的项目）是否合理？

　　□ 非常合理　　□ 比较合理　　□ 一般　　□ 比较不合理　　□ 不合理

　　4. 您认为本课题对"竞技体育核心竞争力"的中间层次（即主体层和支撑层）界定是否合理？

　　□ 非常合理　　□ 比较合理　　□ 一般　　□ 比较不合理　　□ 不合理

　　5. 您认为本课题对"美国竞技体育核心竞争力"的最底层次界定是否合理？

　　□ 非常合理　　□ 比较合理　　□ 一般　　□ 比较不合理　　□ 不合理

　　6. 您认为本课题对"俄罗斯竞技体育核心竞争力"的最底层次界定是否合理？

　　□ 非常合理　　□ 比较合理　　□ 一般　　□ 比较不合理　　□ 不合理

　　7. 您认为本课题对"德国竞技体育核心竞争力"的最底层次界定是否合理？

　　□ 非常合理　　□ 比较合理　　□ 一般　　□ 比较不合理　　□ 不合理

　　8. 您认为本课题对"中国竞技体育核心竞争力"的最底层次界定是否合理？

　　□ 非常合理　　□ 比较合理　　□ 一般　　□ 比较不合理　　□ 不合理

　　9. 您认为本课题对"中国竞技体育核心竞争力动态链管理体系"的划分是否合理？

　　□ 非常合理　　□ 比较合理　　□ 一般　　□ 比较不合理　　□ 不合理

　　10. 您认为本课题对"中国竞技体育核心竞争力动态链管理体系"外部管理链的划分是否合理？

　　□ 非常合理　　□ 比较合理　　□ 一般　　□ 比较不合理　　□ 不合理

　　11. 您认为本课题对"中国竞技体育核心竞争力动态链管理体系"内部管理链的划分是否合理？

　　□ 非常合理　　□ 比较合理　　□ 一般　　□ 比较不合理　　□ 不合理

12. 请您对美国竞技体育核心竞争力进行填答（表1）。

美国竞技体育核心竞争力是由作为主体层的游泳、田径、篮球、垒球、网球、沙滩排球和作为支撑层的棒球、马术、水球、足球、排球在较长时间内的世界最高竞技舞台上所表现出来的一种综合实力。

表1 美国竞技体育核心竞争力架构表

目标层次	美国竞技体育核心竞争力										
中间层次	主体层						支撑层				
同意											
不同意											
补充											
最底层次	游泳	田径	篮球	垒球	网球	沙滩排球	棒球	马术	水球	足球	排球
同意											
不同意											
补充											
非常重要											
比较重要											
一般											
比较不重要											
非常不重要											

13. 请您对俄罗斯竞技体育核心竞争力进行填答（表2）。

俄罗斯竞技体育核心竞争力是由作为主体层的田径、排球、体操、摔跤、拳击、花样游泳和作为支撑层的篮球、网球、蹦床、手球、现代五项、举重在较长时间内的世界最高竞技舞台上所表现出来的一种综合实力。

表2 俄罗斯竞技体育核心竞争力架构表

目标层次	俄罗斯竞技体育核心竞争力	
中间层次	主体层	支撑层
同意		
不同意		
补充		

续表2

目标层次	俄罗斯竞技体育核心竞争力										
中间层次	主体层						支撑层				
最底层次	田径	摔跤	拳击	体操	排球	花样游泳	举重	蹦床	手球	网球	篮球	现代五项
同意											
不同意											
补充											
非常重要											
比较重要											
一般											
比较不重要											
非常不重要											

14. 请您对德国竞技体育核心竞争力进行填答（表3）。

德国竞技体育核心竞争力是由作为主体层的马术、皮划艇、自行车、赛艇、曲棍球和作为支撑层的足球、击剑、铁人三项、柔道在较长时间内的世界最高竞技舞台上所表现出来的一种综合实力。

表3 德国竞技体育核心竞争力架构表

目标层次	德国竞技体育核心竞争力								
中间层次	主体层					支撑层			
同意									
不同意									
补充									
最底层次	马术	皮划艇	自行车	赛艇	曲棍球	足球	击剑	铁人三项	柔道
同意									
不同意									
补充									
非常重要									
比较重要									
一般									
比较不重要									
非常不重要									

15. 请您对中国竞技体育核心竞争力进行填答（表4）。

中国竞技体育核心竞争力是由作为主体层的体操、蹦床、举重、跳水、乒乓球、羽毛球和作为支撑层的游泳、花样游泳、射击、跆拳道、射箭在较长时间内的世界最高竞技舞台上所表现出来的一种综合实力。

表4　中国竞技体育核心竞争力架构表

目标层次	中国竞技体育核心竞争力										
中间层次	主体层						支撑层				
同意											
不同意											
补充											
最底层次	体操	蹦床	举重	跳水	乒乓球	羽毛球	游泳	花样游泳	射击	跆拳道	射箭
同意											
不同意											
补充											
非常重要											
比较重要											
一般											
比较不重要											
非常不重要											

16. 请您对中国竞技体育核心竞争力动态链管理体系进行填答（表5-1、表5-2）。

表5-1　中国竞技体育核心竞争力动态链管理体系表

	中国竞技体育核心竞争力动态链管理体系								
	外部管理链				内部管理链				
同意									
不同意									
补充									
最底层次	体坛格局演变	竞赛形势演变	其他强国技战术演变	设项与规则演变	项目布局集群	人力资源集优	技战术创新	科研服务跟进

续表 5-1

	中国竞技体育核心竞争力动态链管理体系	
	外部管理链	内部管理链
同　意		
不同意		
补　充		
非常重要		
比较重要		
一　般		
比较不重要		
非常不重要		

表 5-2　中国竞技体育核心竞争力动态链管理体系表

第一层级	第二层级	第三层级		非常重要	比较重要	一般	比较不重要	非常不重要
因素类型	因素内容	具体元素						
中国竞技体育核心竞争力动态链管理体系 / 外部管理链	体坛格局演变	洲际实力格局演变						
		第一集团实力格局演变						
		第二集团实力格局演变						
	竞赛形势演变	绝对优势项目竞赛形势演变						
		优势项目竞赛形势演变						
		潜优势项目竞赛形势演变						
	其他强国技战术演变	强竞争对手技战术演变						
		较强竞争对手技战术演变						
		次强竞争对手技战术演变						
	设项与规则演变	奥运设项变化率						
		奥运规则变化度						
		奥运设项与规则演变影响度						

续表 5-2

中国竞技体育核心竞争力动态链管理体系	内部管理链	项目布局集群	项目布局整合能力					
			项目集群协同能力					
			项目布局优化程度					
		人力资源集优	人力资源战略管理					
			人力资源梯队建设					
			人力资源优化水平					
		技战术创新	技战术创新能力					
			技战术创新应用率					
			技战术创新成功率					
		科研服务跟进	科研服务价值度					
			科研成果转化率					
			科研成果有效率					

您对本课题研究的意见和建议：

再次感谢您的大力支持与无私帮助！

附件 7：中国 2007 年世界锦标赛奖牌细目表

中国 2007 年世界锦标赛奖牌细目表

乒乓球			
序号	运动员	小项	总数
1	中国男子队	男子团体	金牌（7 枚）
2	中国女子队	女子团体	
3	王励勤	男子单打	
4	郭跃	女子单打	
5	马琳、陈玘	男子双打	
6	王楠、张怡宁	女子双打	
7	王励勤、郭跃	混合双打	
8	马琳	男子单打	银牌（5 枚）
9	李晓霞	女子单打	
10	王励勤、王皓	男子双打	
11	郭跃、李晓霞	女子双打	
12	马琳、王楠	混合双打	
13	王皓	男子单打	铜牌（3 枚）
14	郭焱、张怡宁	女子单打	
15	邱贻可、曹臻	混合双打	
羽毛球			
序号	运动员	小项	总数
1	林丹	男子单打	金牌（3 枚）
2	朱琳	女子单打	
3	杨维、张洁雯	女子双打	
4	高崚、黄穗	女子双打	银牌（2 枚）
5	郑波、高崚	混合双打	

续上表

序号	运动员	小项	总数
6	鲍春来、陈郁	男子单打	铜牌（4枚）
7	卢兰、张宁	女子单打	
8	张亚雯、魏铁力	女子双打	
9	谢中博、张亚雯	混合双打	

体操

序号	运动员	小项	总数
1	中国男子团体队	男子团体	金牌（5枚）
2	杨威	个人全能	
3	肖钦	鞍马	
4	陈一冰	吊环	
5	程菲	跳马	
6	中国女子团体队	女子团体	银牌（2枚）
7	李珊珊	平衡木	
8	杨伊琳	高低杠	铜牌（1枚）

跳水

序号	运动员	小项	总数
1	贾童、陈若琳	女子双人10米跳台	金牌（9枚）
2	秦凯、王峰	男子双人3米板	
3	何姿	女子1米板	
4	秦凯	男子3米板	
5	王鑫	女子10米跳台	
6	罗玉通	男子1米板	
7	郭晶晶	女子3米板	
8	吴敏霞、郭晶晶	女子双人3米板	
9	林跃、火亮	男子双人10米跳台	
10	陈若琳	女子10米跳台	银牌（4枚）
11	何冲	男子1米板	
12	吴敏霞	女子3米板	
13	周吕鑫	男子10米跳台	
14	林跃	男子10米跳台	铜牌（1枚）

续上表

游泳			
序号	运动员	小项	总数
1	吴鹏	男子200米蝶泳	银牌（1枚）
2	女子4×100米混合泳接力队	女子4×100米混合泳	铜牌（1枚）

举重			
序号	运动员	小项	总数
1	陈燮霞	女子48公斤级	金牌（7枚）
2	李萍	女子53公斤级	
3	邱红梅	女子58公斤级	
4	刘海霞	女子63公斤级	
5	曹磊	女子75公斤级	
6	杨帆	男子62公斤级	
7	张国政	男子69公斤级	
8	刘春红	女子69公斤级	银牌（4枚）
9	穆爽爽	女子+75公斤级	
10	李争	男子56公斤级	
11	石智勇	男子69公斤级	
12	李宏利	男子77公斤级	铜牌（1枚）

跆拳道			
序号	运动员	小项	总数
1	陈中	女子67公斤级	金牌（2枚）
2	吴静钰	女子47公斤级	
3	罗微	女子67公斤级	铜牌（1枚）

蹦床			
序号	运动员	小项	总数
1	董栋	男子网上个人	金牌（3枚）
2	中国男子网上团体	男子网上团体	
3	中国女子网上团体	女子网上团体	
4	黄珊汕	女子网上个人	银牌（1枚）

续上表

射击（射击世界杯年度总决赛）			
序号	运动员	小项	总数
1	陈颖	女子 25 米运动手枪	金牌（3 枚）
2	林忠仔	男子 50 米手枪慢射	
3	杜丽	女子 50 米步枪	
4	胡斌渊	男子双多向飞碟	银牌（2 枚）
5	张添	男子 10 米气手枪	
6	刘英姿	女子多向飞碟	铜牌（3 枚）
7	李对红	女子 25 米运动手枪	
8	庞伟	男子 10 米气手枪	
射箭（射箭世界杯年度总决赛）			
序号	运动员	小项	总数
1	程明、徐晶和方玉婷	女子反曲弓团体赛	银牌（2 枚）
2	中国反曲弓混合团体队	反曲弓混合团体赛	
3	陈文圆	男子反曲弓个人	铜牌（1 枚）

附件8：中国2009年世界锦标赛奖牌细目表

中国2009年世界锦标赛奖牌细目表

乒乓球			
序号	运动员	小项	总数
1	王皓	男子单打	金牌（5枚）
2	张怡宁	女子单打	
3	陈玘、王皓	男子双打	
4	郭跃、李晓霞	女子双打	
5	李平、曹臻	混合双打	
6	王励勤	男子单打	银牌（5枚）
7	郭跃	女子单打	
8	马龙、许昕	男子双打	
9	丁宁、郭焱	女子双打	
10	张继科、木子	混合双打	
11	马龙、马琳	男子单打	铜牌（4枚）
12	刘诗雯、李晓霞	女子单打	
13	郝帅、张继科	男子双打	
14	张超、姚彦，郝帅、常晨晨	混合双打	
羽毛球			
序号	运动员	小项	总数
1	林丹	男子单打	金牌（4枚）
2	卢兰	女子单打	
3	付海峰、蔡赟	男子双打	
4	张亚雯、赵婷婷	女子双打	
5	陈金	男子单打	银牌（3枚）
6	谢杏芳	女子单打	
7	成淑、赵芸蕾	女子双打	

续上表

序号	运动员	小项	总数
8	朱琳	女子单打	铜牌（2枚）
9	杜婧、于洋，马晋、王晓理	女子双打	

体操			
序号	运动员	小项	总数
1	张宏涛	鞍马	金牌（6枚）
2	严明勇	吊环	
3	邹凯	单杠	
4	王冠寅	双杠	
5	何可欣	高低杠	
6	邓琳琳	平衡木	
7	邹凯	自由体操	银牌（2枚）
8	冯喆	双杠	
9	眭禄	自由体操	铜牌（1枚）

跳水			
序号	运动员	小项	总数
1	王鑫、陈若琳	女子双人10米跳台	金牌（7枚）
2	王峰、秦凯	男子双人3米跳板	
3	何冲	男子3米跳板	
4	秦凯	男子1米跳板	
5	郭晶晶	女子3米跳板	
6	吴敏霞、郭晶晶	女子双人3米跳板	
7	林跃、火亮	男子双人10米跳台	
8	吴敏霞	女子1米跳板	银牌（4枚）
9	陈若琳	女子10米跳台	
10	张新华	男子1米跳板	
11	邱波	男子10米跳台	
12	王涵	女子1米跳板	铜牌（3枚）
13	康丽	女子10米跳台	
14	周吕鑫	男子10米跳台	

续上表

游泳			
序号	运动员	小项	总数
1	张琳	男子800米自由泳	金牌（4枚）
2	赵菁	女子50米仰泳	
3	女4×200米自由泳接力队	女4×200米自由泳接力	
4	女4×100米混合泳接力队	女4×100米混合泳接力	
5	周雅菲	女子50米蝶泳	银牌（2枚）
6	刘子歌	女子200米蝶泳	
7	张琳	男子400米自由泳	铜牌（4枚）
8	孙杨	男子1500米自由泳	
9	高畅	女子50米仰泳	
10	焦刘洋	女子100米蝶泳	

花样游泳			
序号	运动员	小项	总数
1	中国女子团体队	自由组合	银牌（1枚）
2	蒋婷婷、蒋文文	双人规定动作	铜牌（4枚）
3	蒋婷婷、蒋文文	双人自选动作	
4	中国女子团体队	集体规定动作	
5	中国女子团体队	集体自选动作	

举重			
序号	运动员	小项	总数
1	龙清泉	男子56公斤级	金牌（7枚）
2	丁建军	男子62公斤级	
3	廖辉	男子69公斤级	
4	吕小军	男子77公斤级	
5	陆永	男子85公斤级	
6	王明娟	女子48公斤级	
7	李雪英	女子58公斤级	
8	吴景彪	男子56公斤级	银牌（3枚）
9	陈晓婷	女子53公斤级	
10	曹磊	女子75公斤级	

续上表

序号	运动员	小项	总数
11	苏达金	男子 77 公斤级	铜牌（3 枚）
12	杨帆	男子 62 公斤级	
13	孟苏平	女子 75 公斤以上级	

跆拳道			
序号	运动员	小项	总数
1	侯玉琢	女子 57 公斤级	金牌（2 枚）
2	韩颖颖	女子 73 公斤级	
3	张华	女子 62 公斤级	银牌（2 枚）
4	刘蕊	女子 73 公斤以上级	
5	吴静钰	女子 49 公斤级	铜牌（1 枚）

蹦床			
序号	运动员	小项	总数
1	叶帅	男子网上个人	金牌（3 枚）
2	中国男子网上团体	男子网上团体	
3	中国女子网上团体	女子网上团体	
4	董栋	男子网上个人	银牌（4 枚）
5	黄珊汕	女子网上个人	
6	潘华年	男子单跳个人	
7	中国男子单跳团体	男子单跳团体	

射击（射击世界杯年度总决赛）			
序号	运动员	小项	总数
1	胡军	女子 10 米气手枪	金牌（4 枚）
2	莫俊杰	男子飞碟双多向	
3	武柳希	女子 10 米气步枪	
4	朱启南	男子 10 米气步枪	
5	胡斌渊	男子飞碟双多向	银牌（3 枚）
6	庞伟	男子 10 米气手枪	
7	陈颖	女子 25 米手枪	
8	郭文珺	女子 10 米气手枪	铜牌（2 枚）
9	杜丽	女子 50 米步枪	

续上表

射箭（射箭世界杯年度总决赛）			
序号	运动员	小项	总数
1	戴小祥	男反曲弓	银牌（3枚）
2	徐晶	女反曲弓	
3	邢宇	男复合弓个人	
4	中国女子复合团体队	女子复合团体比赛	铜牌（1枚）

附件9：中国2011年世界锦标赛奖牌细目表

中国2011年世界锦标赛奖牌细目表

乒乓球			
序号	运动员	小项	总数
1	张继科	男子单打	金牌（5枚）
2	丁宁	女子单打	
3	马龙、许昕	男子双打	
4	郭跃、李晓霞	女子双打	
5	张超、曹臻	混合双打	
6	王皓	男子单打	银牌（5枚）
7	李晓霞	女子单打	
8	陈玘、马琳	男子双打	
9	丁宁、郭焱	女子双打	
10	郝帅、木子	混合双打	
11	马龙	男子单打	铜牌（3枚）
12	刘诗雯、郭跃	女子单打	
13	王皓、张继科	男子双打	
羽毛球			
序号	运动员	小项	总数
1	林丹	男子单打	金牌（5枚）
2	王仪涵	女子单打	
3	蔡赟、付海峰	男子双打	
4	王晓理、于洋	女子双打	
5	张楠、赵芸蕾	混合双打	
6	田卿、赵芸蕾	女子双打	银牌（1枚）
7	陈金	男子单打	铜牌（3枚）
8	汪鑫	女子单打	
9	徐晨、马晋	混合双打	

续上表

体操			
序号	运动员	小项	总数
1	中国男子团体队	男子团体	金牌（4枚）
2	陈一冰	吊环	
3	邹凯	单杠	
4	眭禄	平衡木	
5	邹凯	自由体操	银牌（5枚）
6	张成龙	双杠	
7	张成龙	单杠	
8	姚金男	平衡木	
9	眭禄	自由体操	
10	中国女子团体队	女子团体	铜牌（3枚）
11	姚金男	个人全能	
12	黄秋爽	高低杠	

跳水			
序号	运动员	小项	总数
1	吴敏霞、何姿	女子双人3米板	金牌（10枚）
2	邱波、火亮	男子双人10米台	
3	李世鑫	男子1米板	
4	陈若琳、汪皓	女子双人10米台	
5	施廷懋	女子1米板	
6	秦凯、罗玉通	男子双人3米板	
7	陈若琳	女子10米台	
8	何冲	男子3米板	
9	吴敏霞	女子3米板	
10	邱波	男子10米台	
11	王涵	女子1米板	银牌（4枚）
12	何姿	女子3米板	
13	胡亚丹	女子10米台	
14	何敏	男子1米板	

续上表

游泳			
序号	运动员	小项	总数
1	叶诗文	女子200米混合泳	金牌（5枚）
2	赵菁	女子100米仰泳	
3	孙杨	男子800米自由泳	
4	焦刘洋	女子200米蝶泳	
5	孙杨	男子1500米自由泳	
6	孙杨	男子400米自由泳	银牌（2枚）
7	女子4×100米混合泳接力队	女子4×100米混合泳接力	
8	陆滢	女子100米蝶泳	铜牌（7枚）
9	李玄旭	女子1500米自由泳	
10	季丽萍	女子100米蛙泳	
11	吴鹏	男子200米蝶泳	
12	刘子歌	女子200米蝶泳	
13	女子4×200米自由泳接力队	女子4×200米自由泳接力	
14	男子4×200米自由泳接力队	男子4×200米自由泳接力	
花样游泳			
序号	运动员	小项	总数
1	黄雪辰	单人技术自选	银牌（6枚）
2	刘欧、黄雪辰	双人技术自选	
3	中国女子团队	集体技术自选	
4	蒋婷婷、蒋文文	双人自由自选	
5	中国女子团队	集体自由自选	
6	中国女子团队	集体自由组合	
7	孙文雁	单人自由自选	铜牌（1枚）
举重			
序号	运动员	小项	总数
1	吴景彪	男子56公斤级	金牌（6枚）
2	张杰	男子62公斤级	
3	唐德尚	男子69公斤级	
4	吕小军	男子77公斤级	
5	田源	女子48公斤级	
6	周璐璐	女子75公斤以上级	

续上表

序号	运动员	小项	总数
7	赵朝均	男子 56 公斤级	银牌（4 枚）
8	苏达金	男子 77 公斤级	
9	李雪英	女子 58 公斤级	
10	向艳梅	女子 69 公斤级	
11	伍超	男子 69 公斤级	铜牌（3 枚）
12	纪静	女子 53 公斤级	
13	欧阳晓芳	女子 63 公斤级	
跆拳道			
序号	运动员	小项	总数
1	吴静钰	女子 49 公斤级	金牌（2 枚）
2	侯玉琢	女子 57 公斤级	
3	郭耘菲	女子 67 公斤级	银牌（2 枚）
4	李照艺	女子 46 公斤级	
蹦床			
序号	运动员	小项	总数
1	中国女子网上团体	女子网上团体	金牌（8 枚）
2	中国男子单跳团体	男子单跳团体	
3	中国女子单跳团体	女子单跳团体	
4	陆春龙	男子网上个人	
5	何雯娜	女子网上个人	
6	涂潇、董栋	男子网上同步	
7	贾芳芳	女子单跳	
8	杨松	男子单跳	
9	中国男子网上团体	男子网上团体	银牌（3 枚）
10	董栋	男子网上个人	
11	张雏	男子单跳	
12	李丹	女子网上个人	铜牌（1 枚）

续上表

射击（射击世界杯年度总决赛）				
序号	运动员	小项	总数
1	朱启南	男子10米气步枪	金牌（2枚）
2	易思玲	女子10米气步枪	
3	张添	男子10米气手枪	银牌（3枚）
4	孙琪	女子10米气手枪	
5	胡斌渊	男子飞碟多向	
6	武翠翠	女子飞碟多向	铜牌（3枚）
7	张冬莲	女子飞碟双向	
8	陈颖	女子25米手枪	
射箭（射箭世界杯年度总决赛）				
序号	运动员	小项	总数
1	程明	女反曲弓个人	金牌（1枚）
2	中国女子复合弓团体队	女复合弓团体	银牌（1枚）

附件10：中国2013年世界锦标赛奖牌细目表

中国2013年世界锦标赛奖牌细目表

乒乓球			
序号	运动员	小项	总数
1	张继科	男子单打	金牌（3枚）
2	李晓霞	女子单打	
3	郭跃、李晓霞	女子双打	
4	王皓	男子单打	银牌（4枚）
5	刘诗雯	女子单打	
6	郝帅、马琳	男子双打	
7	丁宁、刘诗雯	女子双打	
8	许昕、马龙	男子单打	铜牌（5枚）
9	丁宁、朱雨玲	女子单打	
10	王励勤、周雨	男子双打	
11	陈梦、朱雨玲	女子双打	
12	王励勤、饶静文	混合双打	
羽毛球			
序号	运动员	小项	总数
1	林丹	男子单打	金牌（2枚）
2	王晓理、于洋	女子双打	
3	李雪芮	女子单打	银牌（2枚）
4	徐晨、马晋	混合双打	
5	杜鹏宇	男子单打	铜牌（4枚）
6	蔡赟、付海峰	男子双打	
7	田卿、赵芸蕾	女子双打	
8	张楠、赵芸蕾	混合双打	

续上表

体操			
序号	运动员	小项	总数
1	林超攀	双杠	金牌（2枚）
2	黄慧丹	高低杠	

跳水			
序号	运动员	小项	总数
1	李世鑫	男子1米板	金牌（9枚）
2	何冲	男子3米板	
3	何冲、秦凯	男子双人3米板	
4	邱波	男子10米跳台	
5	何姿	女子1米板	
6	何姿	女子3米板	
7	吴敏霞、旋廷懋	女子双人3米板	
8	司雅杰	女子10米跳台	
9	陈若琳、刘惠瑕	女子双人10米跳台	
10	王涵	女子3米板	银牌（2枚）
11	陈若琳	女子10米跳台	
12	王涵	女子1米板	铜牌（2枚）
13	曹缘、张雁全	男子双人10米跳台	

游泳			
序号	运动员	小项	总数
1	孙杨	男子400米自由泳	金牌（5枚）
2	孙杨	男子800米自由泳	
3	孙杨	男子1500米自由泳	
4	刘子歌	女子200米蝶泳	
5	赵菁	女子50米仰泳	
6	傅园慧	女子50米仰泳	银牌（2枚）
7	陆滢	女子50米蝶泳	
8	吴鹏	男子200米蝶泳	铜牌（2枚）
9	男子4×200米接力队	男子4×200米自由泳接力	

续上表

花样游泳				
序号	运动员	小项	总数
1	黄雪辰	女子单人技术	银牌（4 枚）
2	黄雪辰	女子单人自由	
3	蒋婷婷、蒋文文	女子双人技术	
4	蒋婷婷、蒋文文	女子双人自由	

举重			
序号	运动员	小项	总数
1	谭亚运	女子 48 公斤级	金牌（9 枚）
2	黎雅君	女子 53 公斤级	
3	龙清泉	女子 56 公斤级	
4	邓薇	女子 58 公斤级	
5	廖辉	男子 69 公斤级	
6	向艳梅	女子 69 公斤级	
7	吕小军	男子 77 公斤级	
8	康月	女子 75 公斤级	
9	周璐璐	女子 75 公斤以上级	
10	谌利军	男子 62 公斤级	银牌（1 枚）
11	邓猛英	女子 63 公斤级	铜牌（1 枚）

跆拳道			
序号	运动员	小项	总数
1	马兆勇	男子 87 公斤级	银牌（1 枚）
2	任丹丹	女子 46 公斤级	铜牌（1 枚）

蹦床			
序号	运动员	小项	总数
1	贾芳芳	女子单跳	金牌（4 枚）
2	董栋	男子网上个人	
3	中国男团	男子网上团体	
4	中国女团	女子网上团体	

续上表

序号	运动员	小项	总数
5	钟杏平	女子网上个人	银牌（2枚）
6	钟杏平、李丹	女子双人同步	
7	李丹	女子网上个人	铜牌（2枚）
8	陈凌茜	女子单跳	

射击（射击世界杯年度总决赛）			
序号	运动员	小项	总数
1	杨浩然	男子10米气步枪	金牌（5枚）
2	王智伟	男子50米手枪慢射	
3	张婧婧	女子25米手枪	
4	杨浩然	男女混合50米步枪	
5	张冬莲	女子飞碟双向	
6	王涛	男子10米气步枪	银牌（3枚）
7	王智伟	男子10米气手枪	
8	王浩	男子飞碟双多向	
9	武柳希	女子10米气步枪	铜牌（3枚）
10	武柳希	女子50米步枪三姿	
11	易思玲	女子10米气步枪	

射箭（射箭世界杯年度总决赛）			
序号	运动员	小项	总数
1	中国反曲弓女子团队	反曲弓女体	金牌（1枚）
2	中国反曲弓男子团队	反曲弓男团	银牌（1枚）
3	方玉婷	女反曲弓	铜牌（1枚）